Lenelotte Möller

Widerstand gegen den Nationalsozialismus

Lenelotte Möller

Widerstand gegen den Nationalsozialismus

Von 1923 bis 1945

marixverlag

Bibliografische Information der Deutschen Nationalbibliothek
Die Deutsche Nationalbibliothek verzeichnet diese Publikation in der
Deutschen Nationalbibliografie; detaillierte bibliografische Daten sind im
Internet über
http://dnb.d-nb.de abrufbar.

© by marixverlag GmbH, Wiesbaden 2013
Lektorat: Dietmar Urmes, Bottrop
Covergestaltung: Nicole Ehlers, marixverlag
nach der Gestaltung von Thomas Jarzina, Köln
Bildnachweis: Porträt von Dietrich Bonhoeffer (um 1930)
Satz und Bearbeitung: Medienservice Feiß, Burgwitz
Gesetzt in der Palatino
Gesamtherstellung: CPI books GmbH, Ulm
Printed in Germany

ISBN: 978-3-86539-977-9

www.marixverlag.de

Inhalt

3. Widerstand 1933/34–1939

4. Widerstand im Krieg 1939–1944

Vorwort

Dieses Buch soll einen Überblick über den Widerstand gegen den Nationalsozialismus bieten. Im Mittelpunkt stehen Personen und Personengruppen und Selbstzeugnisse von ihnen. Der Schwerpunkt liegt auf den frühen und auf den sonst, etwa in Schulbüchern, knapper behandelten Gegnern Hitlers, während die berühmten Beispiele wie die »Weiße Rose«, über die der Marix Verlag dieses Jahr bereits einen Titel herausgegeben hat, oder der militärische Widerstand und die großen Widerstandskreise um Carl Friedrich Goerdeler und Helmut von Moltke, die in vielen Darstellungen den größten Raum einnehmen, kürzer behandelt werden.

Mein Dank gilt dem Marix Verlag und meinem Lektor Herrn Dietmar Urmes.

Speyer, am 20. Juli 2013   Lenelotte Möller

*Meiner Mutter
in Dankbarkeit*

1. Einleitung: Formen von Widerstand

Begriffsbestimmung

Der Begriff des Widerstands gegen den Nationalsozialismus ist nicht leicht zu fassen. Menschen, die die geschriebenen und ungeschriebenen Gesetze der NS-Ideologie nicht einhielten, die sich gegen Hitler, seine Partei oder die Verbrechen des Regimes stellten, taten dies unter sehr verschiedenen Bedingungen, auf unterschiedliche Weise, aus verschiedenen Gründen und mit unterschiedlichen Folgen:

Sie kamen aus höchst unterschiedlichen sozialen Schichten, waren Adlige, Bürger, Bauern oder Arbeiter, Offiziere oder Soldaten, und hatten höchst unterschiedliche Weltanschauungen, waren Kommunisten, Sozialisten, Sozialdemokraten, Liberale und Demokraten, Katholiken, Protestanten, Juden, Pazifisten und Patrioten und konnten in einer Person auch mehreren der hier bezeichneten Gruppen angehören. Ihre Kritik am Nationalsozialismus bezog sich entweder auf die Partei und ihre Herrschaft als Ganzes, oder sie lehnten einzelne Verbrechen besonders ab wie die Abschaffung von Demokratie und Grundrechten, den Staatsterror, den Antisemitismus, die Tötung Behinderter, die Kriegsvorbereitungen bzw. den Krieg oder nur die katastrophale Kriegsführung, Übergriffversuche auf Institutionen, denen sie angehörten, oder die Rivalität um den Einfluss auf die Bevölkerung und ihre Lebensbereiche im Vordergrund; manche verteidigten ihre Existenz und die ihrer Schicksalsgenossen, andere nur ihre eigenen Interessen, ja manche gerieten sogar durch eine einmalige, vielleicht sogar zufällige Situation in Gegensatz zum nationalsozialistischen Regime und setzten dann erst den ohne ihr bewusstes Wollen begonnenen Widerstand konsequent fort. Danach hing die Frage, ob jemand Widerstand leistete oder sich den Gegebenheiten anpasste, sehr von der Fähigkeit ab, unter den gegebenen Zwängen die eigenen Handlungsmöglichkeiten zu erkennen.[1]

---

1   Harald Welzer: Selbst denken. Eine Anleitung zum Widerstand. Frankfurt ²2013, S. 225.

Zum Teil in Abhängigkeit davon waren auch die Ziele all der Maßnahmen, die sich gegen den Nationalsozialismus richteten, höchst unterschiedlich: Während es den einen darum ging, die eigene Unabhängigkeit und Freiheit oder die einer Institution zu bewahren, ihr eigenes überfallenes oder verratenes, jedenfalls unterdrücktes Volk zu befreien, setzten sich andere für die Rettung mehrerer oder auch nur einzelner Menschen ein, wieder andere für die Beseitigung Hitlers und des Regimes mit oder ohne Überlegungen für eine anschließende Ordnung Deutschlands, manche schließlich setzten um den Preis des eigenen Lebens nationalsozialistischem Zwang und Terror eine Grenze, indem sie ein anderes retteten.

Auch hinsichtlich des Zeitpunktes unterschieden sich die Aktionen gegen die NS-Herrschaft: Während die einen die Partei und ihre führenden Figuren schon früh durchschauten und gegen sie argumentierten und agitierten, vollzogen manche ursprüngliche Sympathisanten nationalsozialistischer Ideen den schweren Schritt, Fehler einzugestehen, Irrwege zu verlassen, Entschuldigungen nicht mehr vorzuschieben, die man lange hatte gelten lassen, erst spät – aber doch vor 1945 und bisweilen mit allen Konsequenzen. Es gab schließlich die Menschen, die gleichzeitig von der NS-Herrschaft profitierten, während sie an anderer Stelle jeweils ihre Möglichkeiten nutzen, Leben zu retten und Verbrechen zu verhindern oder zu mildern.

Die Taten des Widerstands waren offen, wie z. B. Protestaktionen, Predigten oder publizistische Werke zur Aufklärung im In- und Ausland, offen und gleichzeitig anonym wie Flugblätter, sie geschahen heimlich, wie etwa Sabotageakte, die Rettung von Verfolgten durch Verstecken oder Fluchthilfe, sie reichten von Kurierdiensten zwischen Stellen des Widerstands bis zu Attentaten und Umsturzversuchen. Viele Maßnahmen wurden lange geplant und gründlich organisiert, einige wenige ergaben sich spontan.

Das Risiko für die Träger des Widerstands reichte von persönlichen Nachteilen über den Verlust von Heimat, Freiheit und Gesundheit bis hin zur Lebensgefahr. Widerstand fand weder – wie es die Alliierten lange behaupteten – nur im Exil, noch – wie manche in Deutschland Verbliebenen glauben machen wollten – nur in Deutschland statt.

Schließlich unterschieden sich Akte des Widerstands in ihrer Wirkung. Während es den Kirchen gelang, in einzelnen Bereichen ihre Selbstbestimmung zu wahren und sogar zum Teil die sogenannten Euthanasie-Programme aufzuhalten, während Verfolgte in Deutschland und den besetzten Gebieten manchmal bis Kriegsende und damit endgültig vor dem Zugriff der Nationalsozialisten gerettet werden konnten, erzielten z. B. viele Aufklärungsmaßnahmen in Büchern oder Flugblättern keine messbare Wirkung.

Die Grenze zwischen der Nichterfüllung nationalsozialistischer Erwartungen und echtem Widerstand ist vor dieser unübersichtlichen Lage schwer zu bestimmen. Ian Kershaw gelangt nach einer gründlichen Untersuchung verschiedener Forschungsansätze der letzten Jahrzehnte zu folgenden Kriterien für Widerstand im engeren Sinn: »aktive Beteiligung an organisierten Bemühungen […], die […] auf die Unterminierung des Regimes oder auf Vorkehrungen für den Zeitpunkt seines Zusammenbruchs zielen.«[2]

Nicht zum Widerstand gehören demnach reine Abwehrversuche gegen nationalsozialistische Vereinnahmung: der Rückzug ins Private, der Versuch, Situationen der Mitwirkung oder des Mitmachens auszuweichen oder z. B. heimlich ausländische Radiosender zu hören, Ungehorsam aus wirtschaftlichen Erwägungen und dergleichen.

Mitwirkung – Anpassung – Widerstand

Widerstand kann nicht ohne den Blick auf Mitwirkung und Anpassung verstanden werden, weshalb diese Verhaltensweisen auch im vorliegenden Buch immer wieder im Kontrast betrachtet werden. Während einige Personen schon 1933 und vorher über Hitler und seine Partei aufklärten und sich andere während der Herrschaft der Nationalsozialisten auf verschiedene Weise dem Regime und seinen Taten widersetzten, gab es eine zu

---

2   Ian Kershaw: Der NS-Staat. Geschichtsinterpretationen und Kontroversen im Überblick. Reinbek bei Hamburg ⁴2006, S. 313.

große Zahl von Menschen in Deutschland, die bis – und zum
Teil noch lange nach – 1945 nicht bereit war, die Verbrechen der
Gewaltherrschaft und des Kriegs in ganz Europa einzugestehen
und dafür Verantwortung zu übernehmen. Dies ging bisweilen
so weit, dass die Überlebenden und Hinterbliebenen des Widerstands noch lange Zeit von vielen wie in der NS-Zeit selbst als
Verräter betrachtet und behandelt wurden.

Im Inland und während des Kriegs auch in den besetzten
Staaten hatten die von den Nationalsozialisten geleiteten Behörden freiwillige Unterstützer in der Bevölkerung. Weder die
Bespitzelung von Deutschen, noch die – in den europäischen
Staaten unterschiedlich durchgreifende – Verhaftung, Deportation und Ermordung von Juden und anderen Verfolgten wären
ohne die jeweils einheimischen Denunzianten in diesem Ausmaß nicht möglich gewesen, in dem sie stattfanden.

Grund für die Teilnahme an Verbrechen war bei den Tätern
zuerst und vor allem der Wunsch, diese Verbrechen zu begehen,
sowie die Ablegung aller Hemmungen, die in der menschlichen
Fähigkeit des Mitgefühls liegen oder sonst in den letzten 2500
Jahren in der europäischen Geistesgeschichte entwickelt wurden.

Die Gründe für Passivität oder gar Unterstützung des Systems
mögen neben persönlichen Vorteilen, das Einverständnis mit
allen oder einigen Zielen des Nationalsozialismus gewesen sein,
in Deutschland mag hier und da die Scheu hinzugekommen
sein, während eines äußeren Kriegs gegen die eigene staatliche
Obrigkeit zu kämpfen. Falsch verstandene Loyalität und bisweilen auch Angst um die eigene Person oder um Angehörige
spielten eine Rolle, denn auch wenn das Risiko der möglichen
Strafen nicht so groß war, wie oft gefühlt und behauptet, wenn
es auch individuell sehr verschieden war – berechenbar war es
gewiss nicht.

Widerstandsbegriff im vorliegenden Buch

Das vorliegende Buch trägt den Begriff »Widerstand« im Titel und soll eine Überblicksdarstellung sein. Es fasst zwar, gemäß der bereits gegebenen Abgrenzung, nicht jede Handlung als Widerstand auf, die die Forderungen und Erwartungen der Nationalsozialisten nicht erfüllte, geht aber über das Wortverständnis Kershaws hinaus:

Erstens zeitlich: Außer denen, die sich der NS-*Regierung* widersetzt haben, werden zunächst Gruppen und Personen vorgestellt, die sich schon vor Hitlers Amtsantritt als Reichskanzler, vor der Sicherung der Macht und der sogenannten Gleichschaltung der NSDAP entgegengestellt haben, ihrer Etablierung entgegenwirken wollten, und z. B. von Matthias Strickler daher eher als Opposition bezeichnet werden.[3]

Zweitens räumlich: Obgleich nicht ausdrücklich erwähnt, scheint sich Kershaws Definition doch im Wesentlichen auf den Widerstand von Deutschen zu beziehen. Im vorliegenden Buch werden aber auch Beispiele von Widerstand gegen die deutsche Besatzungsmacht in den Blick genommen, ebenso die Versuche deutscher Exilanten, das Regime zu behindern oder sich für die Zeit nach dem Zusammenbruch vorzubereiten.

Drittens hinsichtlich der Zielsetzung der handelnden Personen: Als Widerstand werden neben Maßnahmen zur Schwächung oder Beseitigung des NS-Regimes, zu denen z. B. Versuche der Volksaufklärung und -aufrüttelung gehören, auch solche aufgefasst, die auf die Verhinderung oder Eindämmung von NS-Verbrechen zielten, auch wenn sie nicht geeignet waren, die Herrschaft Hitlers insgesamt zu gefährden, dafür aber mit hohem persönlichen Einsatz und Risiko verbunden waren. In diesem Sinne wird die Rettung fremder Menschenleben oder die Kriegsdienstverweigerung um den Preis des eigenen Lebens durchaus als Akt des Widerstands aufgefasst.

---

3   Matthias Strickler: Der Mensch im Widerstand. In: ders. (Hrsg.): Portraits zur Geschichte des deutschen Widerstands. [Historische Studien der Universität Würzburg, Bd. VI], Würzburg 2005, S. 9–24, hier S. 15.

Die wichtigsten Personen und Personenzusammenschlüsse des Widerstands gegen Hitler sollen hier vorgestellt werden, denn die Entscheidung für Anpassung oder Widerstand oder das, was dazwischen lag, war immer persönlich. Deswegen stehen die Personen des Widerstands mit ihren Hintergründen im Mittelpunkt. Soweit sie, direkt oder indirekt, Textzeugnisse ihrer Tätigkeit hinterlassen haben, sind Ausschnitte davon in dieses Buch aufgenommen worden. Selbstverständlich ist eine vollständige Darstellung nicht möglich, da nicht alle genannt, geschweige denn ausführlich besprochen werden können; das gilt insbesondere für regionale Gruppen in Deutschland, für den Kampf in den im Zweiten Weltkrieg besetzten Staaten und für die zahllosen Exilanten, die an ihren Zufluchtsorten, etwa als Journalisten oder Schriftsteller, versuchten, Aufklärung nach Deutschland zu bringen und die NS-Herrschaft zu schwächen.

Nach chronologischen und geographischen Gesichtspunkten geordnet werden Beispiele des Widerstands vorgestellt, wobei der Schwerpunkt im Unterschied zu vielen Gesamtbetrachtungen nicht auf dem militärischen Widerstand und dem 20. Juli 1944 liegt, sondern einer – wie schon der Buchtitel anzeigt – auf den Fällen, in denen Menschen schon sehr früh vor Hitler und seiner Partei gewarnt und sich gegen deren Herrschaft gestellt haben. Nicht alle wollten speziell die Weimarer Verfassung retten oder waren Anhänger der Demokratie, wie sie das Grundgesetz festlegt, aber der Wunsch nach Rechtsstaatlichkeit, besonders nach Geltung von Grundrechten war ein durchaus maßgeblicher Beweggrund.

Trotz Unterschiedlichkeit der Ausgangslage werden auch an fünf Beispielen die Kämpfe von Widerstandsgruppen in fünf besetzten Staaten gegen die deutsche Besatzungsmacht – und bisweilen auch untereinander – einbezogen. Schließlich werden die sich wandelnden Bewertungen des Widerstands, die zeitlich und abhängig von politischem System und vom Standort starken Veränderungen unterworfen waren, behandelt. Ausführliche Literaturangaben bei den betreffenden Abschnitten sollen die weitere Beschäftigung mit einzelnen Personen oder Gruppen erleichtern.

2. Gegner Hitlers und der NSDAP bis 1933

Die Entstehung der NSDAP und erste Tätigkeit

Als eine von vielen Splitterparteien der frühen Weimarer Republik wurde am 5. Januar 1919 die Deutsche Arbeiterpartei (DAP) in München gegründet; ihr Programm war völkisch-antisemitisch, aber auch von sozialistischem Gedankengut geprägt. Einer ihrer Initiatoren, der Schlosser Anton Dexler, gewann im darauffolgenden Spätsommer eine Reihe neuer Mitglieder, darunter der vor seiner Ausmusterung stehende Adolf Hitler, der für die kleine Partei zunächst ebenso nützlich wurde wie sie letztendlich für ihn, denn während er als geschickter Redner für sie Stimmen gewann, bot sie ihm ein Forum für seine Agitation und Profilierung. Im Münchner Hofbräuhaus wurde sie bei ihrer ersten Großveranstaltung am 24. Februar 1920 in »Nationalsozialistische Deutsche Arbeiterpartei (NSDAP)« umbenannt und ihr 25-Punkte-Programm feierlich vorgetragen. Inzwischen war Hitler für die Partei unentbehrlich und entsprechend einflussreich geworden. Er war bereits Werbeobmann, hatte eine Gruppe von Bewunderern und Unterstützern um sich, darunter Ernst Röhm und Rudolf Hess, und stieg am 29. Juli 1921 als Nachfolger Drexlers zum (zweiten und letzten) Parteivorsitzenden mit gleichsam unumschränkten Befugnissen auf. Die Anhänger der Partei wurden mehr von der Entschiedenheit und Aggressivität des Hauptredners beeindruckt als durch die Aussagen, die sich nicht wesentlich von denen anderer völkischer Gruppen unterschieden und bezogen sich vor allem auf die arische Rasse, auf die Schuld der sogenannten Novemberverbrecher an der Niederlage im Ersten Weltkrieg, die Ablehnung der Demokratie. Immer mehr gelang es Hitler, die Partei auf seine Person einzuschwören. Im August 1921 wurde die Sturmabteilung (SA) gegründet, die in ihren Uniformen und mit dem dynamisch wirkenden Symbol des Hakenkreuzes jene Ordnung symbolisierte, die man in München während der Räteherrschaft so sehr vermisst hatte. Schon 1920 war die Parteizeitung »Völkischer

Beobachter« erstmals herausgegeben worden. Im Februar 1923 konnte sie als Tageszeitung erscheinen. Noch im selben Jahr wurde sie von der Parteizeitung »Der Stürmer« ergänzt, deren Herausgeber Julius Streicher im Oktober 1922 mitsamt den etwa 2000 Mitgliedern der Deutsch-Sozialistischen Partei zur NSDAP übergetreten war.

Betätigungsfeld der Partei war zunächst ihr Gründungsort München und die bayerische Umgebung. In München hielt sie am 27./28. Januar 1923 – inzwischen auf 20000 Mitglieder angewachsen – ihren ersten Reichsparteitag ab. Am Ende desselben Jahres, das durch die Hyperinflation und den Vermögensverlust von Millionen Menschen gekennzeichnet war, hielten die Nationalsozialisten, die nicht auf dem durch die Verfassung vorgesehenen Weg, sondern durch Putsch die Macht erlangen wollten und Benito Mussolinis »Marsch auf Rom« von 1922 bewunderten, den Augenblick für einen Putsch für gekommen. Am 9. November begannen sie daher einen »Marsch auf Berlin«, der allerdings schon an der Feldherrnhalle in München im Kugelhagel der Polizei endete. Die 16 erschossenen Demonstranten wurden später als »Märtyrer der Bewegung« verklärt und zum Bestandteil nationalsozialistischen Totenkults. Der Prozess gegen die Putschisten, darunter auch der Weltkriegsgeneral und eigentliche »Sieger von Tannenberg« Ernst Ludendorff und der spätere Innenminister Wilhelm Frick, begann am 26. Februar 1924. Ludendorff wurde im Urteil vom 1. April freigesprochen, Hitler zu fünf Jahren Festungshaft verurteilt und auf die Festung Landsberg überstellt. Die NSDAP wurde im ganzen Reich verboten. In der Haft arbeitete Hitler an seinem Buch »Mein Kampf«, in dem er seine Lebensgeschichte politisch verklärte und seine Ziele und Absichten darlegte. Am 20. Dezember vorzeitig aus der Haft entlassen, fand er seine Partei aufgelöst vor, indem führende Figuren in andere Bewegungen eingetreten waren. Er gründete die NSDAP am 26. Februar 1925 neu und gewann sogleich seine alte Machtstellung wieder, bald ließ er sich »Führer« nennen, 1926 wurde der sogenannte Hitlergruß eingeführt. Die Partei, deren Verbot im Februar 1925 aufgehoben worden war, nahm nun an Wahlen teil und weitete sich auf das ganze Reichsgebiet aus. Das neue bürgerliche Auftreten des Parteichefs hinderte die SA nicht an der Inszenierung von Straßenschlachten und der Ermordung politischer Gegner. Sie wuchs bis 1930 auf 100 000 Mitglieder.

Literatur: Hans-Ulrich Thamer: Verführung und Gewalt. Deutschland 1933–1945. [Siedler Deutsche Geschichte, Reihe: Die Deutschen und ihre Nation, (Bd. V)], Berlin 1994; Ursula Büttner: Weimar – Die überforderte Republik. 1918–1833. Stuttgart 2008

Gegenbewegungen vor der Machtübernahme

Die Bayerische Volkspartei

Schon aus weltanschaulichen Gründen ergaben sich bei Kommunisten, Sozialisten, Sozialdemokraten, Katholiken, Liberalen und Demokraten die vielen Reibungspunkte zur NSDAP. In Bayern, dem ersten Land nationalsozialistischer Agitation, traf dies auch auf die regierende Bayerische Volkspartei zu. Diese im November 1918 im Streit um Zentralismus und Länderhoheit aus dem Zentrum hervorgegangene Partei hatte ein konservativ-föderalistisches Programm auf der Grundlage des katholischen Glaubens. Mit den Sozialdemokraten zusammen bildete sie nach Beendigung der Räterepublik eine Regierung. Die BVP war lange stärkste Partei in Bayern und die stärkste deutsche Regionalpartei; von 1925 bis 1932 gehörte sie auch den Koalitionen an, die jeweils die Reichsregierung trugen. Die Schnittmengen mit der NSDAP waren also eher klein; einig war man sich gewiss in der Ablehnung des linken Spektrums, und beide Parteien waren gegen die Weimarer Verfassung eingestellt, doch die Alternativen, die sich die zur Monarchie und zu mehr Selbständigkeit tendierende BVP und die NSDAP vorstellten, waren höchst unterschiedlich. Dennoch kämpften sie zum Teil um dieselben Wählerstimmen.

Bei der Niederschlagung des Hitlerputsches war besonders die Entschlossenheit zweier bayerischer Minister der BVP von Bedeutung: Innenminister Franz Schweyer, der die Polizei gegen die Putschisten einsetzte, und Kultusminister Franz Matt (1860–1929), der folgenden Aufruf an die Bevölkerung richtete:

Bekanntmachung.

Durch einen Putsch Hitler-Ludendorff wurde die verfassungsmäßige Regierung für abgesetzt erklärt. Die verfassungsmäßige Regierung besteht weiter. Sie fordert die gesamte Beamtenschaft, die Polizei und das bayer[ische] Kontingent der Reichswehr auf, ihrer verfassungsmäßigen Regierung treu zu bleiben und den Revolutionären den Dienst zu verweigern. Wer dem entgegenhandelt, wird als Hochverräter betrachtet. Die Regierung erwartet, daß das bayer[ische] Volk in Stadt und Land dem Preußen Ludendorff und seinem Anhang, der es unternommen hat, unser bayerisches und deutsches Volk in namenloses Unglück zu führen, die Gefolgschaft versagen wird. Weitere Bekanntmachungen werden erfolgen.

Den 9. November 1923.

Für das verfassungsmäßige Gesamtministerium:

Gez. Dr. Matt

Zit. nach: Lydia Schmidt: Franz Matt, S. 77f., Anm. 291

Der Versuch, durch seinen Aufruf gegen den »Preußen Ludendorff« die Stimmung der Bevölkerung gegen die Putschisten zu wenden, funktionierte.[4] Schweyer versuchte auch, Hitlers Begnadigung nach seiner kurzen Haft in Landsberg zu verhindern, und verhängte ein Redeverbot gegen Hitler in Bayern, das bis 1927 in Kraft blieb. So kam noch bei der Reichstagswahl im Juli 1932 eine Mehrheit für die demokratischen Parteien in Bayern zustande. Dem Ermächtigungsgesetz stimmten die BVP-Abgeordneten im Reichstag allerdings zu. Zur Verhinderung der Gleichschaltung wurden noch der Austritt Bayerns aus dem Reich bzw. die Wiedereinführung der Monarchie unter Kronprinz Ruprecht erwogen. Die Monarchisten wurden dabei von dem jüdischen Herausgeber der »Münchner Neuesten Nachrichten«, Nikolaus Paul Cossman (1869–1942), unterstützt. Doch kamen ihre Überlegungen zu spät. Bayern wurde als letztes deutsches Reichsland am 8./9. März gleichgeschaltet. Die BVP löste sich unter dem Druck der NSDAP im Juli 1933 selbst auf.

Literatur: Karl Sommer: Beiträge zur Bayerischen und Deutschen Geschichte in der Zeit von 1910 bis 1933. Privatdruck Kreuth 1981; Lydia Schmidt:

---

4   Frankfurter Zeitung, 5. August 1929.

Kultusminister Franz Matt (1920–1926): Schul-, Kirchen- und Kunstpolitik in Bayern nach dem Umbruch von 1918. [Schriftenreihe zur bayerischen Landesgeschichte] München 2000; Peter Claus Hartmann: Bayerns Weg in die Gegenwart. Vom Stammesherzogtum zum Freistaat heute. Regensburg ²2004

Franz Schweyer

Zu den frühen Kritikern der NSDAP gehörte der BVP-Politiker und bayerische Innenminister Franz Schweyer. Er wurde 1868 in Osterzell (Schwaben) geboren, studierte Rechtswissenschaften und war anschließend im bayerischen Verwaltungsdienst tätig. Er war Mitglied der BVP, machte aber als Verwaltungsfachmann Karriere, nicht als Parteimitglied. 1921 wurde er bayerischer Innenminister und sorgte 1923 für die Niederschlagung des Hitler-Putsches. Nach seinem Ausscheiden aus der Regierung verfasste er ein Buch über »Politische Geheimverbände«, unter denen er Gemeinschaften verstand, die »irgend eine für ihre Beurteilung entscheidend ins Gewicht fallende Einrichtung oder Eigenschaft der zuständigen Staatsbehörde oder der Öffentlichkeit tatsächlich planmäßig vorenthält«.[5] Darin beschreibt Schweyer 27 größere und kleinere Vereinigungen gesellschaftlicher, politischer und krimineller Art aus Europa und Amerika mit dem Schwerpunkt auf Deutschland. Hinter den Freimaurern nehmen darin die Nationalsozialisten[6] und die Bolschewisten den größten Raum ein. Er beklagt die Brutalität der Nationalsozialisten gegenüber Andersdenkenden, besonders Juden, Sozialdemokraten und Marxisten, wirft Hitler Charakterschwäche, Größenwahn und Hemmungslosigkeit vor, Demokratie- und Staatsfeindlichkeit, und besonders – daher die Aufnahme in das Buch – Unehrlichkeit. Schweyer beschreibt die Auseinandersetzungen Hitlers mit der bayerischen Staatsregierung. Er zeigt den Strategiewandel der Partei von den Umsturzplänen hin zur scheinbaren Integration in die Verfassung auf, thematisiert die Lüge vom Sozialismus im Parteinamen, kritisiert die Föderalis-

---

5   S. 1.
6   S. 107–121.

musfeindlichkeit der NSDAP und wendet sich selbst gegen jede
Diktatur von rechts oder links. Die Nationalsozialisten seien
Feinde des Katholizismus und des Christentums im Allgemeinen. Sie verstünden darunter nichts anderes als Antisemitismus
und wollten es durch eine germanische Religion ersetzen und
wie die Faschisten die Nation zum Gott erheben. Über die
jüngste Entwicklung seit Hitlers Haftentlassung aus Landsberg
schreibt Schweyer:

> Von besonderem Interesse sind die Bestimmungen über die Sturmabtei-
> lungen (S.A.). Hierüber ist verfügt: »Die Neubildung der S.A. erfolgt nach
> den Grundlagen, die bis zum Februar 1923 maßgebend waren. Ihre Or-
> ganisation hat dem Vereinsgesetze zu entsprechen. Bewaffnete Gruppen
> und Verbände sind von der Aufnahme ausgeschlossen. Die Abteilung,
> die gegen die Anordnung der Leitung öffentliche Umzüge veranstaltet
> oder sich an solchen beteiligt, wird sofort aufgelöst. Die Führer werden
> aus der S.A. und der Partei ausgeschlossen.« Hiernach behält sich die
> Leitung der Partei vor, ihrerseits über das Tragen von Waffen und die
> Veranstaltung von Umzügen das Geeignete zu bestimmen. Bewaffnung
> und Veranstaltung sollten hiernach nicht ausgeschlossen, sondern nur
> der Verfügung der Leitung vorbehalten sein. Die Vorschriften erwecken
> den Anschein einer den Anforderungen des Staates Rechnung tragenden
> Regelung; bei näherem Zusehen enthalten sie in versteckter Weise die
> Aufrechthaltung der ganzen früheren Organisation, vor allem auch der
> Sturmabteilungen und sonstiger Einrichtungen der Partei. Alle diese Ein-
> richtungen werden nur noch strammer als bisher der zentralen Leitung,
> dem persönlichen Befehl Hitlers, unterstellt. Nach dem ersten Auftreten
> in öffentlichen Versammlungen scheint Hitler, der mit Bewährungsfrist
> entlassene Führer der Bewegung, die frühere Sprache und die frühere
> Agitationsmethode wieder aufnehmen und in der gleichen anmaßen-
> den Weise wie früher den bestehenden Regierungen und Parteien den
> Fehdehandschuh hinwerfen zu wollen.
>
> *Schweyer, Geheimverbände, S. 118f.*

Schweyers Warnungen verhallten bei vielen Wählern und
schließlich bei den Verantwortlichen in Berlin ungehört. Nach
der Übernahme der Macht durch die Nationalsozialisten wurde
Schweyer in das Konzentrationslager Dachau verbracht, aber

zuerst noch einmal freigelassen. Er starb an den Folgen eines im Gefängnis in München-Stadelheim 1935 erlittenen Schlaganfalls, wo er ohne Prozess eingesperrt war.

Quellen und Literatur: Franz Schweyer: Politische Geheimverbände. Blicke in die Vergangenheit und Gegenwart des Geheimbundwesens. Freiburg 1925; Peter-Claus Hartmann: Franz Schweyer. In: Strickler, Matthias (Hrsg.): Portraits zur Geschichte des Deutschen Widerstandes. [Historische Studien der Universität Würzburg VI], Würzburg 2005, S. 41–55

Liberale und Demokraten

Theodor Heuss

Von grundsätzlicher Art waren auch die Differenzen zwischen Nationalsozialismus und liberalen sowie demokratisch gesinnten Politikern. Dies wurde z. B. in der Person des späteren Bundespräsidenten Theodor Heuss deutlich.

Als Württembergischer Abgeordneter war er 1930 nach einer Unterbrechung wieder in den Reichstag gewählt worden und hielt am 11. Mai 1932 eine Rede, durch die er mit Hermann Göring in Streit über die Außenpolitik geriet. Bereits Anfang des Jahres war sein Buch »Hitlers Weg. Eine historisch-politische Studie über den Nationalsozialismus.« erschienen, in der er die Entstehung der Bewegung und das Programm der Nationalsozialisten analysierte, sie aber vor allem durch argumentative Auseinandersetzung kritisierte. So legte er zum Beispiel die Widersinnigkeit des Rassenwahns offen:

Unausgeglichen bewegt sich der Antisemitismus zwischen zwei Polen hin und her. Der Arier erscheint nicht nur als die Krone der Schöpfung, er ist der Träger der Kultur, der Verwalter der ordnenden Eigenschaften, der Soldat, der Staatengründer, der geborene Herr – alles Starke geht von ihm aus, alle überlegene Weisheit ist sein Besitz, schließlich sind auch alle bedeutenden Erfindungen, weltumspannenden Gründungen wirtschaftlicher Natur seine Leistung. Und zugleich wird er das Opfer einer Handvoll Menschen, die feige und unschöpferisch sind, die er brutalisiert und die ihn doch in der Hand haben – in solcher Zeichnung muß etwas nicht stimmen. Denn sonst müsste ja ein Anhänger des Machtgedankens fast der Meinung sein, dieses Verhältnis habe sich mit innerer Notwendigkeit ergeben; jene auszeichnenden Eigenschaften seien nur gewählt worden, um mit der Benennung ein Manko zu verdecken.

So ist es natürlich nicht. Das Geschichtsbild ist falsch, weil es mit zu groben und zu einfachen Begriffen, mit Wunschvorstellung und Haßgefühl aufgebaut ist und weil seine Grundthese von dem »schicksaligsten Besitz«, dem Blut, den politisch konstituierenden Kräften nicht gerecht wird. Diese ruhen in Sprache und Siedlungsraum, mehr noch in der gemeinsam erlebten und Seelen gestaltenden Geschichte. Das hat noch niemand deutlicher erfahren müssen als das deutsche Volk, als die »nordische Rasse«, die so viel »Blut« in fremdes Staatenwesen und auch Volkstum gegeben hat und es dort völlig an die Fremde verlor, wo nicht Sprache und Boden den eigentümlichen Lebensraum hielten. Nach dem gleichen Gesetz sind die Juden in der Zerstreuung, umso stärker, je mehr ihre Zwangssiedlung aufgehört hat, von der Volks- und Staatengeschichte ihrer Umwelt aufgenommen und eingegliedert worden.

Heuss, Hitlers Weg, S. 43

Das Buch wurde noch im selben Jahr mehrfach aufgelegt und ins Schwedische, Italienische und Niederländische übersetzt. Ebenfalls im Mai zeigte sich in Reden anlässlich der Jubiläumsfeiern zum Hambacher Fest die Kluft zwischen Heuss und der NSDAP, die ihn in Person des Schriftstellers Kurt Kölsch massiv angriff.

Aus Faktionsdisziplin stimmte Heuss mit den übrigen Abgeordneten seiner Partei am 23. März 1933 für das Ermächtigungsgesetz, obgleich er selbst zwei Reden für diesen Anlass vorbereitet hatte: eine gegen das Gesetz und eine für den Fall der Enthaltung. Nach der Beugung unter das Unrecht zog er sich aus dem politischen Leben zurück und betätigte sich als Schriftsteller. Es erschienen in den nächsten Jahren folgende Titel: »Friedrich Naumann. Der Mann, das Werk, die Zeit.« 1937 in Stuttgart; die Biographie des Architekten Hans Poelzig, »Hans Poelzig: Das Lebensbild eines deutschen Baumeisters« 1939; ebenfalls in Stuttgart und »Anton Dohrn in Neapel« 1940 in Zürich; 1942 erschien »Justus von Liebig. *Vom Genius der Forschung.*« in Hamburg; danach begann Heuss mit dem erst nach dem Krieg 1946 in Tübingen erschienenen Buch »Robert Bosch.

Leben und Leistung.« 1943 zog er mit seiner Frau von Berlin nach Heidelberg um. Heuss hatte in Berlin in Kontakt mit Julius Leber und Karl Goerdeler gestanden. Letzterer wollte ihn nach einem erfolgreichen Umsturz zum Pressesprecher einer neuen Regierung machen.

Quellen und Literatur: Theodor Heuss: Hitlers Weg. Eine historisch-politische Studie über den Nationalsozialismus. Berlin 1932; Horst Möller: Theodor Heuss. Staatsmann und Schriftsteller. Bonn 1990; Thomas Hertfelder/Christiane Ketterle: Theodor Heuss, Publizist – Politiker – Präsident. [Begleitband zur ständigen Ausstellung im Theodor-Heuss-Haus.] Stuttgart 2003; Ernst Wolfgang Becker: Theodor Heuss. Bürger im Zeitalter der Extreme. Stuttgart 2011

Hellmut von Gerlach

In Mönchmotschelnitz in Schlesien wurde Hellmut von Gerlach 1866 geboren. Er studierte Jura und wurde im preußischen Staatsdienst angestellt, doch bald wandte er sich ganz dem Journalismus zu. Diese Tätigkeit begann mit Aufsätzen vornehmlich über die Jagd im »Deutschen Adelsblatt«. Durch seine Bekanntschaft mit Friedrich Naumann wurde er liberaler Politiker und Reichstagsabgeordneter. 1906 wurde er Chefredakteur der Wochenzeitung »Die Welt am Montag«, die in Berlin erschien, in der er ab 1914 gegen den Ersten Weltkrieg Stellung bezog und einen politischen Ausgleich forderte. 1918 war er Mitbegründer der Deutschen Demokratischen Partei und wurde für kurze Zeit Unterstaatssekretär im preußischen Innenministerium, wo ihm besonders die Aussöhnung mit Polen und Frankreich am Herzen lag. Überzeugt von der deutschen Schuld am Ersten Weltkrieg forderte er die Erfüllung des Vertrages von Versailles und stellt sich gegen die Angriffe auf die Weimarer Republik von rechts. Berühmt geworden ist seine Analyse »Woher kommen Hitlers 6½ Millionen Stimmen?«:

> […] Die Welt zerbricht sich den Kopf darüber, worauf die Verneunfachung der Hitlerstimmen zurückzuführen ist. Die verschiedensten Deutungen kommen zum Vorschein. […]

Die Hitlerwähler setzen sich aus zwei Kategorien zusammen: einer kleinen Minderheit von Nationalsozialisten, die auf das Hakenkreuz eingeschworen sind, und einer riesigen Mehrheit von Mitläufern. Keine andere deutsche Partei ist so labil wie die nationalsozialistische, das heißt bei keiner anderen ist das Mißverhältnis zwischen Stammkunden und Laufkunden ebenso groß. Sozialdemokratie, Kommunisten, Zentrum, Demokraten, Volkspartei – überall gibt es Schwankungen, recht erhebliche vielleicht. Aber bei keiner anderen Partei ist es denkbar, daß eine plötzliche Verneunfachung erfolgt, die vielleicht bei der nächsten Wahl von einer Drittelung abgelöst wird. [...]

Die 6½ Millionen werden ja durch kein inneres Band zusammengehalten. Sie sind zu neun Zehntel nicht Wähler für, sondern nur Wähler gegen. Dabei soll nicht verkannt werden, daß Hitler, der ein ausgezeichneter Organisator mit Suggestivkraft ist, über eine ihm blind ergebene Kerntruppe von einigen hunderttausend Mann, meist recht jugendlichen Truppen verfügt [...] Idealisten mit verwirrtem Kopf und Landsknechte ohne Kopf, insgesamt ein paar hunderttausend Mann, das ist Hitlers Kerntruppe. Die Millionen der Wähler, die er diesmal mustern konnte, dank der Gunst der Umstände, das heißt dank der Ungunst der Wirtschaftslage, rekrutieren sich aus den verschiedensten Schichten. [Es folgt eine Aufzählung verschiedener Bevölkerungsgruppen, die die Nationalsozialisten gewählt haben, samt deren Bewertung.]

Da sind bedauerlich viele Beamte. Ihre politische Freiheit verdanken sie ausschließlich der Republik. Aber leider hat ihnen die Republik mit der politischen Freiheit nicht auch zugleich das politische Denken geben können, das ihnen in der Kaiserzeit ausgetrieben worden war. Sie sind ein besonders dankbares Objekt für Demagogen. [...]

Da ist vor allem der große Block des sogenannten selbständigen Mittelstandes. Diese Millionen von Handwerkern, Gewerbetreibenden und Kleinkaufleuten führen seit der nach 1871 einsetzenden großindustriellen Entwicklung einen verzweifelten Kampf um ihre Existenz. Es fehlt ihnen an wirtschaftlicher Einsicht. Darum fallen sie auf jeden Schwätzer herein, der ihnen die Wiederherstellung des »goldenen Bodens« durch Kampf gegen Juden und Warenhäuser, gegen Börse und Gewerbefreiheit verspricht. [...]

Das ist das erschütternd Trostlose an dem Wahlergebnis vom 14. September, daß die Welt sehen muß, wieviel Millionen politische Analphabeten es noch in Deutschland gibt.

Welt am Montag, 6. Oktober 1930

1931 gründete er, inzwischen aus der DDP ausgeschieden, die Radikaldemokratische Partei. Im folgenden Jahr wurde er Chefredakteur der Wochenschrift »Die Weltbühne«, begab sich aber schon 1933 ins Exil nach Österreich und von dort nach Paris, wo die französische Liga für Menschenrechte dem Vorsitzenden der deutschen Liga für Menschenrechte (das war er seit 1926) Aufnahme anbot. In Paris, wohin er noch manche Flüchtlinge vor den Nationalsozialisten gerettet hatte, starb Hellmut von Gerlach im August 1935.

Quellen und Literatur: Hellmut von Gerlach: Das Parlament. Frankfurt 1908; ders.: Die große Zeit d. Lüge. Charlottenburg 1926; ders.: Von rechts nach links. Hrsg. Von Emil Ludwig, Zürich (posthum erschienene Autobiographie) 1937; Adrien Robinet de Cléry: Gerlach, Helmut Georg von. In: NDB 6 (1964), S. 301f.; Franz Gerrit Schulte: Der Journalist Hellmut von Gerlach. München 1988; Ursula S. Gilbert: Hellmut von Gerlach (1866–1935). Stationen eines deutschen Liberalen vom Kaiserreich zum »Dritten Reich«. Frankfurt/Main 1984

Sozialdemokraten, Sozialisten und Gewerkschaften

Zu den geborenen Gegnern der Nationalsozialisten gehörten auch die Sozialdemokraten. Sie konkurrierten mit den Nationalsozialisten zum Teil um dieselben Wähler und standen ihnen gleichzeitig ideologisch unvereinbar gegenüber. Schon Mitte der 20er-Jahre nahm sie mit ihren Institutionen aber auch repräsentiert durch Einzelpersonen den Kampf gegen den Aufstieg der Nationalsozialisten auf.

Reichsbanner Schwarz-Rot-Gold

Sowohl gegen rechte als auch gegen linke Angriffe auf die Weimarer Republik richtete sich das von den Sozialdemokraten am 22. Februar 1924 in Magdeburg gegründete »Reichsbanner Schwarz-Rot-Gold« für Kriegsteilnehmer, die sich weder in den nationalistisch-völkischen Veteranenvereinen sammeln wollten, noch kommunistisch gesinnt waren. Am Reichsbanner beteiligten sich auch die Gewerkschaften, das Zentrum und die Deutsche Demokratische Partei (DDP). Aufgrund dieser breiten Basis gewann es bis 1932 immerhin drei Millionen Mitglieder, davon drei Viertel aus der SPD. Gründer und Leiter der Bewegung war bis 1932 der Magdeburger Oberbürgermeister Otto Hörsing (1874–1937), ab 1932 Karl Höltermann (1894–1955), Journalist und ebenfalls Sozialdemokrat. Mitglieder waren auch namhafte Sozialdemokraten wie Paul Gerlach, Theodor Haubach, Julius Leber, Paul Löbe, Carlo Mierendorff, Erich Ollenhauer, Philipp Scheidemann, Kurt Schumacher und Otto Wels. Von der DDP gehörten dazu Thomas Dehler, Theodor Heuss, Gustav Heinemann, vom Zentrum z. B. Joseph Wirth. Ab 1930, nach dem großen Wahlerfolg der NSDAP, wurde es nach Jahren des Rückgangs reaktiviert und bekämpfte die Nationalsozialisten auch mit deren eigenen Mitteln, nämlich mit paramilitärischen Organisationen im Straßenkampf gegen die Sturmabteilung (SA), die es dabei jedoch in ihrer inneren Struktur nachahmte.

Eiserne Front

1931 schlossen sich unter Karl Höltermann das Reichsbanner und der allgemeine Deutsche Gewerkschaftsbund sowie andere Vereinigungen nach dem Vorbild der »Harzburger Front« aus NSDAP, DNVP und Stahlhelmbund zur sogenannten Eisernen Front zusammen, die sich gegen Nationalsozialisten und Kommunisten richtete und wie schon das Reichsbanner von den Sozialdemokraten dominiert war. Die Eiserne Front betrieb intensiven Wahlkampf, unterlag aber 1933 den Verbänden der Nationalsozialisten und wurde verboten.

Literatur: Günther Gerstenberg: Freiheit! Sozialdemokratischer Selbstschutz im München der zwanziger und frühen dreißiger Jahre. 2 Bde. Berlin 2001; Benjamin Ziemann: Die Zukunft der Republik? Das Reichsbanner Schwarz-Rot-Gold 1924–1933. Bonn 2011; Günther Gerstenberg, Eiserne Front, 1931–1933, in: Historisches Lexikon Bayerns, URL: <http://www.historisches-lexikon-bayerns.de/artikel/artikel_44704> (01.03.2013)

Karl Höltermann

Karl Höltermann wurde am 20. März 1894 in Pirmasens geboren und war der Sohn eines Gewerkschaftssekretärs. Seine Jugend verbrachte er in Nürnberg. Nach der Schulausbildung lernte er Schriftsetzer und trat in die Sozialistische Arbeiterjugend ein. Als Soldat im Ersten Weltkrieg (1915–1918) erlitt er eine Gasvergiftung und schied 1919 als Unteroffizier aus dem Militärdienst aus. Nacheinander arbeitete er für die »Fränkische Tagespost«, den »Sozialdemokratischen Pressedienst« und die »Magdeburger Volksstimme«, wo er 1921 Chefredakteur wurde.

Besorgt um die junge Republik gründete er zusammen mit einigen Sozialdemokraten die »Republikanische Notwehr« und spielte ebenfalls eine unverzichtbare Rolle im »Reichsbanner Schwarz-Rot-Gold« von dessen Gründung an. Unter anderem gab er dessen Zeitung »Das Reichsbanner« heraus. Ab April 1932 war er Bundesvorsitzender der Organisation und betrieb die Gründung der »Eisernen Front«. Im selben Jahr wurde er Reichstagsmitglied. Seine letzte Rede als Reichsbanner-Vorsitzender vor dem Berliner Schloss beendete er mit den Worten: »Nach Hitler kommen wir!«

Nach der Machtübernahme der Nationalsozialisten begab sich Höltermann ins Exil nach London. Zuerst versuchte er, das »Reichsbanner« am Leben zu erhalten, dann strebte er eine Exilpolitik im Gegensatz zum SPD-Exilvorstand an, die er jedoch aufgab.

Nach dem Krieg kam er zu gelegentlichen Besuchen in die Bundesrepublik. Karl Höltermann starb 3. März 1955 in London.

Quellen und Literatur: Martin Schumacher/Katharina Lübbe/Wilhelm Heinz Schröder: M. d. R. Die Reichstagsabgeordneten der Weimarer Republik in der Zeit des Nationalsozialismus. Politische Verfolgung, Emigration und Ausbürgerung 1933–1945. Eine biographische Dokumentation. Düsseldorf ³1994; Beatrix Herlemann: Hans Höltermann. http://www.uni-magdeburg.de/mbl/Biografien/0063.htm, letzte Änderung: 09.02.2005 (16.06.2013)

Carlo Mierendorff

Carlo Mierendorff wurde am 24. März 1897 in Großenhain (Sachsen) geboren. Am 10. August 1914 meldete er sich als Kriegsfreiwilliger in Darmstadt. Nach mehreren Erkrankungen nahm er 1916 in Heidelberg das Studium der Volkswirtschaft auf, wurde aber 1917 noch einmal an der Westfront eingesetzt. Von 1919 bis 1922 setzte er sein Studium fort, ergänzt um Staatswissenschaft und Soziologie, und wechselte dabei von Heidelberg nach Freiburg, dann nach Frankfurt. 1920 trat er in die SPD ein. 1922 promovierte Mierendorff über »Die Wirtschaftspolitik der Kommunistischen Partei Deutschlands«. Danach arbeitete er bis 1924 für den Allgemeinen Deutschen Gewerkschaftsbund. 1928 wurde er Pressereferent im hessischen Innenministerium unter Wilhelm Leuschner, 1930 Reichstagsabgeordneter. Im selben Jahr veröffentlichte er das Werk »Gesicht und Charakter der nationalsozialistischen Bewegung«.

Vom aggressiven Auftreten der Nationalsozialisten ließ sich Carlo Mierendorff nicht einschüchtern. Am 6. Februar 1931 kam es bei der Aussprache über den Haushalt im Reichstag zu einer heftigen Attacke gegen Joseph Goebbels:

[Zu Beginn von Mierendorffs Reichstagsrede schickte sich Goebbels an, den Saal zu verlassen.] Haben Sie den Mut und bleiben Sie einmal hier, Herr Dr. Goebbels, und stehen Sie Rede und Antwort, wenn ein Kriegsteilnehmer zu Ihnen spricht, damit wir sehen, ob Sie es wagen können, einem Kriegsteilnehmer ins Auge zu schauen.

(Zurufe des Abgeordneten Dr. Goebbels)

Um Ausreden sind Sie niemals verlegen gewesen; das wissen wir. Aber damit ist auch das Urteil gesprochen, daß Sie wieder einmal das Weite suchen. […]

Als Herr Dr. Goebbels noch gemeinsam mit mir am Fuße des Heidelberger Schlosses im selben Kolleg saß, […] studierte Herr Dr. Goebbels die Romantik. Er hat seine Doktordissertation über die Romantik geschrieben. […] Ich glaube, es wäre besser gewesen, wenn Herr Dr. Goebbels damals nicht die Romantik, sondern Nationalökonomie studiert hätte. Dann wüsste er heute, dass es Unsinn ist, wenn er uns weismachen will, man könne eine wirtschaftliche Katastrophe, wie sie der Weltkrieg angerichtet hat, mit dem Hokuspokus beheben, wie ihn die Nationalsozialisten betreiben.

(Zustimmung bei den Sozialdemokraten]

Sie machen Ihr Hakenkreuz auf jeden Bierfilz und auf jeden Türpfosten. Sie heben beschwörend die Hände. Glauben Sie (zu den Nationalsozialisten), dass Sie damit die bösen Geister der Wirtschaftskrise in Deutschland bannen können? […]

Mit solchen Kunststückchen werden Sie in Deutschland nichts ändern, mit derartigen Naturheilverfahren, wie sie Herr Hitler in Deutschland eingeführt hat, ist nichts zu machen, und mit solchen Beschwörungsformeln, ob sie nun heißen »Heil Hitler!« oder »Juda verrecke!« ist in Deutschland keinem Arbeitslosen Lohn und Arbeit zu bringen. […]

Protokolle des Reichstags:
http://www.reichstagsprotokolle.de/Blatt2_w5_bsb00000128_00748.html bis
http://www.reichstagsprotokolle.de/Blatt2_w5_bsb00000128_00751.html,
(13.06.2013)

Schon 1933 wurde Mierendorff im Konzentrationslager Osthofen und später in anderen Lagern sowie im Gefängnis der Geheimen Staatspolizei in Berlin inhaftiert. Nach seiner Entlassung war er bei der Braunkohle- und Benzin-AG Berlin tätig und nahm Kontakt zu Adolf Reichwein, Helmut James Graf von Moltke und Wilhelm Canaris auf und spielte eine Rolle im Kreisauer Kreis. Im Juni 1943 rief Mierendorff in der in einer Grundsatzerklärung, die später in der Literatur über den Widerstand oft als »Sozialistische Aktion« bezeichnet wird, zum Zusammenschluss aller gegen den Nationalsozialismus eingestellten Gruppierungen auf. Im Dezember desselben Jahres starb er bei einem Luftangriff.

Quellen und Literatur: Carlo Mierendorff: Gesicht und Charakter der Nationalsozialistischen Bewegung. In: Die Gesellschaft 7 (1930), S. 489–504; Ger van Roon: Neuordnung im Widerstand: Der Kreisauer Kreis innerhalb der deutschen Widerstandsbewegung, München 1967; Richard Albrecht: Der militante Sozialdemokrat. Carlo Mierendorff 1897 bis 1943. Berlin 1987

Wilhelm Leuschner

Wilhelm Leuschner, Jahrgang 1890, aus Bayreuth absolvierte eine Lehre als Holzbildhauer und besuchte nach seinen Wanderjahren die Kunstgewerbeschule in Nürnberg. Bereits Mitglied der SPD kämpfte er nach seiner Einberufung im Ersten Weltkrieg an beiden Fronten. Nach dem Krieg setzte er seine politische Arbeit fort und wurde 1924 Landtagsabgeordneter in Hessen, 1928 Innenminister. Schon in dieser Zeit gehörten die beiden späteren Widerstandskämpfer Ludwig Schwamb (1890–1945) und Carlo Mierendorff zu seinen Vertrauten. In seinem Amt bekämpfte er insbesondere die NSDAP, deren Wesen er vor der Öffentlichkeit entlarven wollte. Dazu nutzte er 1931 die Gelegenheit, die bei einer Hausdurchsuchung gefundenen Umsturzpläne einer NS-Gruppe, die sogenannten Boxheimer Dokumente, an die Presse zur Veröffentlichung weiterzureichen. Als Innenminister musste Leuschner nach der Gleichschaltung zwar zurücktreten, doch verweigerte er als stellvertretender Vorsitzender des Allgemeinen Deutschen Gewerkschaftsbundes entschieden die Zusammenarbeit mit den Nationalsozialisten bis zu seiner Verhaftung im Mai 1933. Nach etwa einem Jahr Haft im Konzentrationslager wurde er entlassen und leitete ab 1936 eine Firma in Berlin-Kreuzberg, die Bierzapfhähne herstellte. Hier bildete er ein Zentrum illegaler Gewerkschaftsarbeit im ganzen Reich. Seine Verbindungen reichten auch in den Kreisauer Kreis und in den Goerdeler-Kreis. Im Falle eines gelungenen Umsturzes wäre er als Vizekanzler in Frage gekommen. Nach dem Scheitern des Attentats vom 20. Juli wurde er verfolgt und seine Frau in Haft genommen. Darauf stellte er sich der Polizei. Vor dem Volksgerichtshof von Roland Freisler zum Tode verurteilt, wurde Wilhelm Leuschner in Berlin-Plötzensee am 29. September 1944 hingerichtet.

Literatur: Axel Ulrich: Wilhelm Leuschner – ein deutscher Widerstandskämpfer. Für Freiheit und Recht, Einheit der Demokraten und eine soziale Republik. Wiesbaden 2012

Julius Leber

1891 in Biesheim im Elsass geboren, absolvierte Leber zuerst eine Ausbildung zum Kaufmann in Breisach, entschloss sich aber dann zum weiteren Schulbesuch in Freiburg, den er durch Nachhilfe und Zeitungsartikel finanzierte. Ab 1913 studierte Julius Leber Nationalökonomie und Geschichte, spätestens in diesem Jahr trat er in die SPD ein. 1914 meldete er sich als Kriegsfreiwilliger. Er wurde zweimal verwundet, blieb aber dennoch – inzwischen Leutnant – nach dem Krieg bei der Reichswehr, schied allerdings nach dem Kapp-Putsch 1920 aus Protest gegen die republikfeindliche Haltung des Militärs aus und setzte sein Studium fort.

Im folgenden Jahr wurde er Chefredakteur des »Lübecker Volksboten« und Mitglied der Lübecker Bürgerschaft, 1924 auch des Reichstags (jeweils bis 1933). Wie schon in seinem vorherigen Beruf gehörte er zu den Verteidigern der Weimarer Republik und unterstützte entschieden die Politik Friedrich Eberts.

Auch arbeitete Leber im Reichsbanner und der Eisernen Front mit, weshalb er bereits am 31. Januar 1933 Ziel eines Mordanschlages und im Februar verhaftet wurde. Nach seiner Freilassung, die durch Arbeiterproteste in Lübeck bewirkt wurde, gelang ihm zwar die Wiederwahl in den Reichstag im März, doch wurde er auf dem Weg zur Abstimmung über das Ermächtigungsgesetz festgenommen. Bis 1937 zunächst 20 Monate inhaftiert dann in »Schutzhaft« genommen, sammelte er von diesem Jahr an wieder Sozialdemokraten um sich, die die NS-Herrschaft bekämpfen wollten. Selbst ehemaliger Reichswehrangehöriger, findet Leber nach Kriegsbeginn aber über die Parteigrenzen hinaus Kontakt zu Claus Schenk von Stauffenberg, zum Kreisauer Kreis und zum Goerdeler-Kreis. Wie Wilhelm Leuschner stand auch er für eine Regierung nach dem Sturz Hitlers zur Verfügung, und zwar als Innenminister. Doch kurz vor Ausführung des Attentats wurde Leber von einem Kontaktmann verraten und verhaftet. Vom Volksgerichtshof zum Tode verurteilt, wurde er am 5. Januar in Plötzensee hingerichtet.

Literatur: Dorothea Beck: Julius Leber. Sozialdemokrat zwischen Reform und Widerstand. Berlin (Diss.) 1983; dies.: Leber, Julius. In: Neue Deutsche Biographie 14 (1985), S. 18f.

Der Internationale Sozialistische Kampfbund

Der Internationale Sozialistische Kampfbund (ISK) hatte sich 1925 unter Führung von Leonard Nelson und Minna Specht von der SPD abgespalten. Er wandte sich einerseits entschieden gegen den Nationalsozialismus, war aber andererseits nicht unbedingt Verteidiger der Weimarer Verfassung. Der ISK verstand sich nicht als Partei und strebte nicht nach einer hohen Mitgliederzahl. Vielmehr wollte er eine überschaubare Gruppe mit gut geschulten und zuverlässigen Mitarbeitern bleiben. Zu diesem Zweck stellte er Bedingungen an: gewerkschaftliches Engagement, einkommensabhängiger, aber hoher Beitrag sowie Ansprüche an die Lebensgestaltung, etwa der Verzicht auf Alkohol, Nikotin und Fleisch. Nelson hatte vorwiegend junge Mitglieder um sich versammelt.

In seinem Verlag »Öffentliches Leben« brachte nicht nur die Hauptwerke der Leitfigur Nelson heraus, sondern auch die Tageszeitung »Der Funke« unter dem Chefredakteur Willi Eichler. Der Aufruf »Dringender Appell« vom Juli 1932 fordert den Zusammenhalt der linken Parteien gegen die NSDAP:

Dringender Appell!
Die Vernichtung aller persönlichen und politischen Freiheit
in Deutschland steht unmittelbar bevor, wenn es nicht in letzter Minute gelingt, unbeschadet von Prinzipiengegensätzen alle Kräfte zusammenzufassen, die in der Ablehnung des Faschismus einig sind. Die nächste Gelegenheit dazu ist der 31. Juli. Es gilt diese Gelegenheit zu nutzen und endlich einen Schritt zu tun zum
Aufbau einer einheitlichen Arbeiterfront,
die nicht nur für die parlamentarische, sondern auch für die weitere Abwehr notwendig sein wird. Wir richten an jeden, der diese Überzeugung mit uns teilt, den dringenden Appell, zu helfen, daß ein Zusammengehen der SPD und KPD für diesen Wahlkampf zustande kommt, am besten in der Form gemeinsamer Kandidatenlisten, mindestens jedoch in der

Form von Listenverbindung. Insbesondere in den großen Arbeiterorganisationen, nicht nur in den Parteien, kommt es darauf an, hierzu allen erdenklichen Einfluß aufzubieten. Sorgen wir dafür, daß nicht Trägheit der Natur und Feigheit des Herzens uns in die Barbarei versinken lassen.

[Unterzeichner:] Chi-yin Chen Willi Eichler, Albert Einstein, Karl Emonts, Anton Erkelenz; Hellmuth Falkenfeld, Kurt Großmann, Emil J. Gumbel, Walter Hammer, Theodor Hartwig, Vitus Heller, Kurt Hiller, Maria Hodann, Hanns-Erich Kaminski, Erich Kästner, Karl Kollwitz, Käthe Kollwitz, Arthur Kornfeld, E. Lauti, Otto Lehmann-Rußbüldt, Heinrich Mann, Pietro Nenni, Paul Oestreich, Franz Oppenheimer, Theodor Plivier, Freiherr von Schoenaich, August Siemsen, Minna Specht, Helene Stöcker, Ernst Troller, Graf Emil Wedel, Erich Zeigner, Arnold Zweig

Der Funke, 25. Juni 1932

Willi Eichler

Der 1886 in Berlin geborene Willi Eichler und absolvierte nach dem Schulabschluss eine kaufmännische Lehre. 1915 wurde er als Soldat eingezogen und kämpfte bis 1918. 1923 trat er in die SPD ein, später auch in den »Internationalen Jugendbund«. Da sich beide Mitgliedschaften nicht vertrugen und er aus der SPD ausgeschlossen wurde, beteiligte er sich 1925 an der Gründung des »Internationalen Sozialistischen Kampfbundes« als Nachfolgeorganisation des Jugendbundes und wurde Sekretär der Organisation, 1927 wurde er dessen Vorsitzender. Der ISK legte sich 1932 als Organ die Tageszeitung »Der Funke« zu. Diese strebte den Zusammenschluss linker Gruppierungen gegen den Nationalsozialismus an. Eichler schrieb darin und in späteren Zeitschriften unter den Pseudonymen Buchholz, Friesius, Holz, Hart sowie unter verschiedenen Kürzeln.

Nach Hitlers Ernennung zum Reichskanzler emigrierte Eichler zunächst nach Frankreich, wo er mit anderen Gegnern des NS-Regimes am Lutetia-Kreis teilnahm, und dann nach England. Er gab die »Reinhart-Briefe« und »Die Sozialistische Warte« heraus und arbeitete bei der BBC an deutschsprachigen Sendungen zur Aufklärung der Bevölkerung mit. Mit Gleichgesinnten deutschen Emigranten gründete er die »Union deutscher sozialistischer Organisationen in Großbritannien«. Gleich nach dem Kriegsende kehrte er nach Deutschland zurück und wurde wie auch die meisten anderen Mitglieder der Union Mitglied der SPD. Er gab 1946–1971 die Zeitschrift »Geist und Tat« heraus und war 1946–1951 Chefredakteur der »Rheinischen Zeitung« in Köln. Das Godesberger Programm der SPD entstand unter seiner Leitung. Auch war er 1947–1948 Mitglied des nordrhein-westfälischen Landtages und in der ersten Wahlperiode Bundestagsabgeordneter. Willi Eichler starb 1971 in Bonn.

Quellen und Literatur: Werner Link: Die Geschichte des Internationalen Jugend-Bundes (IJB) und des Internationalen Sozialistischen Kampf-Bundes (ISK). Ein Beitrag zur Geschichte der Arbeiterbewegung in der Weimarer Republik und im Dritten Reich. Meisenheim am Glan 1964; Sabine Lemke-Müller: Ethischer Sozialismus und soziale Demokratie. Der politische Weg Willi Eichlers vom ISK zur SPD. Bonn 1988

Wissenschaftler und Intellektuelle

Obwohl die NS-Ideologie im Gegensatz zu anderen Weltanschauungen mit einem wissenschaftlich-kritischen Weltbild nicht vereinbar war, stellten sich nach 1933 viele Wissenschaftler in ihren Dienst: Geisteswissenschaftler und Juristen nicht selten im Interesse ihrer Karriere, Mediziner, Physiker und Ingenieure, weil ihnen diese Ideologie zu tun gestattete, was eigentlich gegen die Prinzipien ihrer eigenen Wissenschaft verstieß. Andere versuchten, durch Stillhalten und Zugeständnisse ihre Arbeitsstelle zu erhalten, wenigstens solange, wie sie es mit ihrem Gewissen vereinbaren konnten.

Dabei wurde auf die politische Gefahr von rechten Bewegungen schon sehr früh hingewiesen, beispielsweise von dem Mathematiker Emil Julius Gumbel (1891–1966), der bereits 1922 in seinem Buch »Vier Jahre Politischer Mord« die Einseitigkeit der deutschen Justiz gerügt hatte.

Emil Julius Gumbel

Gumbel wurde am 18. Juli 1891 geboren. Er studierte Nationalökonomie und Mathematik in München und Berlin und promovierte 1913. Nach dem Kriegsdienst von 1914 bis 1916 arbeitete er
als Ingenieur bei verschiedenen Firmen und war anschließend
Lehrer an der Betriebsräteschule des Allgemeinen Deutschen
Gewerkschaftsbundes in Berlin. 1923 habilitierte er sich und war
mit Unterbrechungen an der Universität Heidelberg als Dozent
für Statistik tätig, gleichzeitig Pazifist und Publizist.

1931 erschien seine Flugschrift: Lasst Köpfe rollen. Fa-
schistische Morde 1924–1931, in der er von den beobachteten
Tatbeständen auf die vermutliche Art der Machtausübung der
Nationalsozialisten schloss:

> Die nationalsozialistische Bewegung, das Sammelbecken der Ent-
> täuschten, der Verbitterten, der Desperados, der Illusionäre, die mit
> einem Schlag durch die nationale Revolution alle Probleme unserer
> Zeit lösen wollen, steht, wenn wir die neuen Erklärungen ihrer Führer
> mit der bisherigen Geschichte vergleichen, in einem tiefgründigen
> Umbildungsprozeß. Die zuchtlose Soldateska soll gebändigt werden,
> die echten Revolutionäre werden desavouiert, das »Dritte Reich« soll
> legal herbeigeführt werden. Nach diesem Gedanken modelt sich auch
> das Bild von der eigenen Geschichte, also das, was die Führer heute, als
> bisher geschehen, wahr haben wollen.
>
> In dem gegen die Ulmer Reichswehroffiziere vor dem Reichsgericht
> wegen Hochverrat geführten Prozeß hat Herr Hitler am 25. September
> 1930 beschworen, die militärische Ausbildung der Sturmabteilungen von
> 1923 sei auf amtlichen Wunsch geschehen; bei seinem Putsch habe er
> unter Zwang gehandelt; heute sei die nationalsozialistische Bewegung
> streng legal; sobald sie gesiegt habe, werde er einen neuen Staatsge-
> richtshof einrichten und ganz legal »Köpfe rollen« lassen.
>
> […] Wer soll ihn, den großen Mann, zum Putsch genötigt haben? Seine
> ganze Vergangenheit beweist die Unglaubwürdigkeit solcher Schwüre.
> […] Der Terror ist keineswegs neu. [… Es folgt eine detaillierte Liste der
> seit 1919 begangenen Morde durch Rechtsradikale, geordnet nach Jah-
> ren; die Zahl der Toten steigt 1930 auf das Fünffache (20) gegenüber dem
> Vorjahr (4) und kommt auf die Gesamtsumme von 63 Morden.]

Diese Zahlen verlaufen ungefähr parallel dem Anwachsen der nationalsozialistischen Bewegung, von 1924 bis 1929 sehr langsam, dann sprunghaft rasch. In diesen Bluttaten offenbart der Faschismus sein wahres Gesicht. Er zeigt dem deutschen Volk die Methoden, deren er sich bedienen wird, wenn er zur Macht kommen sollte.

Republikaner! Vergleicht Hitlers Schwüre mit dem Wirken seiner Anhänger! Nieder mit den Faschisten, ihren offenen Anhängern und versteckten Freunden! Wer den Faschismus nicht will, der kämpfe mit uns gegen dieses Mordsystem, der komme zur Deutschen Liga für Menschenrechte!

Gumbel: Lasst Köpfe rollen, S. 3,4 und 23

Auch förderte er die Aussöhnung mit Frankreich, bis er 1932 nach Disziplinarverfahren und Entzug der Lehrerlaubnis nach Frankreich emigrierte, von dort 1940 in die USA.

In New York lehrte er bis 1955 an verschiedenen Universitäten; im Sommersemester 1955 übernahm er eine Gastprofessur an der FU Berlin. Gumbel starb am 10. September 1966 in New York.

Literatur: Emil Julius Gumbel: Vier Jahre Lüge. Berlin 1919; ders.: Zwei Jahre Mord. Berlin 1921; ders.: Verschwörer. Beiträge zur Geschichte und Soziologie der nationalistischen Geheimbünde seit 1918. Wien 1924 ²1979; ders.: Vier Jahre politischer Mord. Wien 1924 ²1980; Adolf Leisen: Die Ausbreitung des völkischen Gedankens in der Studentenschaft der Weimarer Republik. Heidelberg (Diss.) 1964; Christian Jansen: Der »Fall Gumbel« und die Heidelberger Universität 1924–1932. Heidelberg 1981; ders. (Hrsg.): Emil Julius Gumbel: Portrait eines Zivilisten. Heidelberg 1991; Wolfgang Benz: Emil J. Gumbel – Die Karriere eines deutschen Pazifisten. In: *10. Mai 1933 – Bücherverbrennung in Deutschland und die Folgen. Hrsg. von Ulrich Walberer, Frankfurt 1983*, S. 160–198; Baden-Württembergische Biographien 2 (1999), S. 173–176; Arthur David Brenner: Emil J. Gumbel – Weimar German pacifist and professor. [Studies in Central European Histories, Bd. XXII] Boston u. a. 2001

Theodor Lessing

Theodor Lessing wurde am 8. Februar 1872 in Marienbad geboren und habilitierte sich 1907 an der TU Hannover im Fach Philosophie. Lessing war von jüdischer Abstammung und Sozialdemokrat, was ihn ohnehin schon in Gegnerschaft zu den Nationalsozialisten stellte und seine wissenschaftliche Karriere trotz seines Einsatzes als freiwilliger Lazarettarzt im Ersten Welt-

krieg hemmte. Seine kritische Biographie des Reichspräsidenten
Paul von Hindenburg war Anlass feindlicher Angriffe und für
die Umwandlung seines Lehrauftrages als außerordentlicher
Professor in einen Forschungsauftrag durch die Universität.
Dennoch fasste er seine Meinung noch einmal 1926 in einem
Zeitungsartikel zusammen:

> [...] Von dem Augenblick, wo dieser unpolitischste aller Menschen zu
> einer politischen Rolle mißbraucht wird, wird ein Anderes entscheidend:
> Dieser Mann ist durch und durch Mann des Dienstes. Hier sind noch nicht
> einmal die Ansätze zu einer selbst entscheidenden und grübelnden und
> wägenden Persönlichkeit. Hier wird immer die Instruktion, die Ueberlie-
> ferung, der Consensus, das »Man muß doch«, »Man darf doch nicht« das
> allein Wesentliche sein. Ein guter, treuer Bernhardiner ist der »getreue
> Eckart«, der »brave Hort und Schirm« doch nur gerade so lange, als ein
> kluger Mensch da ist, der ihn in seine Dienste spannt und apportieren
> lehrt; in Freiheit würde aus ihm ein führungsloser Wolf. Eine Natur wie
> Hindenburg, wird bis zum Tode fragen: Wo kann ich dienen? Es ist gewiß
> ergreifend und rührend, daß während des Weltkrieges eine der übelsten
> und bösesten Naturen der Weltgeschichte gerade diese einfältigste
> und treugläubigste seinem Ehrgeiz und seinem Machtwillen dienstbar
> machte, gedeckt von der Flagge der nationalen Ideale. Aber da zeigt sich
> auch die Gefahr! Nach Plato sollen die Philosophen Führer der Völker sein.
> Ein Philosoph würde mit Hindenburg nun eben nicht den Thronstuhl
> besteigen. Nur ein repräsentatives Symbol, ein Fragezeichen, ein Zero.
> Man kann sagen: besser ein Zero als ein Nero. Leider zeigt die Geschichte,
> daß hinter einem Zero immer ein künftiger Nero verborgen steht.
> *Prager Tagblatt, 50. Jg. Nr. 47, 25. Februar 1925*

Nach der Machtübernahme der Nationalsozialisten floh Lessing
in die Tschechoslowakei und wollte mit seiner Frau ein Land-
erziehungsheim in Marienbad einrichten. Doch am 30. August
1933 wurde er in seinem Arbeitszimmer durch Schüsse zweier
Nationalsozialisten durch das Fenster ermordet.

Quellen und Literatur: August Messer: Der Fall Lessing, eine objektive
Darstellung und kritische Würdigung. Bielefeld 1926; Theodor Lessing:
Hindenburg. Berlin 1925; Rainer Marwedel: Theodor Lessing 1872–1933.
Eine Biographie. Darmstadt u.a. 1987; Elke-Vera Kotowski (Hg.): »Ich

warf eine Flaschenpost in das unermessliche Dunkel«. Theodor Lessing
1872–1933. Hildesheim (Ausstellungskatalog) 2008

Hans Achim Litten

Hans Achim Litten wurde 1093 in Halle an der Saale geboren
und wuchs in Königsberg auf. Auf Wunsch seines Vaters
studierte er Jura und wurde Rechtsanwalt. Er gründete eine
Anwaltskanzlei zusammen mit Ludwig Barbasch, engagierte
sich, ohne selbst Parteimitglied zu sein, für die Rote Hilfe, eine
der KPD nahestehende, von Wilhelm Pieck und Clara Zetkin
gegründete Hilfsorganisation, die insbesondere auch Rechts-
beistand für politische Häftlinge ermöglichte, und nahm auch
Mandate gegen Nationalsozialisten an. 1931 vertrat er in einem
Prozess 20 Arbeiter, die bei einem Überfall von SA-Leuten auf
das Tanzlokal Eden in Berlin-Charlottenburg verletzt worden
waren. Als Anwalt der Nebenklage ließ er am 8. Mai 1931 Adolf
Hitler in den Zeugenstand rufen und konfrontierte ihn mit
einer Schrift Goebbels' mit dem Titel: »Der Nazi-Sozi. Fragen
und Antworten für Nationalsozialisten« von 1927, in welchem
offen zur Gewaltausübung gegen politische Gegner aufgerufen
wurde. Die ihm von Litten zugefügte Verlegenheit vergaß Hitler
niemals.

Im folgenden Jahr brachte Litten fünf von 150 SA-Männern
zur Anklage, die eine Kleingartenkolonie namens »Felseneck«
überfallen hatten, wobei ein KPD-Mitglied erschossen worden
war. Inzwischen war er von der Roten Hilfe unter Begleitschutz
gestellt worden.

Zusammen mit den Schriftstellern Carl von Ossietzky, Alfred
Döblin und Heinrich Mann gründete er nach Unruhen zum
Maifeiertag 1929, bei denen durch unverhältnismäßige Maß-
nahmen der Polizei gegen Demonstranten zahlreiche Menschen
zu Tode gekommen waren, den »Ausschuss zur Untersuchung
der Berliner Maivorgänge«. Damit sollten einerseits angeklagten
Demonstranten geholfen, andererseits die Tatsache, dass kein
Polizist zur Rechenschaft gezogen wurde, kritisiert werden.

Ins Exil wollte Joachim Litten 1933 nicht gehen. Am 28. Februar wurde er verhaftet und in verschiedene Zuchthäuser und

Konzentrationslager gebracht. In Dachau starb er am 5. Februar 1938.

Literatur: Irmgard Litten: Eine Mutter kämpft. Rudolstadt 1947; Neuausgabe: Eine Mutter kämpft gegen Hitler. Deutscher Anwaltverlag, Bonn 2000; Justizministerium des Landes Nordrhein-Westfalen (Hrsg.): Zwischen Recht und Unrecht. Lebensläufe deutscher Juristen. Recklinghausen 2004; Knut Bergbauer/Sabine Fröhlich/Stefanie Schüler-Springorum: Denkmalsfigur. Biographische Annäherung an Hans Litten 1903–1938. Göttingen 2008;.

Schriftsteller und Journalisten

Kurt Tucholsky

Kurt Tucholsky war am 9. Januar 1890 in Berlin geboren, wuchs jedoch einige Jahre in Stettin auf. Er stammte aus einer jüdischen Familie, sein Vater war Bankkaufmann und starb schon 1905. Kurt begann zwar ein Jurastudium, das er mit einer Promotion abschloss, wandte sich dann aber ganz der Literatur und dem Journalismus zu, die ihn schon als Schüler angezogen hatten. Er schrieb für die Parteizeitung »Vorwärts« und ab 1913 auch für »Die Weltbühne«, mit deren Herausgeber Siegfried Jacobsohn er befreundet war. Er schrieb auch unter den Pseudonymen Ignaz Wrobel, Theobald Tiger und Peter Panter und weiteren, später nannte er sich auch noch Kaspar Hauser. Seine Artikel belegen seine ausgeprägte antimilitaristische Gesinnung und seine Ablehnung eines übersteigerten Nationalismus.

Im Ersten Weltkrieg kämpfte er – nicht als Freiwilliger – an der Front im Osten. Doch auch hier behauptete sich der Journalist in ihm, denn er gab die Zeitung »Der Flieger« heraus, während in der Weltbühne keine Artikel erschienen. Noch 1918 wurde er als Vizefeldwebel nach Rumänien versetzt, wo er sich evangelisch taufen ließ.

Nach seiner Rückkehr nach Deutschland wurde er Chefredakteur der Zeitschrift »Ulk« (bis 1920), einer Beilage zum Berliner Tageblatt, schrieb aber kurzfristig auch für die Zeitschrift »Pieron«, die die Bevölkerung Oberschlesiens bei der Abstimmung über die Zugehörigkeit für Deutschland gewinnen sollte. Davon distanzierte er sich später. Gleichzeitig verurteilte er die politischen Morde von rechts in der frühen Weimarer Republik sowie deren zurückhaltende Bestrafung durch die Gerichte scharf. Er stand der USPD nahe und wurde Mitbegründer des »Friedensbundes der Kriegsteilnehmer«, bevor er ab 1924 für »Die Weltbühne« und die »Vossische Zeitung« aus Paris berichtete.

1926 wurde Tucholsky für kurze Zeit Chefredakteur der »Weltbühne«. Mehrfach griff er außer der Weimarer Republik und den sie tragenden Sozialdemokraten die Einseitigkeit der deutschen Justiz der Weimarer Republik an. Dies klingt auch in einem seiner bekanntesten Gedichte von 1930 an:

Deutschland erwache!

Daß sie ein Grab dir graben,
dass sie mit Fürstengeld
das Land verwildert haben,
dass Stadt um Stadt verfällt …
Sie wollen den Bürgerkrieg entfachen –
(das sollten die Kommunisten mal machen!)
dass der Nazi dir einen Totenkranz flicht –:
Deutschland, siehst du das nicht –?

Daß sie im Dunkel nagen,
dass sie im Hellen schrein;
dass sie an allen Tagen
Faschismus prophezein …
Für die Richter haben sie nichts als Lachen –
(das sollten die Kommunisten mal machen!)
dass der Nazi für die Ausbeuter ficht –:
Deutschland, hörst du das nicht –?

Daß sie in Waffen starren,
dass sie landauf, landab
ihre Agenten karren
im nimmermüden Trab …
Die Übungsgranaten krachen …
(das sollten die Kommunisten mal machen!)

dass der Nazi dein Todesurteil spricht –:
Deutschland, fühlst du das nicht –?

Und es braust aus den Betrieben ein Chor
von Millionen Arbeiterstimmen hervor:

Wir wissen alles. Uns sperren sie ein.
Wir wissen alles. Uns läßt man bespein.
Wir werden aufgelöst. Und verboten.
Wir zählen die Opfer; wir zählen die Toten.
Kein Minister rührt sich, wenn Hitler spricht.
Für jene die Straße. Gegen uns das Reichsgericht.
Wir sehen. Wir hören. Wir fühlen den kommenden Krach.
Und wenn Deutschland schläft –:
Wir sind wach!
  Zitiert nach: Gesammelte Werke. Bd. VIII, S. 107

Seinen Wohnsitz verlegte er im gleichen Jahr nach Schweden in die Nähe von Göteborg. Seinem Freund und Weltbühne-Kollegen Carl von Ossietzky wurde bereits der Prozess wegen Landesverrats gemacht. Tucholsky selbst veröffentlichte immer weniger Texte. 1933 wurden die Weltbühne verboten und Tucholskys Bücher verbrannt. Selbstzeugnisse aus dieser Zeit sind noch Briefe und Tagebuchblätter. Von der Entwicklung in Deutschland zutiefst erschüttert, starb er am 21. Dezember 1935 in einem Krankenhaus in Göteborg.

Quellen und Literatur: Kurt Tucholsky: Gesammelte Werke. Hrsg. v. Mary Gerold-Tucholsky und Fritz J. Raddatz, 10 Bde., Reinbek 1975; ders.: Deutschland, Deutschland über alles. Ein Bilderbuch von K. T. und vielen Photographen. Berlin 1929; ders.: Die Q-Tagebücher. 1934–1935. Hrsg. von Mary Gerold-Tucholsky und Gustav Huonker. Reinbek 1978; ders.: Briefe aus dem Schweigen. 1932–1935. Briefe an Nuuna. Hrsg. von Mary Gerold-Tucholsky und Gustav Huonker. Reinbek 1977; Michael Hepp: Kurt Tucholsky. Reinbek 1998; Dieter Mayer: Kurt Tucholsky, Joseph Roth, Walter Mehring. Beiträge zu Politik und Kultur zwischen den Weltkriegen. Frankfurt 2010; Rolf Hosfeld: Tucholsky. Ein deutsches Leben. München 2012

Carl von Ossietzky

Carl von Ossietzky wurde 1889 in Hamburg geboren. Sein Vater Ignatius stammte aus Schlesien und arbeitete als Stenograf und als Gastwirt. Nach dessen frühen Tod lebte Carl zunächst bei einer Tante. Mangels des angestrebten Schulabschlusses arbeitete er ab 1907 zunächst als Hilfsschreiber beim Amtsgericht Hamburg, und er begann, selbst Texte zu verfassen. Sein erster Artikel erschien 1911 in der Zeitschrift »Das freie Volk«. Er gehörte der »Demokratischen Vereinigung« an, die dieses Blatt herausgab, außerdem als Generalsekretär bei der »Deutschen Friedensgesellschaft«. Im Ersten Weltkrieg wurde er eingezogen und diente ab 1916 im Westen, auch in Verdun. Nach dem Krieg arbeitete er für den Hamburger Pfadweiser Verlag und für die Deutsche Friedensgesellschaft, ab 1920 für die »Berliner Volks-Zeitung«, ab 1920 für weitere Zeitungen wie »Das Tage-Buch«, »Montag Morgen« und die »Monistischen Monatshefte«. Er schrieb auch unter den Pseudonymen Thomas Murner, Yatagan, Lucius Schierling und Celsus. Beginnend mit Artikeln zu Kulturthemen, vor allem Theaterkritiken, wandte er sich im Laufe der Zeit immer mehr dem politischen Journalismus zu. Carl von Ossietzky war Mitbegründer der Republikanischen Partei und Mitglied der »Liga für Menschenrechte«. 1926 wurde er Autor der Weltbühne und arbeitete mit Kurt Tucholsky zusammen. Bald wurde er Herausgeber und Chefredakteur. Als Chef des wohl bedeutendsten Organs der intellektuellen Linken, das die Demokratie verteidigte und Missstände auch mit beißenden Texten anprangerte, zog er sich, wie auch die Autoren, zahlreiche Feinde zu. 1931 wurde von Ossietzky im sogenannten »Weltbühne-Prozess« wegen Landesverrats angeklagt und zu 18 Monaten Gefängnis verurteilt, nachdem ein Autor der »Weltbühne« über die verbotene Aufrüstung der Reichswehr berichtet hatte. Während der Haftzeit wegen seines Satzes »Soldaten sind Mörder« angeklagt, wurde er nicht ein weiteres Mal verurteilt, da das Gericht darin keine Verunglimpfung der Reichswehr erkannte. Im Dezember 1932 entlassen, beschrieb er im Januar 1933 unter dem Titel »Wintermärchen« die Krise, in der die Nationalsozialisten kurz vor Hitlers Ernennung zum Reichskanzler steckten:

Die Krise der Nazis ist vor allem eine finanzielle. Die theoretisch interessierte Schicht in der Partei war immer herzlich dünn. Die Intellektuellen sind schon mit Otto Straßer und Buchdrucker geschieden oder sammeln sich im ›Tat‹-Kreis und in unzähligen Konventikeln. Das Gros der Parteimitglieder besteht aus den Dümmsten der Dummen, die Cadres der Braunjacken werden durch Barzahlung zusammengehalten und nicht durch eine Gesinnung. Die Zentrale hat aus dem Vollen gewirtschaftet, sie hat von der Aussicht gelebt, in absehbarer Zeit den Staat mit ihren Heuschreckenschwärmen zu überziehen, und sie hat sich darin getäuscht. Ihre alten Brotgeber von der Industrie sind entweder pleite oder durch einige sozialradikale Zwischenspiele enttäuscht. Mitten in einer bettelarm werdenden Zeit war Propaganda der Partei und Lebensstil der Führerschaft auf eine Opulenz gestellt, die zwar die sozialistischen Arbeiter nicht blendete, wohl aber jenes verrottende Kleinbürgertum, das jeden Propheten zu steinigen bereit ist, der sich nicht einen Mercedeswagen und ein Quartier im »Kaiserhof« leisten kann. Dieser Parvenustil ist bedroht; SA-Leute ohne Sold in ungeheizten Mannschaftsstuben wittern hinter der Hitlermessiade den Klanteschwindel und greinen. Es ist nicht ausgeschlossen, daß Adolphus und die Seinen mit zunehmender Misere spiritueller werden, aber die Hungrigen und Beutelustigen, die auf sie geschworen haben, werden mit geistigen Reizen kaum zu betören sein.
Die Weltbühne, 29. Jg. Nr. 1, vom 3. Januar 1933, S. 2

Tatsächlich steckte die NSDAP Anfang 1933 in großen Schwierigkeiten und rechnete selbst kaum noch mit der Erlangung der Regierungsmacht, doch hier hatte er ihr Durchhaltevermögen unterschätzt. Nach dem Reichstagsbrand Ende Februar wurde Carl von Ossietzky bereits wieder verhaftet und danach – ohne Prozess – in verschiedenen Konzentrationslagern festgehalten. Die Weltbühne wurde verboten, seine Bücher gehörten zu denen, die im Mai 1933 verbrannt wurden. 1936 erhielt er auf Initiative der »Deutschen Liga für Menschenrechte« sowie weiterer Freunde, nachträglich für das vorige Jahr, den 1935 zunächst nicht verliehenen Friedensnobelpreis, den er freilich nicht persönlich in Oslo entgegennehmen durfte. Nachdem seine Gesundheit in der KZ-Haft schwer geschädigt worden war, starb er 1938 in Berlin im Krankenhaus Nordend an den Spätfolgen der Misshandlungen – bis zuletzt unter Bewachung der SA. Wie bei Kurt Tucholsky steht der Würdigung seines Kampfes gegen die Nationalsozialisten die Kritik an heftigen Angriffen auf demokratische Politiker der Weimarer Republik gegenüber.

Quellen und Literatur: Carl von Ossietzky: Sämtliche Schriften. Hrsg. von Werner Boldt, Dirk Grathoff, Gerhard Kraiker u. Elke Suhr unter Mitwirkung v. Rosalinda v. Ossietzky-Palm, Reinbek 1994; Elke Suhr: Carl von Ossietzky. Eine Biographie. Köln 1988; Gunther Nickel: Die Schaubühne – Die Weltbühne. Siegfried Jacobsohns Wochenschrift und ihr ästhetisches Programm. Opladen 1996; Dirk Grathoff: Ossietzky, Carl von. In: NDB 10 (1998), S. 610f.; Werner Boldt: Carl von Ossietzky: Vorkämpfer der Demokratie. Berlin 2013

Fritz Gerlich

1883 in Stettin geboren, zog Fritz Gerlich, Sohn des Kaufmanns Paul Gerlich, 1903 zum Studium nach München. Er studierte Geschichte und Anthropologie und wurde Vorsitzender der »Freien Münchner Studentenschaft«. Nach seiner Promotion 1906 wandte er sich zunächst dem bayerischen Archivdienst zu. Am Ersten Weltkrieg nahm er aus gesundheitlichen Gründen nicht als Soldat teil, gründete jedoch 1917 die Zeitung »Die Wirklichkeit – Deutsche Zeitschrift für Ordnung und Recht«, die eine so radikal nationalistische Linie vertrat, dass sie auf Anweisung der Zensur noch im selben Jahr eingestellt werden musste.

Als er nach der Revolution von 1918, die in Bayern besonders dramatisch verlaufen war, sodass er sich nach Bamberg hatte zurückziehen müssen, nach München zurückkehrte, setzte sich Gerlich heftig gegen Kommunismus und Marxismus ein, außer durch Reden auch in Beiträgen für die »Historisch-politischen Blätter« und die »Süddeutschen Monatshefte«. 1920 wurde Gerlich Chefredakteur der »Münchner Neuesten Nachrichten«, die er bald zur bedeutendsten der damals noch höchst zahlreichen Münchner und süddeutschen Zeitungen machte. 1928 jedoch verließ er die Zeitung, da er sich mit den Herausgebern zerstritten hatte. Fürs Erste arbeitete er wieder im Archiv.

Nachdem er, evangelisch erzogen, zu Therese von Konnersreuth gefahren war – eigentlich, um ihre Stigmatisierung als Betrug zu entlarven –, kehrte er beeindruckt zurück und konvertierte 1931 zum Katholizismus. Gerlich übernahm die Wochenzeitung »Der illustrierte Sonntag« und benannte sie in »Der gerade Weg« um. Zusammen mit dem Kapuzinerpater Ingbert Naab leitete er sie als Organ, das sich gegen den Nationalsozialismus richtete. Hauptangriffspunkte Gerlichs und Naabs waren die Rassenlehre der Nationalsozialisten und der Propagandastil der Partei. Eigene Informanten berichteten über die Partei Hitlers und zeigten deren Unaufrichtigkeit und Widersprüchlichkeit auf. Ein Artikel über Hitlers Buch »Mein Kampf« bewertet »Der gerade Weg« Werk so:

[Die] Mischung von Unkenntnis und mangelnder Fähigkeit, schwierige Probleme überhaupt zu durchschauen, erklärt die Plattheit seines Buches »mein Kampf«, in dem er in der Manier des »kleinen Moritz« über schwierigste Fragen des menschlichen Gemeinschaftslebens, der Kultur und des Verhältnisses der Staaten zueinander hinwegredet. Das Buch könnte von einem schnodderigen, in Leitomischl geborenen Vertreter der »Journaille« verfasst sein. Sie erklärt auch, warum er in seinen Vorträgen – auch im engeren Kreise – so ängstlich jede positive Angabe und Erörterung vermeidet, sich dafür aber umso mehr in verschwommenen Redensarten ergeht, die er bei seiner demagogischen Begabung sehr geschickt so berechnet und formuliert, daß sich jeder seiner Zuhörer trotz größter Gegensätze in der Berufsstellung und den Interessen das hineindenken kann, was er wünscht. Dies erklärt, auch, warum Hitler jede positive Angabe über das vermeidet, was er tun will, wenn er die Macht errungen hat. Er vertröstet seine Anhänger mit der Behauptung, das habe er sich alles schon überlegt, und sie würden es dann ja sehen, wenn er die Macht erlangt hat. Er verrate außerdem seinen Gegnern nicht seine Befreiungsrezepte. In Wirklichkeit müsste er bei einem solchen Versuch, das Programm seiner Tätigkeit als Machthaber Deutschlands zu umschreiben, zu den einzelnen konkreten Fragen Stellung nehmen. Er weiß aber, dass ihm dazu das Wissen und der Verstand völlig fehlen und dass er für derartige Arbeiten ebenso gänzlich auf seine zumeist ebenso unzulänglichen Mitarbeiter angewiesen ist.

Der gerade Weg, 4. Jahrgang Nummer 8; vom 21.2.1932

Am 9. März 1933 wurden die Redaktionsräume von der SA der Zeitung überfallen; Fritz Gerlich wurde niedergeschlagen und festgenommen. Er kam in sogenannte Schutzhaft. In der Nacht des »Röhm-Putsches« wurde ins Konzentrationslager Dachau gebracht und von den Nationalsozialisten ermordet.

Quellen und Literatur: Fritz Gerlich: Das Testament Heinrichs VI. Versuch einer Widerlegung. Berlin (Diss.) 1907; ders: Gesch. u. Theorie d. Kapitalismus. München 1913; ders.: Die stigmatisierte Therese Neumann v. Konnersreuth. 2 Bde. München 1929; Karl Otmar von Aretin: Gerlich, Albert Fritz. In: NDB 6 (1964), S. 307f.; Michael Schäfer: Fritz Gerlich. (Diss) 1998, http://www.gerlich.com/ (19.06.2013); Manfred Berger: Fritz Gerlich. In: BBKL 22 (2003), Sp. 394–409; Rudolf Morsey (Bearb.): Fritz Gerlich – ein Publizist gegen Hitler. Briefe und Akten 1930–1934. Paderborn u.a. 2010; Georg Schwaiger: Dr. Fritz Michael Gerlich, in: Helmut Moll (Hrsg.): Zeugen für Christus. Das deutsche Martyrologium des 20. Jahrhunderts, Bd. I, Paderborn ⁵2010, S. 394–397

Ernst Niekisch

Der am 23. Mai 1889 in Trebnitz (Schlesien) geborene Ernst Niekisch war Sohn des Feilenhauermeisters August Niekisch und verbrachte seine Jugend in Nördlingen. Zunächst ergriff er den Beruf des Volksschullehrers, dann diente er im Ersten Weltkrieg. 1917 in die SPD eingetreten, wurde er in der Revolution, die in Bayern einen extremen Verlauf nahm, im Februar 1919 nach dem Tod Kurt Eisners Regierungschef in Bayern. Nach der Beseitigung des Rätesystems in Bayern wurde er zu zwei Jahren Festungshaft verurteilt. Er trat in die USPD ein und wurde im Bayerischen Landtag deren Fraktionschef, nach deren Vereinigung mit der SPD 1922 Vize-Fraktionschef.

Doch 1923 schied er aus dem Landtag aus und zog nach Berlin. 1926 trat er auch aus der SPD aus. Zusammen mit seiner Frau gründete er einen Verlag namens »Widerstand« und gab eine gleichnamige Zeitung mit dem Untertitel »Zeitschrift für nationalrevolutionäre Politik« sowie eine Zeitschrift namens »Entscheidung« heraus. Obwohl zu seiner grundsätzlich sozialistischen Gesinnung auch in einer Phase seines Wirkens nationale Gedanken hinzutraten, stellte er sich sehr früh gegen Hitler und die NSDAP.

1932 erschien sein Hauptwerk: »Hitler – ein deutsches Verhängnis«; in ihm beklagt er unter anderem die Verführungskunst Hitlers und die Verführbarkeit, die die Deutschen seiner Ansicht nach kennzeichnet:

Das Maß an Vertrauen, das Hitler genießt, ist ohnegleichen. Durch keine Tat noch hat Hitler bestätigt, dass er so vielen Vertrauens würdig sei; ihm wird das Vertrauen blindlings gegeben. Er ist ein unübertrefflicher Meister in der Kunst, die Menschen einfach an sich glauben zu machen, ohne zuvor die Frage nach seinem Können und Vermögen beantwortet zu haben.

Der Deutsche ist von Natur aus gläubig. […]

Die deutsche Glaubensbereitschaft ist die Konjunktur aller falschen Propheten; sie führt immer wieder in Versuchung, sie schmählich auszubeuten. Wer sich darauf versteht, die glaubenshungrige Phantasie anzuregen, hat jederzeit Aussicht, eine Gemeinde zu finden. Je böser die Zeiten sind, desto verzweifelter ist der Glaube; so will man sich über sie hinweghelfen. Es braucht nur einer zu kommen, der am gewissesten von der Wende aller Not zu reden versteht; dann wird er sogleich auf Händen getragen. […]

Allen insgesamt freilich, die je in Deutschland politisches Vertrauen fanden, lief Hitler den Rang ab. Nie bot er etwas anderes als Worte; nichtsdestoweniger flogen ihm Millionen von Herzen zu. Seit 1919, so darf man sagen, wirbt er um politische Kredite. Er hat wirksame Regeln in der Kreditwerbung ausgedacht; er weiß, dass man umso mehr Kredit bekommt, je erfindungsreicher die Propaganda, je aufrüttelnder die Reklame ist.

Was Hitler schreibt, ist stets irgendwie verschwommen und umrißlos; er kann nicht bestimmt und scharf denken und hat keine klaren Gesichte. Das Beste aber, was er je drucken ließ, sind die Abschnitte über Propaganda in seinen beiden Bänden [den Teilbänden von »Mein Kampf« Anm. d. Verf.]

Zitiert nach: Hitler – ein deutsches Verhängnis. Berlin 1932, S. 32f.

Niekisch war allerdings kein Verteidiger der Weimarer Verfassung oder der Demokratie, vielmehr strebte er eine Verbindung zwischen extrem linken mit national-konservativen Positionen an und zeigt sogar antisemitische Tendenzen.

Ab 1933 bemühte er sich um die Verbindung zwischen konservativen und linken Oppositionsgruppen. 1937 reiste er nach

Paris, um sich mit dem Emigranten und Gesinnungsgenossen Karl Otto Paetel sowie dem Mitarbeiter im Reichsluftfahrtministerium Harro Schulze-Boysen zu treffen. Im März 1937 wurde Niekisch inhaftiert. In seinem Prozess vor dem Volksgerichtshof wurde vor allem sein ungedrucktes Manuskript »Geheimnis des Reichs« als Beweis seiner konspirativen Tätigkeit herangezogen. (Dieses Buch erschien nach dem Krieg mit dem Titel: »Das Reich der niederen Dämonen. Eine Analyse des Nationalsozialismus«.)

Das Urteil fiel 1939 und lautete auf lebenslange Zuchthausstrafe. 1945 wurde er von der Roten Armee befreit, war aber durch die Behandlung in der Haft gesundheitlich schwer angeschlagen.

Er trat in die DKP ein und wurde Mitbegründer der DDR. Doch 1955 trat er, tief enttäuscht, aus der SED aus und verließ gar 1963 die DDR. Er starb in Berlin (West) am 23. Mai 1967.

Quellen und Literatur: Ernst Niekisch: Der Weg der deutschen Arbeiterschaft zum Staat. Berlin-Hessenwinkel 1925; ders.: Grundfragen deutschen Außenpolitik. Berlin-Hessenwinkel 1925; ders.: Politik und Idee. Dresden 1929; ders.: Entscheidung. Berlin 1930; ders.: Der politische Raum deutschen Widerstands. Berlin 1931; Hans Buchheim: Ernst Niekischs Ideologie des Widerstands. In: Vierteljahreshefte für Zeitgeschichte 5 (1957), S. 334–61; Kurt Sontheimer: Antidemokratisches Denken in der Weimarer Republik. München 1962; Uwe Sauermann, Ernst Niekisch und der revolutionäre Nationalismus. München 1985; Birgit Rätsch-Langejürgen: Das Prinzip Widerstand, Leben und Wirken von Ernst Niekisch. Bonn (Diss.) 1997; Hans Christoph Graf von Seherr-Thoß: Niekisch, Ernst. In: NDB 19 (1998), S. 227–229; Michael Pittwald: Ernst Niekisch. Völkischer Sozialismus, nationale Revolution, deutsches Endimperium. [PapyRossa-Hochschulschriften, Band 37] Köln (Diss.) 2002

Theodor Wolff

Theodor Wolff wurde 1868 als Sohn eines Kaufmanns in Berlin geboren und stammte aus einer jüdischen Familie. Nach dem Abitur absolvierte er eine Ausbildung im Mosse Verlag seines Vetters, war aber auch dem Theater sehr zugewandt. Er gründete mit anderen die »Freie Bühne«, ging aber dann als Kultur-Korrespondent nach Frankreich. Von 1906 bis 1933 war er Leiter des »Berliner Tageblatts«, das unter ihm zur wichtigsten

Berliner Tageszeitung aufstieg. Diese war demokratisch-liberal und außenpolitisch gemäßigt ausgerichtet. In der Regierung des Kaiserreiches wurde es daher nicht geschätzt und im Ersten Weltkrieg vorübergehend verboten.

1918 gründete Wolff die Deutsche Demokratische Partei, die er allerdings 1926 im Streit um Zensurbedingungen wieder verließ. Von national-konservativen Kreisen wurde er angefeindet. Über die Nationalsozialisten schrieb er:

> Diese Burschen wollen Erneuerer sein, dem deutschen Volk und der Welt das Neue bringen. Und sie haben noch nicht einmal die Haut und die Lüste eines Wildschweins, das vor 700 Jahren herumrodete, abgelegt. […] Der Nationalsozialismus ist, obgleich neben Komödianten, Strebern und naiven Enthusiasten einige anständige neurasthenische Talente sich zu ihm verlaufen haben, ein Tugendbund für jene Laster, falsches, eitles Prophetentum, Anstiftung zu Zwietracht, Gewalttat und Bürgerkrieg –, deren Adepten in Dantes Hölle […] eines besonderen Strafvollzuges teilhaftig sind. Keine geschliffene Phrase, keine dunstige Ideologie kann darüber hinwegtäuschen, dass er mit seinem Geschrei nach umstürzender Gewalt und mit seiner Rassenverhetzung die Rohheit, die Verblödung und die gemeinsten Pöbeltriebe anreizt und zu verbrecherischen Ausbrüchen treibt. Würde man eine Untersuchung vornehmen können, so würde man unter den von alten Weibern verhätschelten und von ungebildeten Großindustriellen protegierten Wanderpropheten des Nationalsozialismus nicht wenige pathologisch interessante Gehirne feststellen, und der verquollene Dampf, der von ihnen ausgeht, verbreitet sich über eine Masse, die auf jedes Betäubungsmittel reagiert. Die Benebelten, die mit Theorien nichts anzufangen wissen, greifen zum praktischen Revolver und schießen los. […].
>
> *Berliner Tageblatt, 59. Jg., vom 8. Juni 1930, zit. nach: Gotthard Schwarz, Theodor Wolff, S. 270*

Nach der Machtübernahme Hitlers gelang ihm die Flucht über Tirol und die Schweiz nach Nizza, wo er mehr Bücher als Artikel verfasste. Nach dem Sieg Deutschlands über Frankreich versuchte Wolff, nach Amerika zu fliehen. Doch bevor dies gelang, wurde er von italienischen Beamten verhaftet und an die Gestapo ausgeliefert. Über Drancy wurde er in das Konzentrationslager Sachsenhausen verschleppt. Dort schwer erkrankt, wurde er ins Jüdische Krankenhaus in Berlin verlegt und starb am 20. September 1943.

Quellen und Literatur: Theodor Wolff: Pariser Tagebuch. München 1908; zit. nach: Gotthard Schwarz: Theodor Wolff und das »Berliner Tageblatt. Eine liberale Stimme in der deutschen Politik 1906–1933. [Tübinger Studien zur Geschichte und Politik, Bd. XXV] Tübingen 1968; Wolfram Köhler: Der Chefredakteur Theodor Wolff. Ein Leben in Europa 1868–1943. Düsseldorf 1978; Bernd Sösemann: Theodor Wolff. Journalist, Weltbürger, Demokrat. Berlin 2004; ders.: Theodor Wolff. Ein Leben mit der Zeitung. Stuttgart 2012

Konrad Heiden

Konrad Heiden wurde am 7. August 1901 in München geboren. Sein Vater war Gewerkschaftssekretär, seine Mutter stammte aus einer jüdischen Familie. Heiden wuchs in Frankfurt auf und studierte nach dem Abitur in München Geschichte und Germanistik und gründete den Demokratischen Studentenbund. Noch vor dem Abschluss zog er allerdings letztlich die Arbeit als Assistent des Münchner Korrespondenten der »Frankfurter Zeitung« vor. So wurde er Redakteur in Frankfurt, später berichtete er aus Berlin. 1931 wechselte er zur Vossischen Zeitung, 1933 emigrierte er in die Schweiz. Im selben Jahr veröffentlichte er »Die Geschichte des Nationalsozialismus«. 1934 zog er nach Saarbrücken und schrieb »Der 30. Juni« [1934] unter dem Pseudonym Bredow, musste nach der Saarabstimmung 1935 die Stadt wieder verlassen und begab sich nach Paris. Er wurde Gründungs- und Vorstandsmitglied des »Bundes Freie Presse und Literatur im Exil«. 1936 erschien in Zürich sein seit mehreren Jahren recherchiertes Buch »Adolf Hitler. Das Zeitalter der Verantwortungslosigkeit. Eine Biographie.« Im folgenden Jahr die Fortsetzung: »Adolf Hitler. Eine Biographie. Ein Mann gegen Europa.« Nach einigen Gefolgsleuten, deren Kurzbiographien die NSDAP als Truppe von Gescheiterten erweisen, stellt er Hitler in deren Reihe:

Und nun noch einer: Realschüler, verlässt die Schule aus Trägheit vor dem Examen, an der Kunstakademie und der Architekturschule abgewiesen, nacheinander Gelegenheitsarbeiter am Bau und in der Fabrik, Ansichtskartenzeichner und Stubenmaler, mehrere Jahre lang Insasse eines Männerasyls, 1914 bis 1920 Soldat, dann ohne Beruf, von Freunden unterstützt, politischer Agitator – dieses Lebensbild Adolf Hitlers ist geradezu Krone und Vorbild für die Lebensläufe all dieser Deklassierten, die als sogenannte Führer der nationalsozialistischen Partei Unterschlupf gefunden haben.

Gegen Ende des ersten Bandes anlässlich der Übernahme des Reichskanzleramtes durch Hitler resümiert Heiden:

Er wurde im steilen Aufstieg nur, was er wirklich war und wozu die Natur ihn gestempelt hat: ein Herrscher mit Bettlerinstinkten. Er konnte von Haus aus nur absolut sein, sei es Fürst oder Vagabund. Er kann nicht leben, ohne tun zu dürfen, was er will; aber er muss das Gefühl haben, dass alle es ihm erlauben. In seinem tiefsten Empfinden kein Herr, sondern eben »Führer«; geht nur voran, wenn er weiß, dass ihm andere folgen. In der Einsamkeit ein Hocker und Träumer, vor der Masse ein gewaltiger Streber. Kein Alleingänger, sondern ein Alleinsitzer. Es ist Deutschlands Tragik, in der zwielichtigen Epoche seiner Geschichte, daß sechs Jahrzehnte Kaiserreich es an Gehorsam gewöhnten, aber keinen echten Herrn hervorbrachten. Darum das Zeitalter der dämonischen Hanswürste.
Heiden, Hitler, Bd. I, S. 235 und 323

1939 wurde Heiden in einem französischen Lager interniert, doch gelang ihm die Flucht nach Lissabon und von dort in die USA. In New York und später in South Orleans verfasste er noch einige Bücher und Artikel. Auch reiste Heiden noch einmal nach Deutschland.

Quellen und Literatur: Konrad Heiden: Geschichte des Nationalsozialismus – Die Karriere einer Idee. Berlin 1932; ders.: Die Geburt des Dritten Reiches – Die Geschichte des Nationalsozialismus bis 1933. Zürich 1934; ders. alias Klaus Bredow: Hitler rast. Die Bluttragödie des 30. Juni 1934. Saarbrücken 1934; ders. alias Klaus Bredow: Sind die Nazis Sozialisten? Saarbrücken 1934; ders.: Adolf Hitler. Das Zeitalter der Verantwortungslosigkeit. Eine Biographie. Zürich 1936; ders.: Hitler. Eine Biographie. Ein Mann gegen Europa. Ort 1937; Werner Maser: Heiden, Konrad. In NDB 8 (1969), S. 246f.

Der Aufstieg der NSDAP, »Machtergreifung« und »Gleichschaltung«

Prozentual konnte die NSDAP, seit sie sich Wahlen stellte, eher einen Mitgliederzuwachs als einen Zuwachs an Wählerstimmen verbuchen. Dies änderte sich 1929 mit dem Ausbruch der Weltwirtschaftskrise und mit der Aufnahme in das Bündnis der Deutschnationalen Volkspartei (DNVP), des Stahlhelmbundes und des Alldeutschen Verbandes gegen den Young-Plan. Ihre angeblich sozialistische Gesinnung wieder hervorkehrend, erreichte die NSDAP bei der Reichstagswahl im September 1930 einen Stimmenanteil von 18,3 %, das bedeutete 103 Mandate im Reichstag. Im Oktober bildete die nunmehr erstzunehmende politische Größe mit der DNVP und anderen nationalistischen Verbänden die »Harzburger Front«. Die vom Reichpräsidenten getragenen Präsidialkabinette trugen das ihre zur Unzufriedenheit mit den staatstragenden Parteien und somit zur Radikalisierung der Wählerschaft bei. Doch obwohl die NSDAP bei der Reichstagswahl im Juli 1932 einen Stimmenanteil von 37,4 % erreichte und damit stärkste Partei wurde, ernannte Hindenburg Hitler nicht zum Reichskanzler. Dies und der Stimmenrückgang bei den November-Wahlen stürzten die Partei in eine tiefe Krise, so dass schon ihr Ende prophezeit wurde. In der Landtagswahl in dem kleinen Reichsland Lippe konnte die NSDAP daraufhin noch einmal fünf Prozent hinzugewinnen, was ihr noch einmal Gewicht verlieh. Veranlasst durch die folgenschwere Selbstüberschätzung Franz von Papens, der Hitler in Schach halten wollte, ernannte Reichspräsident Paul von Hindenburg Hitler am 30. Januar 1933 zum Reichskanzler.

Sehr schnell nach Hitlers Amtsantritt begann die NSDAP mit der totalen Erfassung des gesellschaftlichen Lebens, das bedeutete zunächst: mit der Ausschaltung der konkurrierenden Organisationen. Zuerst erfolgte die Beseitigung des föderalistischen Prinzips durch die Einsetzung nationalsozialistischer Regierungen in den Ländern. Als Nächstes wurden durch das »Gesetz zur Wiederherstellung des Berufsbeamtentums« alle unliebsamen Beamten aus dem Dienst entfernt. Der in dem Gesetz enthaltene sogenannte Arierparagraph, der die Entlassung jüdischer Beamter bestimmte, wurde auch von evangelischen Landeskirchen und anderen Organisationen und Vereinen übernommen. Nur einzelne zogen dem Rauswurf jüdischer Mitglieder und Vorsitzender die Auflösung vor. Die Verfolgung der Kommunisten leitete die sogenannte Reichstagsbrandverordnung ein, die der Sozialdemokraten das Parteiverbot vom 22. Juni 1933.

Der extreme Antisemitismus der Nationalsozialisten stieß, obgleich er von vielen geteilt wurde, bei einigen Bevölkerungsteilen doch auf Befremdung. Auf den Boykott jüdischer Geschäfte im April 1933 jedenfalls reagierten die Menschen mancherorts mit demonstrativen Einkäufen bei jüdischen Kaufleuten. Auch unter der jüdischen Bevölkerung waren die Einschätzung der Vorgänge und die Reaktionen darauf geteilt. Während es bis 1934 vermehrt zu Selbstmorden kam und fast 40 000 Menschen auswanderten, blieb doch die Mehrheit in Deutschland und konnte – vor allem angesichts ihrer Verdienste um Deutschland in den zurückliegenden Kriegen sowie nach dem Ersten Weltkrieg – das tatsächliche Ausmaß der Bedrohung lange nicht fassen.

Literatur: Hans-Ulrich Thamer: Verführung und Gewalt. Deutschland 1933–1945. [Siedler Deutsche Geschichte, Reihe: Die Deutschen und ihre Nation, (Bd. V)], Berlin 1994; Hans Mommsen: Zur Geschichte Deutschlands im 20. Jahrhundert. Demokratie, Diktatur, Widerstand. München 2010

Reaktionen in den ersten Monaten der NS-Herrschaft (1933/34)

Kommunisten

Die Kommunistische Partei Deutschlands war in den letzten Jahren der Weimarer Republik hinter NSDAP und SPD die drittstärkste Partei. Der politische Kampf der Kommunisten richtete sich besonders gegen die SPD, während sie mit den Nationalsozialisten die Ablehnung der Verfassung teilte. So kam es in Einzelfällen sogar zur Zusammenarbeit, wenn es um die Schwächung des politischen Systems ging, so z. B. 1931 bei einem Volksentscheid gegen die preußische SPD-Regierung.

Nach Wegfall des gemeinsamen Feindes jedoch wurden die Kommunisten wie die Sozialdemokraten und Sozialisten massiv verfolgt. Gleich 1933 wurden so viele von ihnen verhaftet, dass die Kommunikation zwischen ihren Parteibezirken abzureißen drohten. Am 7. Februar trafen sich etwa 40 Parteimitglieder mit Ernst Thälmann im Sporthaus Ziegenhals bei Berlin und berieten über die künftige Untergrundarbeit, bei der die Verbreitung von Flugblättern und Kampfschriften eine wichtige Rolle spielte. Besonders kam es den Kommunisten darauf an, ihre Fortexistenz zu beweisen. Ein Flugblatt vom 5. März 1933 lautete:

Stürzt die Papen-Hitler-Hugenberg-Diktatur
Arbeiter an die Macht! Für die Arbeiter- u[nd] Bauernrepublik!
Arbeiter, Werktätige, Frauen und Jugendliche, Kleinbauern,
Angestellte, werktätige studierende Jugend!
[…] Wir schlagen Alarm im Land! Die Diktatur der Hitler, Papen, Hugenberg will die Kommunistische Partei verbieten! Noch vor den Wahlen soll der Schlag gegen die KPD durchgeführt und soll die kommunistische Reichstagsliste für Null und Nichtig erklärt werden!

[…] Jede Stimme für die Hitler-Partei ist ein Sargnagel für die Freiheit des werktätigen Volkes! Jede Stimme für die Hitler-Partei ist eine Stimme für den faschistischen Terror und für den Arbeitermord! Jede Stimme für die SPD, für die Saboteure des Generalstreiks, ist eine Hilfe für Hitler, eine Stimme gegen die siegreiche Diktatur des Proletariats!

[…] In Antifaschistischer Einheitsfront vorwärts zum Massenkampf, zum Generalstreik, zum Sturz der Hitler, Papen, Hugenberg Diktatur! Gebt Eure Stimme und Eure ganze Kraft der KPD, der Partei der proletarischen Revolution!

Zitiert nach der Abbildung in: Ulrich Cartarius, Opposition gegen Hitler, S. 48f.

Die Aversionen zwischen den linken Gruppierungen, den Kommunisten, Sozialisten und Sozialdemokraten wurde auch durch den zunehmenden Druck von Seiten des gemeinsamen Feindes nicht überwunden. Für sich alleine entschieden sie sich, da sie wie viele andere Deutsche nicht auf eine längere Kanzlerschaft Hitlers eingestellt waren, zunächst einmal vor allem im Bewusstsein ihrer Anhänger bleiben zu wollen.

Zu diesem Zweck strebten sie Massenwiderstand und Massenaktionen an, wozu sie auf Unterstützung der Kommunistischen Internationale in Moskau hofften, eigentlich ein Außenposten, der die Kommunisten allen anderen Widerstandsgruppen hätte überlegen machen können. Dem standen allerdings Massenverhaftungen gleich zu Beginn der Kanzlerschaft Hitlers und vor allem nach dem Reichstagsbrand gegenüber, die die Partei so schwächten, dass sogar der Kontakt einzelner Bezirksgruppen untereinander abzureißen drohte. Mehr als 11 000 Personen, vor allem Parteifunktionäre, Reichstagsabgeordnete und Abgeordnete des Preußischen Landtages wurden in sogenannte »Schutzhaft« genommen. An der Abstimmung über das Ermächtigungsgesetz konnten die kommunistischen Abgeordneten bereits nicht mehr teilnehmen. Diejenigen höheren Parteifunktionäre, denen es noch gelang, flohen ins Ausland und gründeten in Paris eine Auslandszentrale: Wilhelm Pieck (1876–1960, später Präsident der DDR), Franz Dahlem (1892–1981) und Wilhelm Florin (1894–1944), während Walter Ulbricht (1893–1973), Hermann Schubert (1886–1938) und Fritz Schulte (1890–1943) zunächst in Deutschland zurückblieben. Sogenannte »Grenzstützpunkte« entstanden in grenznahen Orten wie dem Saargebiet, den Niederlanden, Dänemark oder Tschechien. Trotz der Zerstreuung hielt die KPD vorerst an ihrer zentralistischen Grundidee und Organisation fest.

Unter den erschwerten Bedingungen, aber auch mit einer aussichtslosen Strategie erlitten die Kommunisten bei Flugblattaktionen, Verteilung von Zeitungen, die an ständig wechselnden Standorten gedruckt oder als Reclam-Hefte getarnt aus dem Ausland herbeigeschafft wurden, und Demonstrationen wie dem Hissen roter Fahnen an markanten Stellen enorme personelle Verluste, und obwohl sie sogar auch noch deutschlandweite Druckwerke wie die Zeitung »Die Rote Fahne« verbreiteten, erzielten sie keinen nennenswerten Erfolg.

Hans Beimler

1895 in München geboren, wurde Hans Beimler zunächst Schlosser. Im Ersten Weltkrieg diente er in der Marine und war 1918
Mitglied des Arbeiter- und Soldatenrates von Cuxhaven. 1919 war
er Mitbegründer der KPD und kämpfte auf Seiten der bayerischen
Räterepublik. Nach einer zweijährigen Haftstrafe wegen eines
Sabotageaktes war er in einer Lokomotivfabrik in München tätig
und engagierte sich – nicht zum ersten Mal – gewerkschaftlich.

1932 war er für drei Monate Mitglied des Bayerischen Landtages und wurde dann in den Reichstag gewählt.

Nach Hitlers Machtübernahme nahm er an der Tagung der
kommunistischen Parteiführung im Berliner Sporthaus Ziegenhals am 7. Februar teil und gehörte zu den Leitern der einsetzenden Untergrundarbeit der KPD. Am 11. April 1933 wurde
er daher festgenommen und ins Münchener Polizeipräsidium
gebracht, von hier zwei Wochen später in das Konzentrationslager Dachau, aus dem ihm nach wiederum zwei Wochen die
Flucht gelang. Beimler floh nach Prag und veröffentlichte in
Moskau noch 1933 in deutscher Sprache den ersten gedruckten
Bericht über die Zustände in einem Konzentrationslager.

Nicht um »erfundene Gräuelpropaganda« handelt es sich. Die Wahrheit
über das »Dritte Reich« ist stärker als jede »erfundene Gräuelpropaganda«. Heute gibt es keinen Menschen in der Welt – mit Ausnahme der
fanatischen Anhänger der Mordbrenner selbst –, der noch irgendeinen
Zweifel an den Meldungen und Berichten über die bestialischen Folte-
rungen und Massenmorde in den SA-Kasernen, Gewerkschaftshäusern
und Konzentrationslagern hat. Und die Wahrheit ist noch viel schlimmer,
als sie schon bekannt ist. So muß wohl jeder dazu beitragen, die ganze
Wahrheit ans Tageslicht zu bringen, um die gesamte Arbeiterklasse der
ganzen Welt, vor allem aber die deutschen Arbeiter selbst, zum Kampf
für die antifaschistische Front, zum Kampf gegen die faschistischen
Morde und Foltern, zum Kampf gegen die faschistische Diktatur, für die
Befreiung der 60 000 politischen Gefangenen in Deutschland, für die
Errichtung der Herrschaft der Arbeiterklasse und aller Werktätigen und
Ausgebeuteten aufzurufen und zu gewinnen.
Zitiert nach: Mühldörfer, Hans Beimler, S. 26

Im Sommer 1936 folgte er einem Aufruf zur Unterstützung der republikanischen Truppen im Spanischen Bürgerkrieg. Bei einer Inspektion der Thälmann-Brigade im Dezember starb er unter ungeklärten Umständen. Von der spanischen Bevölkerung wurde er mit einer eindrucksvollen Beisetzung geehrt.

Quellen und Literatur: Hans Beimler: Im Mörderlager Dachau. Vier Wochen in den Händen der braunen Banditen. Moskau 1933; Antony Beevor: Der Spanische Bürgerkrieg. München 2008; Hermann Weber/Andreas Herbst: Deutsche Kommunisten. Biographisches Handbuch 1918–1945. Berlin ²2008; Friedbert Mühldorfer (Hrsg.): Hans Beimler: Im Mörderlager Dachau. Um eine biographische Skizze ergänzt, Köln 2012

Neben der frühen Aufklärung über die Konzentrationslager, was freilich in Deutschland nicht leicht zu verbreiten war, erschien ein sogenanntes »Braunbuch über Reichstagsbrand und Hitlerterror« in Paris, das eine Gemeinschaftsproduktion mehrerer Journalisten und Kommunisten war, Redakteur war der Chef der »Internationalen Arbeiterhilfe« Willi Münzenberg.

Willi Münzenberg

Willi Münzenberg war am 14. August 1889 in Erfurt als Sohn eines Gastwirts geboren. Nach dem Schulbesuch arbeitete er ab 1906 in der Erfurter Schuhfabrik Lingel. Als er aufgrund seines politischen Engagements beim Norddeutschen Jugendverein keine Anstellung mehr fand, zog er in die Schweiz und arbeitete als Laufbursche in einer Apotheke in Zürich. Im Ersten Weltkrieg leitete er das Internationale Jugendsekretariat in Bern. Nachdem er bereits 1917 bei einer Demonstration verhaftet worden war, wurde er im folgenden Jahr als »Anhänger der Oktoberrevolution« ausgewiesen. Zurück in Deutschland schloss er sich 1919 der KPD an. Er erwies sich als sehr rührig und wurde Chef der Kommunistischen Jugendinternationalen, gründete 1921 die Zeitschrift »Sowjetrußland im Bild«, später »Arbeiter-Illustrierte-Zeitung« genannt, zur Finanzierung der »Internationalen Arbeiterhilfe« für die Sowjetunion, sowie 1924 den »Neuen Deutschen Verlag«. Im selben Jahr wurde er Mitglied des Zentralkomitees der KPD und Reichstagsabgeordneter. Er machte die kommunistische »Kosmos-Verlag GmbH« zum bedeutendsten Zeitungs- und Filmunternehmen der Weimarer Republik und führt mit dem gleichen Erfolg die Zeitung »Welt am Abend«, deren Auflage er von 3000 auf über 100 000 vermehren kann. Eine weitere Zeitschrift ruft er 1928 ins Leben: den »Eulenspiegel« zusammen mit Heinrich Zille; ab 1931 brachte er auch noch die Tageszeitung »Berlin am Morgen« heraus.

Nach dem Reichstagsbrand musste Münzenberg Deutschland verlassen und zog nach Paris, von wo aus er weiter mit den Mitteln der Presse gegen die Nationalsozialisten kämpfte. Seine deutschen Zeitungen wurden verboten. Er gründete den Verlag Carrefour (dt.: Kreuzung / Kreuzweg) und gab 1933 das »Braunbuch über Reichstagsbrand und Hitlerterror« heraus, das in 17 Sprachen übersetzt wurde. Es klärt über die schon zu Beginn der NS-Herrschaft verübten Verbrechen auf und berichtet unter anderem:

Vierzigtausend Männer und Frauen in Konzentrationslagern
Nach den verschiedenen Pressemeldungen und Veröffentlichungen muss Anfang Juli die Gesamtzahl der politischen Gefangenen in Hitlerdeutschland auf 60–70 000 geschätzt werden. Davon sind 35–40 000 Frauen und Männer in Konzentrationslagern untergebracht. Welche Rechtsgrundlage haben diese Konzentrationslager im faschistischen Deutschland? Da im faschistischen Deutschland jede Rechtsgrundlage aufgehoben ist, ist es selbstverständlich, dass auch für die Errichtung von Konzentrationslagern keine gesetzliche Grundlage vorhanden ist. Es besteht nicht einmal ein Gesetz oder eine Verordnung, die die Rechte der Gefangenen in den Konzentrationslagern regelt. Schon dadurch charakterisiert sich die Einrichtung von Konzentrationslagern in Deutschland als schlimmster Willkürakt der Hitler-Regierung. Auch über die Dauer der Haft der Gefangenen besteht keinerlei gesetzliche Regelung oder Verordnung. [...]
Am treffendsten werden diese ungeheuerlichen Zustände gekennzeichnet von dem nationalsozialistischen Unterführer Leutnant Kaufmann, einem der Leiter des Konzentrationslagers Heuberg in Baden. Leutnant Kaufmann erklärte Ende April dem Berichterstatter der dänischen Zeitung »Politiken« auf die Frage »Wie lange wollen Sie die Gefangenen hier halten?«:

»Bis der Führer sich erbarmt.« […]

Die Frauen und Männer, die in den deutschen Konzentrationslagern interniert werden, sind selbst im Sinne des faschistischen Staatsprinzips völlig schuldlos. Alle sozialistischen und kommunistischen Arbeiter und Führer, die sich nach Ansicht der Hitler-Regierung gegen die Gesetze des faschistischen Gewaltregimes vergangen haben, werden nicht in Konzentrationslager gebracht, sondern in Gefängnisse und Zuchthäuser gesperrt und durch Ausnahme- und Sondergerichte verfolgt und abgeurteilt. In die Konzentrationslager kommen nur solche Männer und Frauen, die der Faschismus für politisch verdächtig hält, gegen die aber selbst die faschistischen Staatsanwälte keine Handhabe zu einer strafrechtlichen Verfolgung finden können. Die Gefangenen in den Konzentrationslagern haben keinerlei Delikte begangen. Man hat sie zum größten Teil sofort nach dem Reichstagsbrand und nach den Wahlen vom 5. März verhaftet, sodass sie selbst beim besten Willen keine Aktion gegen das faschistische Regime führen konnten.

Zitiert nach der Ausgabe Basel 1933, S. 270f.

Dem Braunbuch folgte nach dem Röhm-Putsch 1934 ein »Blaubuch«, das Hindenburg einen Putsch gegen Hitler nahelegte.

Später gründete er noch den Verlag Sebastian Brandt, in dem mehrere deutsche Exilschriftsteller veröffentlichten; an der darin erscheinenden Zeitung »Zukunft« arbeiteten Thomas Mann, Alfred Döblin, Lion Feuchtwanger und Oskar Maria Graf mit. Zur Unterstützung der Verfolgten des NS-Regimes gründete er ein Deutsches Hilfskomitee bei der Internationalen Arbeiterhilfe. 1935 rief Münzenberg zu einer Koalition aller Hitlergegner auf, einer »Volksfront«, der die bisherigen politischen Konflikte untergeordnet werden sollten. Immerhin gelang ihm ein Zusammenschluss von 51 Oppositionellen verschiedener Richtungen, der als Lutetia-Kreis« bekannt wurde. Münzenberg sah auch deutlich das Unrecht, das von Kommunisten begangen wurde. Nachdem er schon die Einmischungen Stalins in die Arbeit der KPD gegen die SPD in der Weimarer Republik nur zähneknirschend hatte hinnehmen können, klagte er nun die politischen Morde unter dem sowjetischen Diktator an und wurde erst aus dem Zentralkomitee der KPD ausgeschlossen, dann trat er selbst aus der Partei aus, um einen Ausschluss zu vermeiden. Seinerseits distanzierte er sich von der Partei nach dem Hitler-Stalin-Pakt, der die Kommunisten ganz Europas ratlos machte.

Nach dem Überfall Deutschlands auf Frankreich 1940 wurde Willi Münzenberg verhaftet und im Lager Chambaran in Lyon festgehalten. Am 21. Oktober wurde er in einem Wald bei Saint-Marcellin (Dépt. Isère, Frankreich) aufgefunden, war aber wohl schon etwa drei Monate zuvor verstorben. Die Umstände seines Todes blieben ungeklärt.

Quellen und Literatur: Willi Münzenberg: Fünf Jahre Internationale Arbeiterhilfe. Berlin 1926; ders.: Solidarität. Zehn Jahre Internationale Arbeiterhilfe 1921–1931. Berlin 1931; ders.: Propaganda als Waffe. Paris 1937; Babette Gross: Münzenberg. Eine politische Biographie. Stuttgart 1967; Heinz Willmann: Geschichte der Arbeiter-Illustrierten Zeitung 1921–1938. Berlin 1974; Tilmann Schulz: Münzenberg, Willi. In: NDB 18 (1997), S. 553f.; Sean McMeekin: The Red Millionaire. A Political Biography of Willy Münzenberg, Moscow's Secret Propaganda Tsar in the West 1917–1940. Yale 2004; Martin Mauthner: German Writers in French Exile 1933–1940. London 2007; Riccardo Steffen Raßloff: Willi Münzenberg und Erfurt. Die Anfänge des roten Propaganda-Zaren. In: Mitteilungen des Vereins für die Geschichte und Altertumskunde von Erfurt 70 (2009), S. 86–98; Bavaj: Revolutionierung der Augen. Politische Massenmobilisierung in der Weimarer Republik und der »Münzenberg-Konzern«. In: Ute Daniel u. a. (Hrsg.): Politische Kultur und Medienwirklichkeiten. Zur Kulturgeschichte des Politischen nach 1918. München 2010, S. 81–100; Kasper Braskén: Willy Münzenberg und die Internationale Arbeiterhilfe (IAH) 1921–1933. Eine neue Geschichte. In: Jahrbuch für Forschungen zur Geschichte der Arbeiterbewegung III/2012

Um der Verhaftung zu entgehen, flohen wie Münzenberg viele Kommunisten ins Ausland. Sie fanden dort zunächst Unterstützung durch die ausländischen Büros der »Roten Hilfe«, von der sie jedoch, sofern sie einsatzfähig waren, angehalten wurden, den Kampf in Deutschland fortzusetzen.

Auf diese Weise gab es im frühen Abwehrkampf der Kommunisten gegen die nationalsozialistische Herrschaft eine enorme Zahl von Opfern, denen kein Erfolg gegenüberstand, stattdessen mussten sie in den ersten Jahren große Erfolge zur Kenntnis nehmen, die zwar nicht den Nationalsozialisten zu verdanken waren, die diese sich aber zurechneten, darunter der Rückgang der Arbeitslosigkeit sowie die Wiederinbesitznahme von Rheinland und Saargebiet.

Neu Beginnen

Diese Organisation war 1929 unter den Brüdern Walter (genannt Miles) und Ernst Loewenheim entstanden und zunächst als Alternative sowohl zur KPD als auch zur SPD gedacht. Sie lehnte sich an leninistische Theorien an. Bis 1933 hatte die Organisation rund 100 Mitglieder aus verschiedenen linken Parteien und Gruppierungen gewonnen, darunter Fritz Erler (1913–1967), und ihre konspirative Wirksamkeit gründlich trainiert, weshalb sie nicht so stark der Verfolgung ausgesetzt war wie die übrigen Kommunisten, dafür aber sogleich umsichtiger auf die Machtübernahme der Nationalsozialisten reagieren konnte als SPD, Gewerkschaften und KPD. So konnte sie bis 1935 auf etwa 500 Mitglieder anwachsen und unterhielt Kontakte zu vielen sozialistischen und kommunistischen Gruppierungen. Im Gegensatz zu diesen wurde sie nach außen kaum erkennbar und konzentrierte sich mehr auf die Stärkung ihrer Mitglieder und Kurierdienste. Immerhin erschienen 1933 von Walter Loewenheim »Neu Beginnen. Faschismus oder Sozialismus. Diskussionsgrundlage zu den Streitfragen des Sozialismus in unserer Epoche«, worin er unter anderem den Führungsanspruch innerhalb des deutschen Widerstands erhebt.

Nach 1933 unterstützte »Neu Beginnen« zunächst die SoPaDe, die SPD-Parteiführung im Exil, die den weiter links stehenden Parteien und Institutionen mit dem sogenannten »Prager Manifest« entgegengekommen war. Ende Januar 1935 aber wurde die Zusammenarbeit beendet. Innerhalb der Gruppe wurde darum gestritten, ob man lieber eine größere Breitenwirkung erzielen oder die erheblich sicherere bisherige Untergrundtätigkeit fortsetzen solle. Darüber trennten sich Mitglieder von der Gruppe, und im folgenden Jahr wurde sie durch Verhaftungen geschwächt. Einzelne Mitglieder wurden zu Zuchthausstrafen verurteilt.

Das Auslandsbüro von »Neu Beginnen« in Paris, später in London gab von 1937 bis 1939 den »Sozialdemokratischen Informationsdienst« heraus.

In Südbayern unter Waldemar von Knoeringen verbreitete sich »Neu Beginnen« nach dem »Anschluss Österreichs« sogar dort und konnte sich bis 1942 halten.

1939 ging aus Mitgliedern von »Neu Beginnen« die Widerstandsgruppe »Europäische Union« um das Ärzteehepaar Georg
(1904–1944) und Anneliese Groscurth (1910–1996) hervor, die
sich vor allem der Hilfe für Verfolgte, besonders Zwangsarbeiter,
aber auch Juden, verschrieb.

Literatur: Miles [Walter Löwenheim]: Neu Beginnen! Faschismus oder Sozialismus. Karlsbad 1933; Kurt Kliem: Der sozialistische Widerstand gegen
das Dritte Reich, dargestellt an der Gruppe »Neu Beginnen«. Marburg
(Diss.) 1957; Hans J. Reichardt: Neu Beginnen. Ein Beitrag zur Geschichte
des Widerstands der Arbeiterbewegung gegen den Nationalsozialismus.
[Jahrbuch für die Geschichte Mittel- und Ostdeutschlands 12] Berlin 1963;
Walter Loewenheim: Geschichte der Org (Neu Beginnen) 1929–1935. Ein
zeitgenössisches Zeugnis. Hrsg. von Jan Foitzik, Berlin 1995

Sozialisten und Sozialdemokraten

So heftig wie die Kommunisten wurden die Sozialdemokraten
in den ersten Monaten der NS-Herrschaft noch nicht verfolgt, so
konnten sie zunächst auch ihre Reichstagsmandate noch wahr-
nehmen und entschieden sich, obgleich durch die Machtübernahme der Verfassungsfeinde erschüttert, die NSDAP, solange
es möglich sein würde, mit politischen Mitteln zu bekämpfen.
Als einzige noch handlungsfähige Reichstagsfraktion stimmten
die Sozialdemokraten bei der Sitzung am 23. März 1933 in der
Kroll-Oper gegen das »Gesetz zur Behebung der Not von Volk
und Reich« (kurz »Ermächtigungsgesetz« genannt), durch das
die Reichsregierung ohne Zustimmung von Parlament und
Präsident Gesetze würde erlassen können. Da dieses Gesetz die
Verfassung änderte, bedurfte es einer Zweidrittelmehrheit. In
mehreren Parteien, vor allem im Zentrum, der BVP und bei den
Liberalen, war der Gesetzesentwurf sehr umstritten. Nur mit der
Zusicherung, die Kirchen und Verfassungsorgane unangetastet
zu lassen, erlangte Hitler auch die Stimmen dieser Parteien, in
denen sich nicht wenige Abgeordnete der Fraktionsdisziplin
beugten. Der SPD-Abgeordnete Julius Leber war bereits auf dem
Weg zur Reichstagssitzung verhaftet worden. Die Haltung der
SPD begründete in einer ebenso historischen wie erschütternden
Rede der Abgeordnete Otto Wels. Es war das letzte offizielle

Bekenntnis zum demokratischen Rechtsstaat in der Weimarer Republik.

Otto Wels

Otto Wels wurde am 15. September 1873 als Sohn eines Gastwirts in Berlin geboren und arbeitete nach seiner Lehre zunächst als Tapezierer in Regensburg, München und Berlin. 1891 trat er in die SPD ein, 1895–1897 leistete er seinen Militärdienst. Ab 1906 arbeitete er im Verband der Tapezierer und für die Parteizeitung »Vorwärts«. 1912 wurde Wels Mitglied des Reichstages und rückte 1913 in den Parteivorstand auf. Am 10. November 1918 wurde er Stadtkommandant von Berlin, von welchem Amt er nach einem Matrosenaufstand, in dessen Verlauf er gefangengenommen worden war, im Dezember zurücktrat; 1919 war er als Vorsitzender der SPD (zunächst mit Hermann Müller) Mitglied der Nationalversammlung. Zwischen SPD und USPD nahm er eine vermittelnde Rolle ein. An der Spitze des Generalstreiks wirkte er 1920 bei der Niederschlagung des Kapp-Putsches mit. Im selben Jahr wurde er Reichstagsabgeordneter. Wels war Mitbegründer des »Reichsbanners Schwarz-Rot-Gold« und später der »Eisernen Front« und setzte sich für die Tolerierung der Regierung Brüning ein. Am 23. März 1933 fiel ihm die Aufgabe zu, die Ablehnung des »Ermächtigungsgesetzes« durch die SPD vor dem Reichstag zu begründen:

[…] Der Herr Reichskanzler hat auch vorgestern in Potsdam einen Satz gesprochen, den wir unterschreiben. Er lautet: »Aus dem Aberwitz der Theorie von ewigen Siegern und Besiegten kam der Wahnwitz der Reparationen und in der Folge die Katastrophe der Weltwirtschaft.« Dieser Satz gilt für die Außenpolitik; für die Innenpolitik gilt er nicht minder.
(Sehr wahr! bei den Sozialdemokraten.)
Auch hier ist die Theorie von ewigen Siegern und Besiegten, wie der Herr Reichskanzler sagte, ein Aberwitz. Das Wort des Herrn Reichskanzlers erinnert uns aber auch an ein anderes, das am 23. Juli 1919 in der Nationalversammlung gesprochen wurde. Da wurde gesagt: »Wir sind wehrlos, wehrlos ist aber nicht ehrlos.

(Lebhafte Zustimmung bei den Sozialdemokraten.)

Gewiß, die Gegner wollen uns an die Ehre, daran ist kein Zweifel. Aber daß dieser Versuch der Ehrabschneidung einmal auf die Urheber selbst zurückfallen wird, da es nicht unsere Ehre ist, die bei dieser Welttragödie zugrunde geht, das ist unser Glaube bis zum letzten Atemzug.

(Sehr wahr! bei den Sozialdemokraten. – Zuruf von den Nationalsozialisten: Wer hat das gesagt?)

Das steht in einer Erklärung, die eine sozialdemokratisch geführte Regierung damals im Namen des deutschen Volkes vor der ganzen Welt abgegeben hat, vier Stunden, bevor der Waffenstillstand abgelaufen war, um den Weitervormarsch der Feinde zu verhindern. – Zu dem Ausspruch des Herrn Reichskanzlers bildet jene Erklärung eine wertvolle Ergänzung.

Aus einem Gewaltfrieden kommt kein Segen;

(Sehr wahr! bei den Sozialdemokraten.)

im Innern erst recht nicht.

(Erneute Zustimmung bei den Sozialdemokraten.)

Eine wirkliche Volksgemeinschaft läßt sich auf ihn nicht gründen. Ihre erste Voraussetzung ist gleiches Recht. Mag sich die Regierung gegen rohe Ausschreitungen der Polemik schützen, mag Sie Aufforderungen zu Gewalttaten und Gewalttaten selbst mit Strenge verhindern. Das mag geschehen, wenn es nach allen Seiten gleichmäßig und unparteiisch geschieht, und wenn man es unterläßt, besiegte Gegner zu behandeln, als seien sie vogelfrei.

(Sehr wahr! bei den Sozialdemokraten.)

Freiheit und Leben kann man uns nehmen, die Ehre nicht.

(Lebhafter Beifall bei den Sozialdemokraten.)

Nach den Verfolgungen, die die Sozialdemokratische Partei in der letzten Zeit erfahren hat, wird billigerweise niemand von ihr verlangen oder erwarten können, daß sie für das hier eingebrachte Ermächtigungsgesetz stimmt. Die Wahlen vom 5. März haben den Regierungsparteien die Mehrheit gebracht und damit die Möglichkeit gegeben, streng nach Wortlaut und Sinn der Verfassung zu regieren. Wo diese Möglichkeit besteht, besteht auch die Pflicht.

(Sehr richtig! bei den Sozialdemokraten.)

Kritik ist heilsam und notwendig. Noch niemals, seit es einen Deutschen Reichstag gibt, ist die Kontrolle der öffentlichen Angelegenheiten durch die gewählten Vertreter des Volkes in solchem Maße ausgeschaltet worden, wie es jetzt geschieht,

(Sehr wahr! bei den Sozialdemokraten.)

und wie es durch das neue Ermächtigungsgesetz noch mehr geschehen soll. Eine solche Allmacht der Regierung muß sich um so schwerer auswirken, als auch die Presse jeder Bewegungsfreiheit entbehrt. […]

Die Herren von der Nationalsozialistischen Partei nennen die von ihnen entfesselte Bewegung eine nationale Revolution, nicht eine nationalsozialistische. Das Verhältnis ihrer Revolution zum Sozialismus beschränkt sich bisher auf den Versuch, die sozialdemokratische Bewegung zu vernichten, die seit mehr als zwei Menschenaltern die Trägerin sozialistischen Gedankengutes gewesen ist

(Lachen bei den Nationalsozialisten.)

und auch bleiben wird. Wollten die Herren von der Nationalsozialistischen Partei sozialistische Taten verrichten, sie brauchten kein Ermächtigungsgesetz.

(Sehr wahr! bei den Sozialdemokraten.) […]

Kein Ermächtigungsgesetz gibt Ihnen die Macht, Ideen, die ewig und unzerstörbar sind, zu vernichten. Sie selbst haben sich ja zum Sozialismus bekannt. Das Sozialistengesetz hat die Sozialdemokratie nicht vernichtet. Auch aus neuen Verfolgungen kann die deutsche Sozialdemokratie neue Kraft schöpfen.

Wir grüßen die Verfolgten und Bedrängten. Wir grüßen unsere Freunde im Reich. Ihre Standhaftigkeit und Treue verdienen Bewunderung. Ihr Bekennermut ihre ungebrochene Zuversicht –

(Lachen bei den Nationalsozialisten.)

(Bravo! Bei den Sozialdemokraten.)

verbürgen eine hellere Zukunft.

(Wiederholter Beifall bei den Sozialdemokraten.)

(Lachen bei den Nationalsozialisten.)

Protokolle des Reichstags, 8. Wahlperiode 1933, (Sitzung vom 23.3.33), S. 32C–34A

Im Mai emigrierte Wels in das Saargebiet, dann nach Prag zum Aufbau eines Exilbüros der SPD. 1938 floh er von dort nach Paris, wo er am 16. September 1939 starb.

Quellen und Literatur: Otto Wels: Rede zur Begründung der Ablehnung des »Ermächtigungsgesetzes« durch die Sozialdemokratische Fraktion in der Reichstagssitzung vom 23. März 1933 in der Berliner Krolloper. Hrsg. von Iring Fetscher, Hamburg 1933; Hans J. L. Adolph: Otto Wels und die Politik der deutschen Sozialdemokratie 1894–1939. Eine politische

Biographie [Veröffentlichungen der Historischen Kommission zu Berlin beim Friedrich-Meinecke-Institut der Freien Universität Berlin. Bd. XXXIII] Berlin (Diss.) 1971

Der Weg der SPD ins Exil

Nachdem der 1. Mai 1933 zum Feiertag erhoben worden war – was Gewerkschaften und Sozialdemokraten seit Jahrzehnten gefordert hatten –, wurden 2. Mai 1933 die freien Gewerkschaften unter Beschlagnahmung ihres Vermögens verboten. Am 10. Mai wurde auch das Parteivermögen der SPD beschlagnahmt, am 22. Juni jede politische Arbeit innerhalb und außerhalb der Parlamente verboten. Es folgte auch gegen die SPD eine Verhaftungswelle, die der etwa 3000 Mitglieder, darunter der letzte rechtmäßige Reichstagspräsident Paul Löbe, eingesperrt wurden. Diese Maßnahme traf die Partei in ihrer Organisation stark.

1933 wurde in Prag eine Auslandszentrale unter dem Namen SoPaDe (Sozialdemokratische Partei Deutschlands) eingerichtet. Dabei wirkten Otto Wels, der Chefredakteur des alten und neuen Vorwärts Friedrich Stampfer (1874–1957) sowie Erich Ollenhauer (1901–1963) mit. Kontakt zu den daheim verbliebenen Sozialdemokraten ermöglichten wie bei der KPD Sekretariate nahe der Grenze zu Deutschland. In Prag wurde auch der »Neue Vorwärts« hergestellt, der die Mitglieder im Reich bei der Stange halten und über Missstände aufklären sollte. In der ersten Ausgabe heißt es unter der Überschrift »Zerbrecht die Ketten! Die Geschlagenen von heute werden die Sieger von morgen sein.«:

Zerbrecht die Ketten!
Die Geschlagenen von heute werden die Sieger von morgen sein.
Ein Ruf erhebt sich, der Ruf der vergewaltigten und geknebelten deutschen Arbeiterklasse. Er sollte erstickt werden – man wird ihn dennoch hören. Wir werden sein Sprachrohr sein.

Brutaler Terror verhindert in Deutschland jede politische Tätigkeit. Wir erheben uns gegen die Tyrannei und rufen zum Kampf für die Freiheit. [...]

Der Faschismus trat die Herrschaft an. Er schreckte vor keinem Verbrechen zurück, um sie zu halten.

Der Brand im Reichstag bot der Regierung Hitler-Goering die erwünschte Gelegenheit, dem Volke eine beginnende kommunistische Revolution vorzutäuschen, an die in jenem Augenblick kein Mensch dachte. Wider besseres Wissen beschuldigten sie die Sozialdemokratische Partei der Teilnahme an der Brandstiftung. Mit solchen Lügen entfachte sie am Vorabend der Wahl den Paniksturm gegen den Marxismus. Sie verbot die Arbeiterpresse, vernichtete die Wahlfreiheit, sie bewaffnete die braunen Horden und stattete sie mit Polizeigewalt aus.

Die vom Reichspräsidenten, dem Reichskanzler und den Ministern beschworene Verfassung wurde als ein bloßer Fetzen Papier behandelt und in hundert Stücke zerrissen. Alle kommunistischen Abgeordneten und zahlreiche sozialdemokratische wurden mit Gewalt an der Ausübung ihres Mandates gehindert. Dem terrorisierten Rumpfparlament wurde ein Ermächtigungsgesetz vorgelegt, dem nur die Sozialdemokraten ihre Stimme verweigerten. Mit ihm wurde die Grundlage jeder gesicherten Staatsordnung beseitigt. [...]

Wir wollen eine starke, wahrhafte Volksherrschaft, eine kämpfende Demokratie, die mit starker Hand alle Anhänger der Despotie und alle Gewaltorganisationen gegen die Freiheit unterdrückt.

Wir wollen die Sicherung des Rechts und der Freiheit für den Einzelnen.

Wir wollen zur Sicherung der Lebensgrundlagen für alle Deutschen eine Eingliederung der deutschen in die europäische Wirtschaft.

Wir wollen nicht den Krieg – wir wollen den Frieden!

Neuer Vorwärts. Sozialdemokratisches Wochenblatt. 1. Jg. Nr. 1 vom 18. Juni 1933

Im März 1934 entstand unter dem Namen »Prager Manifest« ein Grundsatzprogramm der SPD, das die Beseitigung des Hitler-Regimes aufrief. Rudolf Hilferding hatte es verfasst. Es wurde im »Neuen Vorwärts« abgedruckt; ungewiss ist, wie viele Exemplare in Deutschland verbreitet werden konnten.

Kampf und Ziel des revolutionären Sozialismus.
Die Politik der Sozialdemokratischen Partei Deutschlands.
Ein Jahr lang lastet die nationalsozialistische Diktatur über Deutschland, über der Welt. Grundstürzend hat der Sieg der deutschen Gegenrevolution das Wesen und die Aufgaben der deutschen Arbeiterbewegung geändert. Der Knechtschaft und Gesetzlosigkeit preisgegeben ist das Volk im totalen

faschistischen Staat. Im revolutionären Kampf die Knechtschaft durch das Recht der Freiheit, die Gesetzlosigkeit durch die Ordnung des Sozialismus zu überwinden, ist die Aufgabe der deutschen Arbeiterbewegung.

I. Die Bedingungen des revolutionären Kampfes.

Im Kampf gegen die nationalsozialistische Diktatur gibt es kein Kompromiß, ist für Reformismus und Legalität keine Stätte. Die sozialdemokratische Taktik ist allein bestimmt durch das Ziel der Eroberung der Staatsmacht, ihrer Festigung und Behauptung zur Verwirklichung der sozialistischen Gesellschaft. Die Taktik bedient sich zum Sturz der Diktatur aller diesem Zweck dienenden Mittel. Der revolutionäre Kampf erfordert die revolutionäre Organisation. Die alte Form, der alte Apparat ist nicht mehr, und Versuche zu seiner Wiederbelebung entsprechen nicht den neuen Kampfbedingungen. Neue Organisationsformen mit opferbereiten Kämpfern müssen entstehen. In der Wahl dieser Formen sind wir nicht frei. Noch legt uns der Gegner durch die Uebermacht seiner Mittel, durch die Brutalität ihrer Anwendung, noch legt uns der Zustand der deutschen Gesellschaft selbst, die unter dem furchtbarsten Druck des ökonomischen, physischen und geistigen Terrors steht, das Gesetz des Handelns auf. Kleine Gruppen bilden sich, sie müssen in teuer erkauften Erfahrungen die Technik ihrer Arbeit erwerben eine Elite von Revolutionären. Wenn die Gegensätze im Inneren des Faschismus, wenn sich die stets sich verschärfenden Klassengegensätze im Kapitalismus sich entfalten, wenn Unzufriedenheit und Enttäuschung die Massengrundlage der nationalsozialistischen Herrschaft erschüttern, und spontane Massenbewegungen beginnen, dann wird es zur Aufgabe der revolutionären Elite, die Gegensätze im Bewußtsein der Massen zu lenken, ihre Zielsetzung zu beeinflussen, die Verbindungen auszudehnen und die revolutionäre revolutionären Organisation zur Massenorganisation zu erweitern. In den Dienst der revolutionären Organisation hat sich von Anfang an die Leitung der deutschen Sozialdemokratie im Ausland gestellt und für die Erfüllung dieser Aufgabe ihre Kräfte und Mittel eingesetzt. […]

Dowe/Klotzbach, Programmatische Dokumente, S. 221f.

Langfristig gelang der Zusammenschluss der linken Opposition gegen Hitler allerdings auch damit nicht.

Quellen und Literatur: Dieter Dowe/Kurt Klotzbach (Hrsg.): Programmatische Dokumente der deutschen Sozialdemokratie Bonn ³1990, S. 221–232

Nicht alle einflussreichen Sozialdemokraten hatten sich nach Prag begeben. Für sozialdemokratische Zeitungen in Paris schrieb der ehemalige Reichstagsabgeordnete Breitscheid.

Rudolf Breitscheid

Er wurde am 2. November 1874 als Sohn eines Buchhändlers in Köln geboren und studierte Nationalökonomie in München und Marburg. Danach arbeitete er als Redakteur. 1903 trat er in die Freisinnige Vereinigung ein und wurde im folgenden Jahr Mitglied der Berliner Stadtverordnetenversammlung sowie Abgeordneter des brandenburgischen Provinziallandtags. 1908 heiratete er Tony Drevermann, eine Frauenrechtlerin. Im selben Jahr trat er aus seiner Partei aus, die Reichskanzler Bernhard von Bülow unterstützte. 1912 trat er in die SPD ein, deren Stillhalten während des Ersten Weltkrieges er missbilligte. Nachdem er bereits mit der Zeitschrift »Das Freie Volk« journalistische Erfahrung gesammelt hatte, leitete er ab 1916 die Zeitung »Sozialistische Auslandspolitik« (später unter »Der Sozialist« herausgegeben). 1917 trat Breitscheid in die USPD über und wurde 1919 Preußischer Innenminister, im folgenden Jahr auch Reichstagsabgeordneter. Als außenpolitischer Sprecher der wiedervereinigten SPD steht er ganz hinter der Politik Gustav Stresemanns, der ihn in die Kommission des Völkerbundes aufnimmt. Als einer der Fraktionsvorsitzenden der SPD im Reichstag unterstützte er Reichskanzler Hermann Müller entschieden.

Während er selbst vor dem NS-Regime 1933 über die Schweiz nach Frankreich floh, rief er die SPD zur Besonnenheit in der Auseinandersetzung mit den neuen Machthabern auf. In Paris war er im Volksfront-Ausschuss unter Heinrich Mann und gründete die »Zentralvereinigung deutscher Emigranten«, die 1938 vom Völkerbund anerkannt wurde.

Vor den anrückenden Deutschen Truppen 1940 nach Marseille geflohen, wurde er 1941 im unbesetzten Teil Frankreichs festgenommen und an die Gestapo ausgeliefert. Vom Gefängnis aus wurde er in das Konzentrationslager Sachsenhausen verlegt,

von dort nach Buchenwald. Dort starb er offiziell 1944 bei einem
Luftangriff.

Quellen und Literatur: Paul Mayer: Breitscheid, Rudolf, In: NDB 2 (1955),
S. 579f.; Peter Pistorius: Rudolf Breitscheid 1874–1944. Ein biographischer
Beitrag zur deutschen Parteiengeschichte. Köln (Diss.) 1970; Martin Schu-
macher/Katharina Lübbe/Wilhelm Heinz Schröder: M.d.R. Die Reichstagsabgeordneten der Weimarer Republik in der Zeit des Nationalsozialismus.
Politische Verfolgung, Emigration und Ausbürgerung, 1933–1945. Eine
biographische Dokumentation. Düsseldorf ³1994

Der ISK (Internationaler Sozialistischer Kampfbund)

Diese Gruppierung, die schon in der Weimarer Zeit gegen
Hitler und seine Partei aufgetreten war, wurde 1933 verboten,
ergriff aber weiterhin, jetzt in der Illegalität Maßnahmen zur
Schwächung des neuen Systems. Diese Tätigkeit wurde durch
die Struktur – geringe Mitgliederzahl, gute Schulung – erleich-
tert. Vor allem Fluchthilfe, Sabotageakte und Verbreitung von
Aufklärungsschriften führte der ISK bis zur Entdeckung und
Verhaftung von etwa 100 Mitgliedern 1938 erfolgreich durch;
zur Einweihung eines Autobahn-Teilstücks zwischen Darmstadt
und Frankfurt im Mai 1935 bestückte der ISK in der Nacht zuvor
alle Brücken mit Protestsätzen gegen Hitler und die NSDAP,
die bis zur Einweihung nicht mehr entfernt werden konnten.
Die »Neuen Politischen Briefe«, die von 1933 bis 1937 monatlich
erschienen, verteilte der ISK über vegetarische Gasthäuser, z. B.
das von Anna Beyer in Frankfurt.

Die von dem im Exil befindlichen ISK-Mitglied Willi Eichler
hergestellten Druckschriften wurden in Deutschland verbreitet. Auch unterhielt der ISK Partnerschaften mit der »Socialist
Vanguard Group« in England und der »Internationale Militante
Socialiste« in Frankreich. Nach dem Krieg wurde der ISK aufgelöst, und die meisten Mitglieder traten in die SPD ein. Zu
den führenden Mitgliedern gehörte neben Willi Eichler auch
Ludwig Gehm.

Quellen und Literatur: Karl-Heinz Klär: Zwei Nelson-Bünde: Internationaler Jugend-Bund (IJB) und Internationaler Sozialistischer Kampf-Bund

(ISK) im Licht neuer Quellen. In: Internationale Wissenschaftliche Korrespondenz zur Geschichte der deutschen Arbeiterbewegung 18 (1982), S. 310–360; Sabine Lemke-Müller: Ethik des Widerstands. Der Kampf des Internationalen Sozialistischen Kampfbundes (ISK) gegen den Nationalsozialismus. Quellen und Texte zum Widerstand aus der Arbeiterbewegung 1933–1945. Bonn 1996; Heiner Lindner: »Um etwas zu erreichen, muss man sich etwas vornehmen, von dem man glaubt, dass es unmöglich sei«. Der Internationale Sozialistische Kampfbund (ISK) und seine Publikationen. Bonn 2006

Ludwig Gehm

1905 in Kaiserslautern geboren, aber in Frankfurt aufgewachsen, lernte Ludwig Gehm den Beruf des Drehers. 1919 trat er in die »Sozialistische Arbeiterjugend« ein, zwei Jahre darauf in die SPD. 1927 wechselte er zum ISK, zu dessen prominentesten Mitgliedern er wurde. Als er 1936 verhaftet wurde, konnte man ihm viele seiner Taten wie Fluchthilfe und Sabotage nicht nachweisen, weil er selbst und der ISK insgesamt ihre Spuren gut verwischten. Nachdem er eine zweijährige Zuchthausstrafe verbüßt hatte, wurde er in das Konzentrationslager Buchenwald gebracht und 1943 nach vierjähriger Lagerhaft in die Wehrmacht eingezogen. Doch 1944 in Griechenland eingesetzt, desertierte er und schloss sich der Griechischen Bewegung ELAS an. Dennoch kam er in britische Kriegsgefangenschaft. 1947 kehrte er nach Frankfurt zurück, wo er 1958 bis 1972 Stadtverordneter war. Bis zu seinem Tod 2002 trat er als Zeitzeuge in Schulen, aber auch im Fernsehen beim ZDF auf.

Literatur: Antje Dertinger: Der treue Partisan – ein Lebenslauf – Ludwig Gehm. Bonn 1989

Revolutionäre Sozialisten

Neben den »Revolutionären Sozialisten Deutschlands, die aus der SPD hervorgegangen und von Siegfried Aufhäuser (1884–1969) und Karl Böchel (1884–1946) gegründet worden waren und die meisten Mitglieder in Sachsen und Thüringen besaßen, die auch Grenzsekretariate in der Tschechoslowakei unterhielten und einen Kurierdienst einrichteten, durch welche Dienste sie großen Einfluss auf die SoPaDe, den Exilvorstand der SPD in Prag, verschafften, gab es unter dem fast gleichen Namen die Revolutionären Sozialisten, die der Dreher und Kriegsinvalide Bebo Wager (1905–1943) aus Augsburg bereits 1933 zusammen mit einigen SPD-Mitgliedern aus Städten in Schwaben gründete und in der auch seine Frau Lina Opalka mitwirkte. Wager selbst war schon 1923 in die Partei eingetreten.

Am 12. April 1942 wurde Bebo Wager verhaftet, im Mai zum Tode verurteilt und am 12. August 1943 in München-Stadelheim hingerichtet.

Literatur: Eugen Nerdinger: Die unterliegen nicht, die für eine grosse Sache sterben! Fragen und Antworten über Tat, Grund und Bedeutung des Augsburger Widerstandskämpfers Bebo Wager. Augsburg 1965; ders.: Flamme unter Asche: Dokumente zu einer Lektion aus den Jahren 1933/45. Augsburg 1977; Heike Bretschneider: »Revolutionäre Sozialisten« Der Augsburger Widerstandskämpfer Bebo Wager und seine Freunde. München 1993

Die SAP(D)

Die so abgekürzte »Sozialistische Arbeiterpartei Deutschlands« war erst 1931 als Abspaltung von der SPD gegründet worden. Urheber waren sechs Reichstagsmitglieder, die aus der Fraktion ausgeschlossen worden waren. Die SAPD gab die »Sozialistische Arbeiter Zeitung« als Tageszeitung, die Wochenzeitung »Die Fackel« sowie regionale Zeitungen, z. B. »Kampfsignal« in der Hauptstadt heraus und übernahm von der SPD die Zeitung »Klassenkampf«. Auch unterhielt die SAP den »Sozialistischen Jugendverband« mit mehreren Tausend Mitgliedern.

Wie z. B. auch der ISK strebte sie z. B. durch Kundgebungen nach dem Zusammenschluss linker Organisationen gegen die Nationalsozialisten. Stattdessen aber geriet die SAP selbst in Flügelstreitigkeiten, sodass Mitglieder Anfang 1933 nach der formalen Auflösung zum Schutz vor Verfolgung die echte Auflösung forderten. Diese konnte aber vermieden werden. Noch im Februar konnte die »Sozialistische Arbeiterzeitung erscheinen. Hitlers Ernennung wurde darin so vermeldet:

Aufruf!
Für Massen-Mobilisierung und gemeinsamen Abwehrkampf.
Die Todfeinde des Proletariats, Nazi, Großagrarier und Schwerindustrie, haben sich m Kabinett Hitler-Papen-Hugenberg zusammengefunden. [...]

Das Kabinett Hitler ist die offene Kampfansage an die Arbeiterschaft, ist die brutale Herausforderung der gesamten werktätigen Massen. [...]

Genossinnen und Genossen! Wir haben uns sofort an die Leitung der Parteien und Gewerkschaften gewendet mit der Aufforderung des schleunigen Zusammentritts aller Arbeiterorganisationen zur Herbeiführung der geschlossenen Kampffront. Euch rufen wir auf, in dieser schicksalsschweren Stunde überall in den Betrieben und an den Stempelstellen die Massen zu mobilisieren für den gemeinsamen Kampf, überall, zunächst lokal, die geschlossene Abwehrfront herbeiführen zu helfen und so den Massendruck auf die Reichsleitungen von KPD und SPD unwiderstehlich zu machen.
Nieder mit der Kapitals-Diktatur!
Nieder mit dem Faschismus!
Nieder mit dem Kapitalismus!
Für die proletarische Einheitsfront!
Für die Regierung der Werktätigen!
Für den Sozialismus!
Berlin, den 30. Januar 1933.
Der Vorstand der Sozialistischen Arbeiter-Partei Deutschlands.
Max Seydwitz. Kurt Rosenfeld.
Sozialistische Arbeiterzeitung, 3. Jg. Nr. 27, 1. Februar 1933

Nach der Machtübernahme der Nationalsozialisten begaben sich gefährdete Mitglieder ins Ausland, darunter Herbert Fram, der sich damals den Tarnnamen Willi Brandt zulegte, nach Oslo und auch Jacob Walcher und Paul Frölich nach Paris, manche auch in das noch freie Saargebiet. Diejenigen, denen das nicht rechtzeitig gelang, etwa Ernst Eckstein und Franz Bobzien, wurden ermordet. Ein sehr hoher Mitgliederanteil engagierte sich auch nach 1933 noch gegen die NSDAP. Bis 1936 konnte sich die SAP noch ungestört im Untergrund betätigen.

1937 gab es noch Gruppen in Berlin, Hamburg und Mannheim, die übrigen waren bis 1938 zerschlagen.

Die Pariser Gruppe beteiligte sich am Lutetia-Kreis, doch erneut führten Konflikte zu Ausschlüssen und zur Gründung neuer Gruppierungen wie »Neuer Weg« von Walter Fabian. Die in England befindlichen Mitglieder, die in Willi Eichlers Union deutscher sozialistischer Organisationen in Großbritannien eingetreten waren, wurden nach dem Krieg, wie z. B. auch Willi Brandt SPD-Mitglieder.

Quellen und Literatur: Hanno Drechsler: Die Sozialistische Arbeiterpartei Deutschlands (SAPD). Ein Beitrag zur Geschichte der deutschen Arbeiterbewegung am Ende der Weimarer Republik. Meisenheim am Glan 1965; Jörg Bremer: Die Sozialistische Arbeiterpartei Deutschlands (SAP). Untergrund und Exil 1933–1945. Frankfurt am Main – New York 1978; Niemann (Hrsg.): Auf verlorenem Posten? Zur Geschichte der Sozialistischen Arbeiterpartei. Zwei Beiträge zum Linkssozialismus in Deutschland. Berlin 1991; Einhart O. Lorenz: Mehr als Willy Brandt. Die Sozialistische Arbeiterpartei Deutschlands (SAP) im skandinavischen Exil. Frankfurt 1997

Roter Stoßtrupp

Aus sozialdemokratischen Studenten gründete sich in Berlin 1932 der »Rote Stoßtrupp«, der bis zu seiner Zerschlagung im November 1933 doch 16 Ausgaben der gleichnamigen Wochenzeitung herausgegeben hatte. Der Gruppe waren auch Arbeiter und Angestellte beigetreten. Auch sie strebte einen allgemeinen Zusammenschluss gegen den Nationalsozialismus an, konnte sich in der kurzen Zeit ihres Bestehens vor allem mit sozialistischen Gruppen verständigen sowie mit den Quäkern in Berlin, die dem Stoßtrupp logistische Unterstützung gewährten.

Außer den Druckerzeugnissen boten sie auch politisch Verfolgten Schutz und beschaffte Papiere zur Ausreise. Die Familien und Hinterbliebenen von NS-Opfern wurden finanziell unterstützt.

Ende des Jahres wurden über 200 Mitglieder der Gruppe verhaftet und zu Zuchthausstrafen verurteilt, eine Rumpftruppe um den Buchdrucker Kurt Megelin (1904–1979) setzte ihre Arbeit bis zum Kriegsende fort.

Quellen und Literatur: Rudolf Küstermeier: Der Rote Stosstrupp. Berlin 1972; Siegfried Mielke unter Mitarbeit von Marion Goers, Stefan Heinz, Matthias Oden, Sebastian Bödecker (Hrsg.): Einzigartig – Dozenten, Studierende und Repräsentanten der Deutschen Hochschule für Politik

(1920–1933) im Widerstand gegen den Nationalsozialismus. Berlin 2008, S. 144–189; Dennis Egginger: Der Rote Stoßtrupp. In: Hans Coppi/Stefan Heinz (Hrsg.): Der vergessene Widerstand der Arbeiter. Gewerkschafter, Kommunisten, Sozialdemokraten, Trotzkisten, Anarchisten und Zwangsarbeiter. Berlin 2012, S. 91–106

Sozialistische Front Hannover

Die Sozialistische Front (SF) bildete sich 1933 und war im Gebiet um Hannover tätig. Auch sie war aus der SPD hervorgegangen, an deren Zurückhaltung gegenüber den Nationalsozialisten sie Anstoß nahm, ihre zentrale Figur war Werner Blumenberg. Die SF gehörte mit etwa 1000 Mitgliedern zu den größten Widerstandsgruppen im Reich und hatte sich schon 1932 auf die Notwendigkeit illegaler Tätigkeit vorbereitet.

Die SF verbreitete die »Sozialistischen Blätter«, bis sie 1936 entdeckt und zerschlagen wurde. Ihrem Leiter gelang die Flucht in die Niederlande. Über 200 Mitglieder wurden vor Gericht gestellt.

Quellen und Literatur: Gerda Zorn: Widerstand in Hannover. Gegen Reaktion und Faschismus 1920–1946. Röderberg-Verlag, Frankfurt 1977; Bernd Rabe, Die Sozialistische Front. Sozialdemokraten gegen den Faschismus 1933–1936. Hannover 1984; Herbert Obenaus: Bürgerliche im sozialdemokratischen Widerstand. Der Fall der Sozialistischen Front in Hannover. In: Geschichte der Region. Zum 65. Geburtstag von Heinrich Schmidt. Hannover 1993, S. 419–440; Karin Theilen: Sozialistische Blätter. Das Organ der »Sozialistischen Front« in Hannover 1933–1936. Hannover 2000; Herbert Obenaus: Die Sozialistische Front. In: Hans Coppi/Stefan Heinz (Hrsg.): Der vergessene Widerstand der Arbeiter. Gewerkschafter, Kommunisten, Sozialdemokraten, Trotzkisten, Anarchisten und Zwangsarbeiter. Berlin 2012, S. 107–128

Die katholische Kirche bis zum Konkordat

Die Unvereinbarkeit von Christentum und Nationalsozialismus hatte die Katholische Kirche schon vor 1933 wahrgenommen. Das galt zuerst für den Inhalt der beiden Lehren, dann für den Anspruch, den ganzen Menschen zu prägen und speziell die katholische Kirche kann mit ihrer übernationalen Struktur nationalistische Gesinnung nicht akzeptieren. Auch war die deutsche katholische Kirche Konflikte mit der – früher evangelischen – staatlichen Obrigkeit durchaus gewöhnt. Mit der Bayerischen Volkspartei und dem Zentrum, ihren politischen Armen, gehörte sie in der Weimarer Republik zu den staatstragenden Parteien.

Sympathie empfanden ihre Vertreter allerdings durchaus für die Bekämpfung von Sozialismus und Kommunismus, welche die Nationalsozialisten betrieben. Das von Hitler in Aussicht gestellte Konkordat jedenfalls ließ die Verantwortlichen der Kirche zunächst eine abwartende Haltung einnehmen. Die katholischen Parteien stimmten dem »Ermächtigungsgesetz«, das in Kürze auch sie selbst hinwegfegen würde, im Reichstag zu. In dieser Phase gab es auch viele Übergriffe der Hitlerjugend auf katholische Jugendorganisationen, sodass für junge Menschen schon das Dabeibleiben Zivilcourage erforderte.

Das Konkordat, das Kirche und Zentrumspartei schon in den 20er-Jahren erstmals in Angriff genommen hatten, kam in der Weimarer Republik nicht zustande; kaum eine Regierung war lange genug im Amt, um überhaupt die Verhandlungen zu Ende zu bringen. Hitler allerdings wünschte ein Konkordat, bei dem es ihm vor allem um ein Verbot der politischen Tätigkeit von Geistlichen ging, und nahm die Verhandlungen erneut auf. Wie üblich nahm die Regierung in dieser Zeit einige Rücksichten auf die öffentliche Meinung und hielt sich zurück.

In diese Zeit gehört der Protest des Frankfurter Pfarrers der St. Bernarduskirche in Bornheim Alois Eckert (1890–1969) gegen den Boykott jüdischer Geschäfte am 1. April 1933. Selbst keineswegs frei von Vorbehalten gegen Juden, wehrt er sich jedenfalls entschieden gegen jedes Unrecht, das dieser Personengruppe angetan werden soll.

Es gibt eine deutsche Judenfrage. Man kann durchaus der Meinung sein, daß der Einfluß der deutschen Juden, zumal in unserem Wirtschaftsleben und in unserem Kulturleben ein durchaus unverhältnismäßiger und auch zu einem großen Teil ungünstiger und destruktiver war. Insofern verlangt auch die Judenfrage nach einer Lösung. Aber nicht nach irgendeiner.

Nicht nach einer falschen. Nicht nach einer ungerechten. Die christliche Ethik muß gegen eine ungerechte Lösung protestieren, wie gegen jede Ungerechtigkeit, gleichgültig gegen wen sie geschieht.

Die Lösung der Judenfrage, wie sie heute versucht wird, halten wir vor unserem christlichen Gewissen nicht für richtig und nicht für gerecht, in ihrer Methode sowohl wie in ihrer sittlichen Haltung. Die Lösung der deutschen Judenfrage kann nicht von der Rasse her gesucht und gefunden werden. Kein Mensch darf einfach wegen seiner Rasse minderen Rechtes sein und wegen seiner Zugehörigkeit zu einer Rasse diffamiert werden. Nach der Lehre des Christentums ist diese Zugehörigkeit zu einer Rasse eine göttliche Gegebenheit, die der betreffende Mensch gehorsam und ehrfurchtsvoll zu respektieren hat. [...]

Hier geschieht deutsches Unrecht. Und Unrecht trifft auf die Dauer immer den schwerer, der es tut, als den, der es leidet. Gibt es eine »jüdische Moral«, die schuld ist an der deutschen Nachkriegsnot, dann kann sie weder von der jüdischen Rasse aus definiert, noch einfach von der germanischen Rasse her überwunden werden. Hier liegt vielmehr primär eine Aufgabe der christlichen Ethik. Und mir scheint, daß diese Aufgabe weiter reicht als nur bis zu den Juden.

Zum Schluß habe ich noch zu sagen, daß ich kein Jude bin, sondern ein katholischer Pfarrer aus gutem deutschem Frankenblut. Und diesen Artikel habe ich nicht für die Juden, sondern für die Deutschen geschrieben – im Namen der christlichen Gerechtigkeit.

Rhein-Mainische Volkszeitung vom 4. April 1933

zit. nach http://www.ffmhist.de/ffm33-45/ (10.06.2013)

Derselbe Pfarrer Alois Eckert weigerte sich 1935, anlässlich der Feiern zum 9. November 1935 die Flagge zu hissen. Deswegen und aus anderen Gründen wurde er mehrfach verhaftet.

Quellen: Lutz Becht, Institut für Stadtgeschichte Frankfurt und Jürgen Steen, Historisches Museum der Stadt Frankfurt in: http://www.ffmhist. de/ffm33-45/ (10.6.2013)

Edith Stein

Einen Versuch, die Sanktionierung des NS-Systems durch die katholische Kirche zu verhindern, unternahm die Philosophin und Karmelitin Dr. Edith Stein. Sie war 1891 in Breslau geboren, stammte aus einer jüdischen Familie und hatte sich 1922 taufen lassen. Nachdem sie acht Jahre an der Lehrerinnenbildungsanstalt des Klosters St. Magdalena in Speyer unterrichtet hatte, war sie Dozentin in Münster geworden und musste diese Stelle unter dem Druck der nationalsozialistischen Machthaber aufgeben. In einem Brief an Papst Pius XI. aus dem Jahr 1933, zu dem sie als Katholikin jüdischer Abstammung gewiss in besonderem Maße veranlasst ist, schildert sie die Zustände im Staat Hitlers, mit dem die katholische Kirche gerade in Konkordatsverhandlungen steht. Sie schreibt:

[…] Seit Wochen sehen wir in Deutschland Taten geschehen, die jeder Gerechtigkeit und Menschlichkeit, von Nächstenliebe gar nicht zu reden, Hohn sprechen. Jahre hindurch haben die nationalsozialistischen Führer den Judenhass gepredigt. Nachdem sie jetzt die Regierungsgewalt in ihre Hände gebracht und die Anhängerschaft, darunter nachweislich verbrecherische Elemente, bewaffnet hatten, ist die Saat des Hasses aufgegangen.

Daß Ausschreitungen vorgekommen sind, wurde noch vor kurzem von der Regierung zugegeben. In welchem Umfang, davon können wir uns kein Bild machen, weil die öffentliche Meinung genknebelt ist. Aber nach dem zu urteilen, was mir durch persönliche Beziehungen bekannt geworden ist, handelt es sich keineswegs um vereinzelte Ausnahmefälle.

Unter dem Druck der Auslandsstimmen ist die Regierung zu »milderen« Methoden übergegangen. Sie hat die Parole ausgegeben, es solle »keinem Juden ein Haar gekrümmt werden«. Aber sie treibt durch ihre Boykott-Erklärung – dadurch daß sie den Menschen wirtschaftliche Existenz, bürgerliche Ehre und ihr Vaterland nimmt – viele zur Verzweiflung. Es sind mir in der letzten Woche durch private Nachrichten fünf Fälle von Selbstmord infolge dieser Anfeindungen bekannt geworden. Ich bin überzeugt, daß es sich um eine allgemeine Erscheinung handelt, die noch viele Opfer fordern wird.

Man mag bedauern, dass die Unglücklichen nicht mehr inneren Halt haben, um ihr Schicksal zu tragen, Die Verantwortung fällt doch zum großen Teil auf die, die sie soweit brachten, und sie fällt auch auf die, die dazu schweigen.

Alles, was geschehen ist und noch täglich geschieht, geht von einer Regierung aus, die sich »christlich« nennt. Seit Wochen warten und hoffen nicht nur die Juden, sondern auch Tausende treuer Katholiken in Deutschland und in der ganzen Welt darauf, daß die Kirche Christi ihre Stimme erhebe, um diesem Missbrauch des Namens Christi Einhalt zu tun. Ist nicht diese Vergötzung der Rasse und der Staatsgewalt, die täglich durch Rundfunk den Massen eingehämmert wird, eine offene Häresie?

Ist nicht der Vernichtungskampf gegen das jüdische Blut eine Schmähung der allerheiligsten Menschheit unseres Erlösers, der allerseligsten Jungfrau und der Apostel? Steht nicht dies alles im äußersten Gegensatz zum Verhalten unseres Herrn und Heiland, der noch am Kreuz für seine Verfolger betete? Und ist es nicht ein schwarzer Flecken in der Chronik dieses Heiligen Jahres, das ein Jahr des Friedens und der Versöhnung werden sollte?

Wir alle, die wir treue Kinder der Kirche sind und die Verhältnisse in Deutschland mit offenen Augen betrachten, fürchten das Schlimmste für das Ansehen der Kirche, wenn das Schweigen noch länger anhält. Wir sind auch der Überzeugung, daß dieses Schweigen nicht imstande sein wird, auf die Dauer den Frieden mit der gegenwärtigen deutschen Regierung zu erkaufen.

Der Kampf gegen den Katholizismus wird vorläufig noch in der Stille und in weniger brutalen Formen geführt, wie gegen das Judentum. Aber nicht weniger systematisch. Es wird nicht mehr lange dauern, dann wird in Deutschland kein Katholik mehr ein Amt haben, wenn er sich nicht dem neuen Kurs bedingungslos verschreibt. [...]

Zit. Nach: Der Pilger, 155. Jg., Nr. 8 vom 23.02.2003

Das Konkordat wurde am 20. Juli 1933 von beiden Seiten feierlich unterzeichnet. Gleichzeitig trug man sich im Vatikan in den Monaten nach Edith Steins Brief erstmals mit dem Gedanken an eine Enzyklika betreffend die Verhältnisse im Deutschen Reich. Der erste Entwurf allerdings wurde nicht angenommen. Das Konkordat ließ die Kritik vieler Katholiken an der Regierung zunächst verstummen.

Edith Stein trat kurze Zeit später in den Karmel zu Köln ein; um ihre Mitschwestern zu schützen, wich sie 1940 in eine Niederlassung des Ordens nach Echt in den Niederlanden aus. Nach einer Protestnote der niederländischen Bischöfe gegen die deutschen Besatzer wurde sie 1942 zusammen mit vielen anderen niederländischen Katholiken jüdischer Abstammung verhaftet und deportiert. Sie starb am 9. August 1942 in Auschwitz.

Quellen und Literatur: Andreas Uwe Müller/Sr. M. Amata Neyer: Edith Stein – das Leben einer ungewöhnlichen Frau. Düsseldorf 2002; Sr. M. Amata Neyer: Der Brief Edith Steins an Papst Pius XI. In: Edith-Stein-Jahrbuch. 2004. Würzburg 2004, S. 11–30; Thomas Brechenmacher: Das Reichskonkordat 1933. Forschungsstand, Kontroversen, Dokumente. Paderborn 2007; Christoph Kösters/Mark Edward Ruff/Thomas Brechenmacher/Wilhelm Damberg: Die Katholische Kirche im Dritten Reich. Eine Einführung. Freiburg 2011; Sr. M. Adele Herrmann OP: Edith Stein. Ihre Jahre in Speyer. Illertissen 2012

Schon sehr früh provozierte auch der spätere Berliner Dompropst Bernhard Lichtenberg die NSDAP.

Bernhard Lichtenberg

Bernhard Lichtenberg wurde 1875 als Kaufmannssohn in Ohlau geboren und studierte nach dem Abitur Katholische Theologie in Innsbruck und Breslau. Die Priesterweihe erhielt er 1988 in Breslau. Nach den Kaplanjahren trat er 1913 seine erste Pfarrstelle in Berlin-Charlottenburg an. Dort nahm er für die Zentrumspartei ein Mandat im Stadtparlament wahr. Im Ersten Weltkrieg war Lichtenberg Militärpfarrer und bekam die Verdienstmedaille des Roten Kreuzes verliehen. Nach dieser Erfahrung trat er 1919 in den »Friedensbund Deutscher Katholiken« ein. Der Politik blieb er zunächst im Bezirksparlament von Wedding treu. Mit Nationalisten und Nationalsozialisten geriet er schon vor 1933 in Konflikt: 1929 protestiert er bei Reichspräsident Paul von Hindenburg gegen kirchenfeindliche Hetze Erich von Ludendorffs und des »Tannenberg-Bundes«, 1931 warb er – inzwischen Domkapitular – für den Film »Im Westen nichts Neues« nach dem Roman von Erich Maria Remarque, was ihm den besonderen Hass von Joseph Goebbels einbrachte und selbst zum Ziel heftiger Beleidigungen in der Zeitung »Der Angriff« werden ließ.

1932 wurde er Dompfarrer der St.-Hedwigs-Kathedrale in Berlin. Gleich nach der Machtübernahme der Nationalsozialisten wurde daher erstmals von der Gestapo seine Wohnung durchsucht. Von einem Sozialdemokraten über die Verhältnisse im Konzentrationslager Esterwegen informiert, übermittelte er 1935 an Hermann Göring eine Protestnote. Seinen Informanten nannte er in späteren Verhören freilich nicht. Als Berliner Dompropst sprach Lichtenberg im November 1938 ein öffentliches Gebet für die Verfolgten des NS-Regimes, gewährt einigen von ihnen Unterkunft in seiner Wohnung und unterstützt andere mit Geld. 1941 verfasst er erneut einen Brief an die Reichsregierung, dieses Mal an den »Reichsgesundheitsführer« Leonardo Conti gegen die »Euthanasie«-Maßnahmen.

Im Oktober 1941 wurde Lichtenberger aufgrund einer Anzeige von der SS verhaftet und im Mai 1942 zu zwei Jahren Haft verurteilt. Die Begründung lautete: Kanzelmissbrauch und Vergehen gegen das Heimtückegesetz. 1943 sollte er, bereits schwer krank, in das Konzentrationslager Dachau verlegt werden. Unterwegs starb er in Hof am 5. November im Krankenhaus.

Literatur: Albrecht Hartmann: Bernhard Lichtenberg. Ein christlicher Widerstandskämpfer aus Charlottenburg. Berlin-Charlottenburg 1984; Otto Ogiermann SJ: Bernhard Lichtenberg. In: Gerd Heinrich (Hrsg.): Berlinische Lebensbilder. Band V: Theologen. Berlin 1990, S. 277–290; Stefan Samerski: Bernhard Lichtenberg. In: Michael Hirschfeld, Johannes Gröger, Werner Marschall (Hrsg.): Schlesische Kirche in Lebensbildern. Band VII, Münster 2006, S. 201–205

Evangelische Kirche bis zur Barmer Theologischen Erklärung

Die Grundhaltung der evangelischen Christen zum National-sozialismus hatte andere historische Voraussetzungen als die der katholischen. Die evangelische Kirche war schon seit ihrer Entstehung an die Territorien geknüpft, in welchen die Christen jeweils lebten. Bis 1800 war nach lutherischer Tradition der Landesherr identisch mit der obersten Kirchenleitung, er galt als gottgewollt und musste grundsätzlich akzeptiert werden. Da es zwar evangelische Christen in der ganzen Welt gab, die Kirchen-organisation jedoch regional und nicht länderübergreifend war, da man ferner die Mehrheitskonfession im Reich und vor allem im größten und mächtigsten Reichsland Preußen stellte, ergaben sich zunächst weniger Hindernisse für eine entschieden nationa-le Gesinnung als bei den Katholiken. Auch Antijudaismus war bei den Protestanten spätestens seit Luther mindestens so sehr verbreitet wie in anderen christlichen Kirchen. Viele evangeli-sche Christen schlossen sich dem Nationalsozialismus an. Seit 1932 gab es die sogenannten Deutschen Christen. Zustimmung zu Hitlers Machtübernahme gab es auch von den Fakultäten für Evangelische Theologie. Auf Ablehnung stieß aber aus den oben genannten Gründen ebenso der von Hitler gewünschte Zusammenschluss der Landeskirchen zu einer Reichskirche. Ihr Auftreten hatte großen Einfluss auf die Art und Weise, wie die sich die evangelische Kirche gegen Hitler stellte. Vor dem Widerstand muss daher die Anpassung evangelischer Christen an das neue politische System knapp erläutert werden.

Deutsche Christen

Die Deutschen Christen waren eine Bewegung innerhalb der evangelischen Kirche in Deutschland von 1932 bis 1945, welche das nationalsozialistische Gedankengut einschließlich Nationa-lismus und Antisemitismus auf die Kirche übertragen wollte. Begünstigt wurde ihre Entstehung dadurch, dass es – auch schon zuvor – in der evangelischen Kirche gleichermaßen Parteien gab, die die einzelnen theologisch-politischen Richtungen der Kirchenmitglieder und besonders der Pfarrer repräsentierten. Aus Vorläufergruppierungen wurden sie 1932 gegründet und vertraten absurde Lehren, die versuchten, das Christentum als Religion germanischen Ursprungs darzustellen und die alttestamentlich-jüdischen Wurzeln des Christentums zu leugnen. In einigen Kirchenparlamenten konnten sie schon 1933 die Mehrheit erringen und übertrugen dort den sogenannten Arierparagraphen in die Kirchenordnung, so z. B. in der Kirche der Altpreußischen Union. Damit wurden Pfarrer jüdischer Abstammung ihres Amtes enthoben.

Aus den Reihen der DC stammte auch Ludwig Müller, der einzige evangelische Pfarrer, den Hitler persönlich kannte. Er wurde mit der Schaffung eines Reichsbischofsamtes beauftragt. Gewählt wurde hierzu aber zunächst der Gegenkandidat Müllers, Friedrich von Bodelschwingh, gewählt. Der auf ihn ausgeübte Druck seiner Widersacher war jedoch so groß, dass er das Amt nach einem Monat wieder aufgab. Der Sieg der DC bei den bald darauf folgenden Kirchenwahlen und die Unterwerfung unter Hitler durch Ludwig Müller führten zum Bruch innerhalb des bisherigen Bundes der Landeskirchen, der Deutschen Evangelischen Kirche.

Quellen und Literatur: Martin Thom: Christuskreuz und Hakenkreuz. Predigten aus der Zeit vom 1. März 1930 bis zum 30. April 1933 einschließlich einiger Rundfunkpredigten. Berlin 1933; Johannes Witte: Deutschglaube und Christusglaube. Göttingen 1934; Julius Sammetreuther: Die falsche Lehre der Deutschen Christen. [Bekennende Kirche, Heft 15] München 1934; Kurt Meier: Kreuz und Hakenkreuz. Die evangelische Kirche im Dritten Reich. München [3]2001;

Der Pfarrernotbund

Am 21. September 1933 entstand als Protest gegen die Wahl des Reichsbischofs Ludwig Müller und aus Ablehnung des Arierparagraphen in der evangelischen Kirche der »Pfarrernotbund«, eine Vereinigung von evangelischen Theologen, die von den Pfarrern Herbert Goltzen, Günther Jacob und Eugen Weschke aus Berlin initiiert wurde. Auch Martin Niemöller und Dietrich

Bonhoeffer wurden Mitglieder dieses Bundes. Vorstand war ein sogenannter Bruderrat, dem der Dresdener Pfarrer Hugo Hahn (1886–1957) vorstand und auch Martin Niemöller angehörte. In wenigen Monaten wuchs der Bund auf über 7000 Mitglieder, deren Zahl allerdings in den folgenden Jahren wieder auf etwa 5000 zurückging. Seine Aufgaben sah der Pfarrernotbund in der Unterstützung jüdisch-stämmiger Pfarrer, die aus dem Amt entlassen worden waren. Niemöller erreichte als Kompromiss mit Reichsbischof Müller, dass evangelische Pfarrer jüdischer Abstammung zwar keine Leitungsämter in der Kirche übernehmen dürften, dass sie aber wenigstens ihre Ämter behalten konnten. Dazu trug die Tatsache bei, dass die Zahl der betroffenen Pfarrer ohnehin nicht sehr hoch war. Der Pfarrernotbund lehnte also die Entlassung jüdisch-stämmiger Pfarrer ab, mehr nicht. Eine grundsätzlich positive Haltung gegenüber Juden drückt sich darin nicht zwingend aus.

Über diese Gedanken hinaus gingen nur wenige Pfarrer.

Zur bedeutendsten Figur des Pfarrernotbundes wurde allerdings mit der Zeit ein anderer, der sich selbst erst allmählich mehr vom Nationalsozialismus distanzierte.

Martin Niemöller

Er war 1892 in Lippstadt als Sohn eines Pfarrers geboren und machte 1910 in Elberfeld das Abitur. Niemöller trat in die Marine ein und strebte die Offizierslaufbahn an. In dieser Funktion nahm er auch am Ersten Weltkrieg im Mittelmeer und im Atlantik teil. Dort lernte er Albert Schweitzer kennen. 1919 nahm er das Studium der Evangelischen Theologie in Münster auf. 1931 wurde er Pfarrer in der Evangelischen Gemeinde Berlin-Dahlem. Dem Nationalsozialismus stand Niemöller zunächst sehr aufgeschlossen gegenüber und wählte die NSDAP, ja er begrüßte sogar noch Hitlers Ernennung zum Reichskanzler. Sein Widerspruch begann erst bei der Einmischung der Regierung in kirchliche innere Angelegenheiten. Bei der Wahl des ersten Reichsbischofs unterstützte er Friedrich von Bodelschwingh.

Der Pfarrernotbund, an dem sich darauf auch Niemöller beteiligte, gehörte zu den Gruppen, die an der Synode im Mai 1934 in Wuppertal-Barmen teilnahmen. Hier verabschiedeten sie die Barmer Theologische Erklärung, mit der die Bekennende Kirche begründet wurde.

Bei einem Empfang, den Hitler im Januar 1934 in der Reichskanzlei für Vertreter der evangelischen Kirche gab, trat die unterschiedliche Interpretation der Ereignisse offen zu Tage: Hitler verstand den Pfarrernotbund als Kampf gegen Staat und System, Niemöller verteidigte ihn als Maßnahme zur Erhaltung der Selbständigkeit der Kirche. Und in der Tat gründete seine Ablehnung des Arierparagraphen darauf, nicht auf einer positiven oder neutralen Haltung gegenüber dem Judentum. Doch reichte auch sein Widerspruch gegen kirchenfeindliche Äußerungen von Nationalsozialisten und die Politik des Kirchenministers Hans Kerrl dafür aus, dass er 1937 verhaftet wurde. Bei seiner Verurteilung 1938 hatte er seine Strafe aufgrund der U-Haft-Zeit eigentlich schon verbüßt, wurde aber auf Hitlers persönliche Veranlassung in das Konzentrationslager Sachsenhausen, 1941 von dort nach Dachau verbracht. Von da bei Kriegsende nach Südtirol verschleppt, wurde er 1945 befreit.

Aufgrund seines Schicksals in der NS-Zeit, inzwischen aber auch in seinen Ansichten korrigiert – so war er Mitverfasser des Stuttgarter Schuldbekenntnisses der evangelischen Kirche von 1945 –, besaß er nach dem Krieg hohes Ansehen in der Evangelischen Kirche Deutschlands. Er wurde Kirchenpräsident der Evangelischen Kirche in Hessen und Nassau, stellvertretender Vorsitzender des Rates der Evangelischen Kirche in Deutschland (EKD) und einer der sechs Präsidenten des Ökumenischen Rates der Kirchen. In seinen späten Jahren fiel er vor allem durch eigenwillige, bisweilen schwer nachvollziehbare Meinungen und Äußerungen auf. Martin Niemöller starb am 6. März 1984.

Quellen und Literatur: Martin Niemöller: Vom U-Boot zur Kanzel. Berlin 1934; Wilhelm Niemöller: Der Pfarrernotbund. Geschichte einer kämpfenden Bruderschaft. Hamburg 1973; Carsten Nicolaisen: Niemöller, Emil Gustav Martin. In: NDB 19 (1999), S. 239–241; Michael Heymel (Hrsg.): Martin Niemöller. Dahlemer Predigten. Kritische Ausgabe. Gütersloh 2011

Dietrich Bonhoeffer

Dietrich Bonhoeffer wurde 1906 in Breslau geboren und studierte nach dem Abitur, das er mit 17 Jahren ablegte, Evangelische Theologie in Tübingen und Berlin. Nach seiner Promotion 1927 wurde er Vikar in der deutschen evangelischen Gemeinde in Barcelona, danach im Berliner Stadtteil Wedding. 1929 habilitierte er sich (im Alter von 24 Jahren) und setzte darauf sein Studium für ein Jahr in New York fort, da er das Mindestalter für eine Ordination als Pfarrer noch nicht erreicht hatte (25 Jahre). Es folgte wieder eine Station in Berlin ab 1931: Bonhoeffer wurde Privatdozent an der Universität. Noch vor der Barmer Theologischen Erklärung und der Gründung der Bekennenden Kirche wandte er sich gegen den Antisemitismus der Nationalsozialisten. Eine Rundfunkansprache am 1. Februar 1933 wurde wegen Kritik am »Führer« abgebrochen. Bonhoeffer beteiligte sich an der Gründung der Bekennenden Kirche, doch seine Kritik am Nationalsozialismus ging noch über deren Anliegen, die Unabhängigkeit von Kirche und Christentum zu bewahren, hinaus.

Später wechselte er nach London, wo er als Pfarrer zwei deutsche Gemeinden betreute. 1935 übernahm er ein Predigerseminar der Bekennenden Kirche und verlor dadurch seine Stelle an der Universität. Als das Predigerseminar 1940 ganz geschlossen wurde, erhielt auch Bonhoeffer Rede- und bald auch Schreibverbot. Von der Bekennenden Kirche wurden ihm in der Folgezeit Forschungsaufträge erteilt. Seine inzwischen vielfältigen Kontakte zu Kirchen in Europa und den USA nutzte er in jenen Jahren für den Versuch eine große christliche Koalition gegen den Nationalsozialismus und insbesondere Hitlers Kriegspläne zu schmieden, was zwar nicht mangels Respekts für Bonhoeffer, aber wegen Desinteresses an der Sache auf Seiten der europäischen Nachbarn nicht zustande kam. Einen ihm angebotenen Lehrstuhl in Harlem schlug er aus und entschied sich, Deutschland nicht zu verlassen.

Ab 1940 intensivierte Bonhoeffer seine Kontakte zur Abwehr im Reichswehrministerium, nämlich Wilhelm Canaris, Hans Oster und Hans von Dohnanyi. Er fungierte als Gastgeber für

Treffen von Oppositionellen sowie Kontaktmann zwischen Abwehr und anderen Gruppen; an Attentatsplanungen war er dabei nicht beteiligt. Auf einer Reise im Mai 1942 nach Schweden erkundigte er sich bei George Kennedy Allen Bell, dem anglikanischen Bischof von Chichester, den er aus seiner Londoner Zeit kannte, nach den Möglichkeiten eines Waffenstillstandes und Friedensschlusses ohne bedingungslose Kapitulation, falls eine andere deutsche Regierung mit England verhandeln würde.

Im April 1943 wurde Bonhoeffer, nachdem mehrere Anschläge vonseiten der Abwehr auf Hitler nicht funktioniert hatten, verhaftet und zunächst ins Militärgefängnis Tegel verbracht, dann in das Gestapogefängnis in der Prinz-Albrecht-Straße. Gegen ihn wurde Anklage erhoben vor dem Reichskriegsgericht, doch mit Hilfe von einflussreichen Unterstützern zog sich der Prozess längere Zeit hin. Im Februar 1945 wurde er in das Konzentrationslager Buchenwald, dann Schönberg und schließlich Flossenbürg gebracht. Noch kurz vor Kriegsende wurde er auf Hitlers persönlichen Befehl hin nach einem unrechtmäßigen Verfahren am Morgen des 9. April 1945 ermordet.

Quellen und Literatur: Dietrich Bonhoeffer: Die Kirche vor der Judenfrage. Berlin 1932; ders.: Nachfolge. München 1937; ders.: Auf dem Wege zur Freiheit. Gedichte aus Tegel. Berlin 1946; ders.: Ethik. München 1949; ders.: Widerstand und Ergebung. Briefe und Aufzeichnungen aus der Haft. Hrsg. von Eberhard Bethge, München 1951; Hans Buchheim: Bonhoeffer, Dietrich. In: Neue Deutsche Biographie 2 (1955), S. 443–444; Eberhard Bethge: Dietrich Bonhoeffer. Theologe – Christ – Zeitgenosse. Eine Biographie. München 1968; Sabine Dramm: Dietrich Bonhoeffer: Eine Einführung in sein Denken. Gütersloh 2001; Joseph Ackermann: Dietrich Bonhoeffer – Freiheit hat offene Augen. Eine Biographie. Gütersloh 2005; Ferdinand Schlingensiepen: Dietrich Bonhoeffer 1906–1945. Eine Biographie. München 2005; Elke Endrass: Bonhoeffer und seine Richter. Ein Prozess und sein Nachspiel; Stuttgart 2006; Karl Martin (Hrsg.): Bonhoeffer in Finkenwalde. Briefe, Predigten, Texte aus dem Kirchenkampf gegen das NS-Regime 1935–1942. Wiesbaden 2012

Barmer Theologische Erklärung

Vom 29. bis 31. Mai 1934 fand in Wuppertal-Barmen eine Synode von Theologen aus 25 deutschen Landeskirchen statt, welche die Theologische Erklärung zur gegenwärtigen Lage der Deutschen Evangelischen Kirche (DEK) verabschiedeten. In deren Zentrum stand die Abwehr staatlicher Eingriffe in kirchliche Angelegenheiten. Zunächst wird die Bedrohung der Kirche durch den nationalsozialistischen Einfluss beschrieben:

[…] Wir erklären vor der Öffentlichkeit aller evangelischen Kirchen Deutschlands, dass die Gemeinsamkeit dieses Bekenntnisses und damit auch die Einheit der Deutschen Evangelischen Kirche aufs schwerste gefährdet ist. Sie ist bedroht durch die in dem ersten Jahr des Bestehens der Deutschen Evangelischen Kirche mehr und mehr sichtbar gewordene Lehr- und Handlungsweise der herrschenden Kirchenpartei der Deutschen Christen und des von ihr getragenen Kirchenregimentes. Diese Bedrohung besteht darin, dass die theologische Voraussetzung, in der die Deutsche Evangelische Kirche vereinigt ist, sowohl seitens der Führer und Sprecher der Deutschen Christen als auch seitens des Kirchenregimentes dauernd und grundsätzlich durch fremde Voraussetzungen durchkreuzt und unwirksam gemacht wird. Bei deren Geltung hört die Kirche nach allen bei uns in Kraft stehenden Bekenntnissen auf, Kirche zu sein. Bei deren Geltung wird also auch die Deutsche Evangelische Kirche als Bund der Bekenntniskirchen innerlich unmöglich. […]

Darauf werden, jeweils auf der Grundlage von Bibelstellen, Thesen der DC zurückgewiesen:

1. […] Wir verwerfen die falsche Lehre, als könne und müsse die Kirche als Quelle ihrer Verkündigung außer und neben diesem einen Worte Gottes auch noch andere Ereignisse und Mächte, Gestalten und Wahrheiten als Gottes Offenbarung anerkennen.

2. […] Wir verwerfen die falsche Lehre, als gebe es Bereiche unseres Lebens, in denen wir nicht Jesus Christus, sondern anderen Herren zu eigen wären, Bereiche, in denen wir nicht der Rechtfertigung und Heiligung durch ihn bedürften.

3. [...] Wir verwerfen die falsche Lehre, als dürfe die Kirche die Gestalt ihrer Botschaft und ihrer Ordnung ihrem Belieben oder dem Wechsel der jeweils herrschenden weltanschaulichen und politischen Überzeugungen überlassen.

4. [...] Wir verwerfen die falsche Lehre, als könne und dürfe sich die Kirche abseits von diesem Dienst besondere, mit Herrschaftsbefugnissen ausgestattete Führer geben und geben lassen.

5. [...] Wir verwerfen die falsche Lehre, als solle und könne der Staat über seinen besonderen Auftrag hinaus die einzige und totale Ordnung menschlichen Lebens werden und also auch die Bestimmung der Kirche erfüllen. Wir verwerfen die falsche Lehre, als solle und könne sich die Kirche über ihren besonderen Auftrag hinaus staatliche Art, staatliche Aufgaben und staatliche Würde aneignen und damit selbst zu einem Organ des Staates werden.

6. [...] Wir verwerfen die falsche Lehre, als könne die Kirche in menschlicher Selbstherrlichkeit das Wort und Werk des Herrn in den Dienst irgendwelcher eigenmächtig gewählter Wünsche, Zwecke und Pläne stellen.

http://www.ekd.de/download/EKDBarmen.pdf (20.06.2013)

Nach der Barmer Theologischen Erklärung nannten sich die Unterzeichner und gleichgesinnten Theologen »Bekennende Kirche«. Damit hatten sie sich von der DC-dominerten Kirche getrennt. Dass sie sich in der Erklärung auf innerkirchliche Fragen konzentriert und das übrige Unrecht des NS-Staates, besonders die bereits begonnene Judenverfolgung nicht in den Blick genommen hatten, sahen manche Unterzeichner später selbst kritisch.

Quellen und Literatur: Carsten Nicolaisen: Günther van Norden (Hrsg.): Wir verwerfen die falsche Lehre. Arbeits- und Lesebuch zur Barmer Theologischen Erklärung. Wuppertal-Barmen 1984; Der Weg nach Barmen. Die Entstehungsgeschichte der Theologischen Erklärung von 1934. Neukirchen-Vluyn 1985

Hermann Mulert

Unter den Theologen, die sich in dieser Phase persönlich gegen
den Nationalsozialismus wandten, sei noch Hans Mulert erwähnt. Geboren 1879 in Niederbobritzsch, studierte Hermann
Mulert nach dem Abitur am Gymnasium Albertinum in Frei-
berg evangelische Theologie in Leipzig und Marburg. Danach
setzte er seine Studien in Berlin fort und bestand 1903 das
Zweite Theologische Examen und 1905 das Oberlehrerexamen.
Er unterrichtete an einem Privatgymnasium und gab mit Karl
Heussi 1905 einen Atlas zur Kirchengeschichte heraus. Mulert
promovierte 1907 und habilitierte sich 1908. Inzwischen hatte
er viele Artikel für das Lexikon »Religion in Geschichte und
Gegenwart« verfasst. Politisch liberal gesinnt trat er 1910 in die
Fortschrittliche Volkspartei (nach Kriegsende Deutsche Demo-
kratische Partei) ein. 1920 wurde er Professor für Systematische
Theologie an der Universität Kiel, an der er schon zuvor gelehrt
hatte. Er wurde Mitglied der Landessynode.

1932 übernahm er die Redaktion der Zeitung »Christliche
Welt«, in der er den Nationalsozialisten vor allem mit der Kri-
tik an ihrer Judenfeindlichkeit und ihrer antidemokratischen
Gesinnung entgegentrat. Seine Zeitung wurde daher von den
Nationalsozialisten 1933 in ihrer Arbeit zunächst behindert und
musste 1941 eingestellt werden; von seinem Lehrstuhl zog sich
Mulert 1935 selbst zurück, bevor es zur Entlassung kam.

Dennoch war er in der Lage, verfolgte Gegner des NS-Regimes finanziell zu unterstützen und unterzubringen. Schließlich
zog er sich ganz in seinen Heimatort zurück, wo er den zur
Wehrmacht einberufenen Pfarrer vertrat.

Nach dem Krieg lehrte er in Jena und Leipzig und war Mitglied der Liberal-Demokratischen Partei der DDR. Er starb 1950
in Mügeln bei Leipzig.

Literatur: Matthias Wolfes: Hermann Mulert. Lebensbild eines Kieler
Theologen (1879–1950). Hrsg. vom Verein für Schleswig-Holsteinische
Kirchengeschichte, Neumünster 2000

Die Haltung der Reichswehr

Die Reichswehr, im Vertrag von Versailles zu einem Landheer von 100 000 Mann mit einer Marine von 15 000 Mann reduziert und von da an ohne Luftwaffe, schwere Waffen und ohne allgemeine Wehrpflicht, auch ohne Wahlrecht für Reichswehrangehörige zunehmend unter sich lebend, wies eine ausgeprägte nationale Gesinnung als Schnittmenge mit NS-Gedankengut auf. Trotz des enormen jüdischen Einsatzes im Deutsch-Französischen Krieg 1870/71 und im Ersten Weltkrieg war die Reichswehr auch nicht besonders prosemitisch eingestellt. Die Reichsregierung konnte sich auf die Reichswehr verlassen, wenn es galt, Aufstände von links niederzuschlagen (so beim Märzaufstand in Sachsen), nicht aber bei Aufständen von rechts, so beim Kapp-Putsch. Die antikommunistische Haltung der Reichswehr, auch begünstigt durch Rekrutierung der niederen Ränge vor allem aus dem ländlichen Raum, hatte sie allerdings nicht daran gehindert, im Einvernehmen der Regierung mit der Sowjetarmee geheime Waffenübungen abzuhalten und geheime Aufrüstung zu betreiben.

Schon am 3. Februar informierte Hitler die Führung der Reichswehr in einer geheimen Rede über seine Pläne. Mit seinen Überlegungen zur Aufrüstung und Expansion war man durchaus einverstanden, man hoffte ebenso auf die Vergrößerung der durch den Versailler Vertrag dezimierten Streitkräfte, die bei den derzeitigen Reichswehrangehörigen Hoffnung auf weitere Karriere weckte.

Konfliktpotential bestand dagegen zwischen dem elitären Offizierskorps, das zur Hälfte aus Adligen bestand und eher monarchistisch eingestellt war, und Nationalsozialisten von nichtadeliger Herkunft und mangelnder militärischer Bewährung. Auch missfielen der Reichswehr die paramilitärischen Einheiten der NSDAP, erst recht, da die inzwischen millionenstarke SA unter Ernst Röhm den Anspruch erhob, die künftige deutsche »Volksarmee« zu sein, neben der der Reichswehr bestenfalls eine untergeordnete Rolle zukommen würde.

Doch konnte Hitler diese Probleme vorerst in den Hintergrund drängen. Eine herausragende Rolle in seinem Führungsstab bekam der Reichskriegsminister General Werner von Blomberg, der Oberbefehlshaber der Reichswehr wurde. Der Röhm-Putsch am 30. Juni 1934 wurde als Ausschaltung des revolutionären SA-Flügels mit militärischen Ambitionen von der Reichswehr mehrheitlich begrüßt. Nur wenige Offiziere kritisierten Hitler schon damals entschieden, darunter der Offizier Hans Oster, der die Nationalsozialisten als »Räuberbande« bezeichnete, doch auch er hegte bis 1938 noch keine echten Widerstandspläne. Im Januar 1934 wurde Generaloberst Kurt von Hammerstein-Equord als Chef der Heeresleitung entlassen.

Nach dem Tod Paul von Hindenburgs am 2. August 1934 wurden die deutschen Soldaten auf Anordnung von Blombergs auf Adolf Hitler persönlich vereidigt, was eine Auflehnung über die genannten Faktoren hinaus erschwerte.

1935 wurde eine neue Luftwaffe eingerichtet, die allgemeine Wehrpflicht wieder eingeführt und die Reichswehr in »Wehrmacht« umbenannt.

Literatur: Adolf Reinicke: Das Reichsheer 1921–1934. Ziele, Methoden der Ausbildung und Erziehung sowie der Dienstgestaltung [Studien zur Militärgeschichte, Militärwissenschaft und Konfliktforschung, Bd. XXXII]. Osnabrück 1986

Hans Oster

Hans Oster wurde 1887 in Dresden als Sohn eines evangelischen Pfarrers geboren. Nach dem Abitur 1907 entschied er sich für den Beruf des Soldaten. Im Ersten Weltkrieg war er als Artillerist an der Front eingesetzt und war zuletzt Generalstabsoffizier, weshalb er auch in die zahlenmäßig stark reduzierte Reichswehr übernommen wurde. Schon damals lernte er Friedrich Olbricht und Erwin von Witzleben kennen. 1929 erfolgte seine Beförderung zum Major. Wegen einer verbotenen Liebesbeziehung musste er 1932 die Reichswehr verlassen und erhielt eine zivile Anstellung beim Forschungsamt des Reichsluftfahrtministeriums. Die Ereignisse des »Röhm-Putsches« 1934, während dessen auch der ehemalige Reichskanzler Kurt von Schleicher ermordet wurde, erwiesen die Nationalsozialisten in Osters Augen als

»Räuberbande«. Er gehörte damit in der Reichswehr zu den frühesten eindeutigen Gegnern.

In der Abteilung Abwehr des Reichswehrministeriums wurde Oster unter Admiral Wilhelm Canaris wieder Offizier der Reserve und Leiter der Zentralabteilung. An den sich 1938 erstmals konkretisierenden Umsturzplänen der Wehrmacht war auch er beteiligt. Bei Kriegsbeginn – inzwischen zum Oberst befördert – leitete Oster den Alliierten Hitlers Angriffspläne im Nordwesten und Norden zu. Inzwischen sammelte er mit Hans von Dohnanyi Beweismaterial für einen möglichen Prozess gegen NS-Verbrecher und versuchte mit Canaris' Einverständnis, Verfolgte zu unterstützen. 1942 wurde er zum Generalmajor befördert.

1943 wurde Osters Mitarbeiter Hans von Dohnanyi verhaftet, wobei auch auf ihn selbst ein Verdacht fiel, da er zuerst die Schuld für die hier verfolgte Fluchthilfe für Juden auf sich nahm und später versuchte Unterlagen zu beseitigen, dabei aber beobachtet und gestellt wurde. Seine Entlassung bedeutete den Ausfall einer Zentralstelle des militärischen Widerstands. Oster, der in den Umsturzplänen zum 20. Juli 1944 als Präsident des neuen Reichskriegsgerichts vorgesehen war, wurde sofort nach dem Scheitern des Attentats verhaftet und zusammen mit Dietrich Bonhoeffer und Wilhelm Canaris in einem Unrechtsverfahren abgeurteilt. Wie sie wurde er noch am 9. April 1945 im Konzentrationslager Flossenbürg ermordet.

Literatur: Joachim Fest: Staatsstreich. Der lange Weg zum 20. Juli. Berlin 1994; Romedio Galeazzo Graf von Thun-Hohenstein: Der Verschwörer. General Oster und die Militäropposition. Berlin 1994; Michael Kißener: Oster, Hans Paul. In: Neue Deutsche Biographie 19 (1999), S. 616f.; Terry Parssinen: Die vergessene Verschwörung. Hans Oster und der militärische Widerstand gegen Hitler. Berlin 2008

Einzelpersonen aus dem sogenannten
bürgerlichen Lager

In nicht unerheblichen Teilen der Bevölkerung bestand durchaus
Übereinstimmung mit einzelnen Zielen der Nationalsozialisten:
in der Ablehnung der Kommunisten, im Antisemitismus, bei
den Vorbehalten gegen die Weimarer Verfassung, über den
Führungsanspruch Deutschlands mindestens in Europa.

Die erschreckenden und beängstigenden Elemente des
Nationalsozialismus hofften sie, als Kinderkrankheit abtun
zu können. Manche hofften auch im Hinblick auf Hitlers
bisherige Biographie und die Zusammensetzung seiner Partei, dass ihm nur eine kurze Regierungszeit beschieden sein
würde, wie es bei seinen Vorgängern der Fall war. Nur wenige
fühlten sich schon damals so abgestoßen oder selbst bedroht,
dass sie – zunächst wenigstens innerlich – eine große Distanz
zum Regime entwickelten. Unter diesen waren z. B. Ewald von
Kleist-Schmenzin und sein Sohn sowie Helmuth James Graf
von Moltke.

Die beiden Ewald von Kleist-Schmenzin (Vater und Sohn)

Ewald von Kleist-Schmenzin Senior, geboren 1890 auf Gut
Groß-Dubberow in Pommern war Sohn eines Rittmeisters. Nach
dem Abitur studierte er Jura in Leipzig und Greifswald. Zum
Einsatz im Ersten Weltkrieg meldete er sich freiwillig und musste 1918 die Verwaltung des Gutes seiner Großmutter übernehmen, von der sein zweiter Namensteil stammt. Seine politische
Betätigung begann er mit dem Eintritt in die Deutschnationale
Volkspartei (DNVP); den Putschversuchen von Kapp und Hitler
stand er zwar grundsätzlich positiv gegenüber, kritisierte aber
den Nationalsozialismus, 1932 sogar in einer Schrift mit dem
Titel »Der Nationalsozialismus – eine Gefahr«, da er selbst
lieber eine Wiedereinsetzung der Monarchie gesehen hätte. In
diesem Buch benennt Kleist-Schmenzin zunächst die Tatsache,
dass viele dem Sozialismus abgeneigte Menschen durch den
Nationalsozialismus sich sozialistischen Ideen aufschließen

würden, was er für einen Nachteil hielt. Doch bestreitet er z. B. auch anlässlich der Besprechung von Rosenbergs »Mythos des 20. Jahrhunderts« die Möglichkeit, dass Hitler von irgendeinem Verbrechen, das unter seinem Einfluss oder später seiner Herrschaft geschieht, vielleicht nichts wisse:

> Für diese Volksverhetzung und -vergiftung ist die Führung der NSDAP, ist Hitler voll verantwortlich. Er hat wiederholt erklärt, er sei die Partei, in ihr geschehe nichts ohne seinen Willen. Er duldet also diese Art der Agitation und schreitet nicht dagegen ein. Vergleicht man damit die für die sogenannten besitzenden Klassen berechneten Äußerungen Hitlers und anderer Nationalsozialisten, so ist die Doppelzüngigkeit der Führung schlagend bewiesen.
>
> Der Nationalsozialismus hätte nie seinen bedrohlichen Aufschwung genommen, wenn die nationalen Kreise sich offener von ihm angesetzt hätten. Die im nationalen Lager geduldete Auffassung, als ob der Nationalsozialismus als eine nationale Partei anzusehen wäre, der lediglich noch einige Mängel anhaften, hat eine Gefahr für unsere Zukunft beschworen, die nur mit äußerster Kraftanstrengung gebannt werden kann. [...]
>
> Die Hoffnung auf eine gemeinsame parlamentarische Regierungsbildung von NSDAP und DNVP ist abwegig. Selbst wenn sie möglich wäre, was hat man sich davon zu versprechen? [...] Bei dem zahlenmäßigen Übergewicht der Nationalsozialisten werden sie sachkundigen Leuten die maßgebenden Posten bestimmt nicht überlassen. Es ist kein konservatives Kampfziel, sich an den Schwanz eines durchgehenden Pferdes zu hängen, um etwas bremsen zu können. Man würde nichts anderes erreichen, als einer verhängnisvollen Politik in den Sattel zu verhelfen. [...]
>
> Das uns durch die Revolution aufgezwungene parlamentarische System, in dem anders als in der Monarchie alle Macht in die Hände der Parteien gelegt ist, muß beseitigt werden. Viele, die zusammengehören, werden durch die Parteien getrennt und in scharfe Kampfstellung gebracht. [...]
>
> Die entschlossene Abkehr von dem gefährlichen Irrtum der Zeitkrankheit des Nationalsozialismus ist Aufgabe aller konservativen Kräfte, [...]
> *Zitiert nach: Bodo Scheurig, Ewald von Kleist-Schmenzin, Anhang S. 252 und 256f.*

Nach der Koalition mit Reichskanzler Hitler verließ er die DNVP und wandte sich der Bekennenden Kirche zu.

Später verständigte er sich mit Kreisen der militärischen Opposition, besonders Generaloberst Ludwig Beck. 1938 informierte er führende britische Politiker über die Kriegspläne Hitlers.

Sein Sohn Ewald Heinrich gehörte zu den Verschwörern des 20. Juli, und beide wurden nach dem Scheitern des Attentats verhaftet. Der Vater wurde im März 1945 vom Volksgerichtshof zum Tode verurteilt und am 9. April 1945 hingerichtet.

Sein Sohn Ewald Heinrich von Kleist-Schmenzin wurde 1922 auf Gut Schmenzin in Pommern geboren. Aus einer schon gegen Hitler eingestellten Familie stammend, kam er als Wehrmachtsoffizier über Claus Schenk von Stauffenberg zum militärischen Widerstand und bezog auch seinen Vater in die Pläne ein. Bei einem vorgesehenen Attentatstermin, nämlich einer Vorführung von Uniformen vor Hitler, war er als Attentäter vorgesehen. Doch der Termin wurde kurzfristig abgesagt. Als das Attentat vom 20. Juli 1944 zwar stattgefunden hatte, aber gescheitert war, konnte ihm seine Beteiligung nicht nachgewiesen werden. In Italien geriet er in amerikanische Gefangenschaft. Nach dem Krieg führte er einen juristischen Verlag und gründete die Gesellschaft für Wehrkunde, die Münchner Wehrkundetagung (jetzt Münchener Sicherheitskonferenz). Ewald von Kleist-Schmenzin starb im März 2013 in München.

Quellen und Literatur: Ewald von Kleist-Schmenzin: Der Nationalsozialismus – eine Gefahr. Berlin-Britz [2]1932; Bodo Scheurig: Ewald von Kleist-Schmenzin. Ein Konservativer gegen Hitler. Berlin & Frankfurt am Main 1994; Joachim Fest: Staatsstreich. Der lange Weg zum 20. Juli; Berlin 1994; Gerhard Ringshausen: Ewald von Kleist-Schmenzin; in: ders.: Widerstand und christlicher Glaube angesichts des Nationalsozialismus. [Lüneburger Theologische Beiträge, Band III] Berlin 2008; Bernd Rüthers: Verräter, Zufallshelden oder Gewissen der Nation? Facetten des Widerstandes in Deutschland. Tübingen 2008

3. Widerstand 1933/34–1939

Die Nationalsozialisten sichern ihre Macht

Nach dem Tod Paul von Hindenburgs am 2. August 1934 riss Hitler auch das Amt des Reichspräsidenten an sich. Dafür, dass er am 30. Juni Ernst Röhm und dessen Anhänger in der eigenen Partei hatte ermorden lassen und SA und SS in ihrer Macht beschränkt hatte, forderte er von der Reichswehr die Vereidigung auf seine Person als »Führer und Reichskanzler«. Sein Propagandaminister Joseph Goebbels kontrollierte inzwischen alle damals existierenden Medien. Die Freizeitgestaltung übernahmen NS-Verbände und die Organisation »Kraft durch Freude«, für die Volkswohlfahrt sammelte das »Winterhilfswerk«. Lediglich bei den Kirchen gestaltete sich die vollkommene Kontrolle schwieriger.

Widerstand bis zum Kriegsausbruch

Maßnahmen zur Beseitigung, Schwächung oder Abwehr der NS-Herrschaft waren bisher noch in Erwartung des baldigen Zusammenbruchs bzw. vor dem Hintergrund der Erfahrungen und Grabenkämpfe der Weimarer Republik geführt worden. Erst nach der Sicherung der Macht und der – jedenfalls nach außen deutlich werdenden breiten Zustimmung zu dem Regime – setzte sich allmählich die Erkenntnis durch, es hier mit einer Bedrohung neuer Art zu tun zu haben, und ebenso allmählich passten sich die Formen des Widerstands dieser Einsicht an. Allein schon durch die räumliche Trennung zwischen emigrierenden und daheimbleibenden Gesinnungsgenossen rissen alte Kommunikationsformen ab, entwickelten sich die Erfahrungen auseinander. Allenfalls die Erinnerung an frühere politische Orientierungen von Freunden und Bekannten bot noch die Chance, zusammenzufinden. Zumal außerhalb der Kirchen mussten die gegen das Regime eingestellten Menschen, auch wegen der Gefahr der Denunziation, ihr Verhalten häufig mit sich alleine ausmachen.

Widerstand der Kommunisten

Im August 1935 fand in Moskau der VII. Kommunistische Weltkongress statt, anschließend eine zur Tarnung als »Brüsseler Konferenz« bezeichnete Versammlung, die sich mit dem Widerstand der Kommunisten und ihrer Lage in Deutschland befasste. Bei dieser Versammlung beschlossen die Parteiführer ein Ende der sogenannten Materialschlacht, weil sie erkennen mussten, dass die Zahl der Opfer in keinem angemessenen Verhältnis zum bisherigen Erfolg ihrer Versuche zur Schwächung des NS-Regimes stand. Die zentrale Lenkung der Partei wurde aufgegeben zugunsten kleinerer Einheiten, auch »Zellen« genannt, denen man jetzt die Verantwortung übertrug. Auch traten die Vorbehalte gegen die Sozialdemokraten angesichts des allmählich sichtbar werdenden Ausmaßes der Katastrophe des Nationalsozialismus in den Hintergrund. Doch zu gemeinsamen größeren Aktionen kam es nicht. Die nunmehr operierenden Einheiten waren auf ein kleines Gebiet begrenzt und übernahmen bestimmte Aufgaben, insbesondere die Unterstützung von KZ-Häftlingen und deren Angehörigen. Der Kommunistische Jugendverband führte Blitzdemonstrationen auf öffentlichen Plätzen in Berlin und Essen mit Flugblättern und Wandparolen durch. Die ursprüngliche Beteiligung an der Volksfront gegen den Nationalsozialismus, die in Paris unter Heinrich Mann zusammengefunden hatte, endete, als Walter Ulbricht Maßnahmen gegen seine Gegner innerhalb der Partei ergriff.

Von denen, die sich der Verfolgung in Deutschland bisher hatten entziehen können, begaben sich ab 1936 auch viele nach Spanien, um die Republikaner im Bürgerkrieg zu unterstützen.

Im Januar 1939 trafen sich die führenden Kommunisten zu einer Konferenz in Bern. Der im August desselben Jahres geschlossene Nichtangriffspakt zwischen Hitler und Stalin stürzte die Kommunisten, die sich von Moskau Unterstützung erhofften, in tiefe Verwirrung und Lähmung.

Eine Zentrale hatte die Partei in Moskau, von wo aus Herbert Wehner den gesamten kommunistischen Widerstand in Deutschland zu leiten versuchte. Doch die Abschnittsleitungen der Partei im Ausland konnten die Lebens- und Arbeitsbedingungen der im Reich verbliebenen Gruppen oftmals nicht mehr einschätzen; ihre Pläne waren daher bisweilen unrealistisch.

In den Konzentrationslagern pflegten die Kommunisten einen engen Zusammenhalt, was ihre Lage manchmal etwas erleichterte und manchmal sogar anderen Häftlingen zugutekam. Umso bedeutender wurden einzelne Gruppen und Personen in Deutschland.

Liselotte Herrmann

Liselotte Herrmann wurde 1909 in Berlin geboren. Sie durfte Abitur machen und war dann in einer Fabrik der chemischen Industrie tätig, bis sie ihr Studium in den Fächern Chemie und Biologie in Stuttgart und Berlin aufnahm. Schon vorher Mitglied im »Kommunistischen Jugendverband« und im »Roten Studentenbund«, trat sie 1931 in die KPD ein. Aufgrund eines »Aufrufs zur Verteidigung demokratischer Rechte und Freiheiten an der Berliner Universität«, den sie 1933 mit 110 anderen Studierenden unterschrieben hatte, musste sie die Universität verlassen. Von da an widmete sie sich dem Widerstand gegen das NS-Regime. Ihren Lebensunterhalt verdiente sie, nun wieder in Stuttgart und inzwischen Mutter eines Sohnes, mit Schreibarbeiten in der Firma ihres Vaters, der Ingenieur war. Der KPD blieb sie dabei verbunden und leitete ihr Informationen über Rüstungsprojekte in die Schweiz weiter. Sie wurde jedoch entdeckt und im Dezember 1935 festgenommen. Vom Stuttgarter Volksgerichtshof wurde sie wegen Verrats zum Tode verurteilt. Vor der Vollstreckung saß sie noch ein Jahr in Haft, dann wurde sie im Juni 1938 in Plötzensee zusammen mit drei Genossen hingerichtet.

Literatur: Eberhard Jäckel: Lilo Herrmann zwischen Legende und Wirklichkeit, in: Stuttgarter Uni-Kurier 37/1988; Vereinigung der Verfolgten des Naziregimes – Bund der Antifaschisten, Landesverband Baden-Württemberg e.V. (Hrsg.): Lilo Herrmann, eine Stuttgarter Widerstandskämpferin, Stuttgart ²1993; Lothar Letsche: Lilo Hermann – Alleinerziehend im Widerstand. In: Lauter Frauen. Aufgespürt in Baden-Württemberg. Stuttgart 2000, 63–65; Siegfried Grundmann: Lilo Herrmann und der Plan der Munitionsanlage Scheuen bei Celle. In: Jahrbuch für Forschungen zur Geschichte der Arbeiterbewegung, Heft I/2010

Karl Wagner

Karl Wagner wurde am 13. Mai 1909 in Morsbach am Kocher geboren, stammte aus einer Arbeiterfamilie und war Gewerkschafts- und KPD-Mitglied. Als Kommunist wurde er 1933 zum ersten Mal inhaftiert im KZ Heuberg und kam im Dezember 1936 in das Konzentrationslager Dachau. Er wurde zuerst der Strafkompanie zugeordnet und rückte dann in die »Häftlingsselbstverwaltung«, zuerst auf dem Bau, dann im Lager, auf. 1943 wurde er Lagerältester in der Außenstelle Allach. Sein Amt setzte er zugunsten seiner Mithäftlinge ein. Als der Lagerführer von ihm verlangte, einen sowjetischen Gefangenen öffentlich auszupeitschen, weigerte sich Karl Wagner und blieb bei seiner Weigerung auch, als er mit einer Pistole bedroht wurde. Er riss seine Binde als Lagerältester von seinem Arm und nahm fünf Tage Bunkerhaft auf sich und anschließend sechs Wochen Dunkelhaft in Dachau und 25 Stockhiebe. Karl Wagner wurde 1945 in Buchenwald befreit. Er starb 1983 in Karlsruhe.

Literatur: Karl Wagner: *Ich schlage nicht*. Karlsruhe 1980; Hans-Günter Richardi: *Der gerade Weg – der Dachauer Häftling Karl Wagner*. In: *Dachauer Hefte* 7 (1991): *Widerstand und Solidarität*, S. 52–86; Hilde Wagner: *Der Kapo der Kretiner*. Pahl-Rugenstein, Bonn 2009

Sozialisten und Sozialdemokraten

Die Sozialdemokraten taten sich weniger leicht mit dem Gedanken an die Kooperation mit den Kommunisten als umgekehrt. Sie fuhren mit der Verbreitung von Aufklärungsschriften fort, in welchen sie jetzt auch über Konzentrationslager berichteten. Doch auch hier gewannen einzelne Gruppen zunehmend an Bedeutung.

St. Gallener Gruppe

Anton Döring (geb. 1882), bis 1933 Leiter der Eisernen Front und Sekretär des Allgemeinen Deutschen Gewerkschaftsbundes war im Mai 1933 aus Frankfurt in die Schweiz geflohen. Dort sah er gute Möglichkeiten, den Kontakt sowohl zu internationalen Organisationen als auch zu den Zentren des gewerkschaftlichen Widerstands in den Arbeiterstädten am Rhein und Frankfurt zu halten. In St. Gallen gründete er noch im selben Jahr mit Gewerkschaftssekretär August Faatz (1881–1950) und dem Schlosser Peter Fischer (geb. 1896), ebenfalls Gewerkschaftssekretären, eine Widerstandsgruppe. Von der Schweiz aus sollten die Gewerkschaften in den Betrieben in Süddeutschland aufrechterhalten werden; außerdem wurde die Zeitung »Der Funke. Informationsorgan der Freien Gewerkschaften Süddeutschlands« etwa alle zwei Monate herausgegeben und ins Reich geschmuggelt. Von den Schweizer Behörden zuerst nur ungern gesehen, wurden die Deutschen von den Gewerkschaften des Gastlandes unterstützt und als politische Flüchtlinge eingestuft. Informationen für ihre Zeitung erhalten Döring und seine Helfer über die Vorgänge in Frankfurter Betrieben wie z. B. bei Hoechst oder der Reichsbahn von Boten, die zum Teil mit dem Fahrrad anreisten, darunter der Monteur Hans Lutz (geb. 1904) und der Gewerkschaftssekretär Paul Müller (geb. 1904). Als Paul Müller und seine Frau sowie weitere Unterstützer Frankfurt verlassen mussten, begaben sie sich ebenfalls nach St. Gallen.

Der Funke wurde später noch um die Beilage AFA-Nachrichten erweitert, in denen dargelegt wurde, dass die NS-Einheitsgewerkschaft »Deutsche Arbeitsfront« keineswegs die Interessen der Arbeiter vertrat und zu einem Zusammenschluss der Nicht-NS-Gewerkschaften aufgerufen wurde. Finanziert wurde die Gruppe aus Geldern, die im Reich selbst gesammelt wurden. 1938 aber wurde das Netzwerk der St. Gallener Gruppe in Frankfurt entdeckt und Otto Bender, einer der Leiter, mit seiner Frau verhaftet. Sie starb in der Untersuchungshaft, ihr Mann, sowie Hans Lutz und Otto Meyer wurden zu Zuchthaus verurteilt. Der Protest der St. Gallener Gruppe richtete sich allmählich nicht nur gegen die Unterdrückung der Freien Gewerkschaften,

sondern auch gegen andere NS-Verbrechen. Auch die Zielgruppe der Aufklärungsarbeit wurde erweitert. Zur Schweizer
Landesausstellung in Zürich, traditionell von vielen deutschen
Gästen besucht, entwarf die Gruppe ein Flugblatt, auf welchem
nichtdeutsche Zeitungen und Radiosender sowie Bücher und
Filme empfohlen wurden. Außerdem erhielten die Deutschen
folgende Veranstaltungshinweise:

Einige Tage,
vielleicht einige Wochen geniessen auch Sie die gleiche Luft. Wir raten
Ihnen deshalb: Freuen Sie sich an den Schönheiten dieses Landes und
spannen Sie einmal gründlich aus, aber – nutzen Sie auch die Zeit und
Gelegenheit, um sich über die Dinge objektiv zu informieren, die man im
heutigen Deutschland entweder verschweigt, oder entstellt.
    Dazu sollen die folgenden Hinweise dienen: [...]
    Musik
    Werke von Meistern, die heute in Deutschland verboten sind, hören
Sie in den Aufführungen des »Stadttheaters«.
    In zahlreichen Konzert-Kaffees spielt man Ihnen Stücke nach Wunsch.
    Und ... last not least
    Versäumen Sie nicht, sich freimütig mit Schweizern, mit Leuten aus
dem Volk zu unterhalten. Gewiss, seit Hitler am Ruder ist, mag man die
Deutschen nicht mehr so gern wie früher. Aber wenn man zeigt, dass
Hitler mit dem wahren Deutschland nicht verwechselt werden darf, dann
erwerben wir neue Sympathien.
    Es bieten sich also viele Möglichkeiten, Ihr Blickfeld zu weiten und
nachher zuhause in Deutschland Ihren Freunden die Wahrheit berichten
zu können. Sagen Sie ihnen auch, dass die freien Deutschen im Ausland
nicht schlafen, dass sie an dem Schicksal ihres bedrohten Vaterlandes voll
Sorge Anteil nehmen. Hitler ist nicht Deutschland und erst recht nicht das
deutsche Volk mit Hitler gleichzusetzen.
Nach der Abbildung auf http://www.ffmhist.de/ffm33-45/portal01/portal01.php?-
ziel=t_hm_wid_funken1 (25.06.2013)

Paul Grünwald und die Jugendgruppe des Zentralverbandes der Angestellten in Frankfurt

Paul Grünewald wurde 1912 in Frankfurt geboren. Er absolvierte eine kaufmännische Ausbildung und wurde 1927 Mitglied des Zentralverbandes der Angestellten in Frankfurt und 1930 der SPD, wechselte aber im folgenden Jahr in die gerade gegründete SAP, 1932 in die KPD. Die Gleichschaltung seines Verbandes im Deutschnationalen Handlungsgehilfenverband war für ihn nicht Anlass zum Austritt, sondern bot ihm die Möglichkeit einer Tarnung für den Zugang zu jungen Angestellten, die er gegen den Nationalsozialismus beeinflussen konnte. Neben dieser Pflege der eigentlichen Aufgaben des Berufsverbandes beteiligten sich er und seine Anhänger auch bei Flugblattaktionen und der Herstellung von Zeitungen (»Junger Kämpfer«, Redakteur Walter Uhlmann), an Fluchthilfe, unter anderem durch die Bereitstellung von Papieren.

1934 wurde ihre Arbeit entdeckt, da ein Spitzel sie verraten hatte. Grünewald und 30 junge Männer und Frauen seiner Truppe wurden verhaftet, aber nur 21 wurden nach langen Verhören angeklagt, 13 später sogar freigesprochen. Denn für den Fall der Entdeckung und der Vernehmungen hatte sich die Gruppe durch Vereinbarungen, nur das Erwiesene zu gestehen und die rechtzeitige Beseitigung von Beweismaterial vorbereitet. Selbst die Eltern waren nicht in die Tätigkeit der jungen Angestellten eingeweiht. Auch hatten sie noch einige der letzten freien Anwälte beauftragen können. Grünewald selbst wurde allerdings im folgenden Jahr zu dreieinhalb Jahren Haft verurteilt und nach Preungesheim verbracht. Den letzten Teil der Strafe saß er in Zweibrücken ab, wurde danach allerdings nicht wirklich freigelassen, sondern von der Gestapo in das Konzentrationslager Buchenwald verschleppt. Dort überlebte er aufgrund der bereits erwähnten Solidarität unter kommunistischen KZ-Häftlingen eine schwere Krankheit. Als Schreiber und Obduktionsgehilfe im Lager verfasste er auf Befehl die Dissertation des Lagerarztes Erich Wagner über Tätowierungen. Gleichzeitig bildete er auch im Lager zusammen mit Freunden eine illegale Gruppe.

1940 aufgrund des Drängens seiner Familie entlassen, über-
brachte er im Auftrag seiner Partei und seiner Mithäftlinge
zahlreiche Nachrichten. Wie bei den Kommunisten üblich unterstützten die nicht entdeckten Mitglieder der Widerstandsgruppe
die Familien der Verhafteten durch Spenden und andere Hilfen.

Nach dem Krieg gründete er die KPD wieder und saß für
sie im Kreistag des Obertaunus. Durch Vorträge leistete er Aufklärungsarbeit über die NS-Zeit. Paul Grünewald starb 1996 in
Oberursel.

Quellen: Stadt Frankfurt (Hrsg.), Institut für Stadtgeschichte/Lutz Brecht
(Red.): Frankfurt am Main 1933–1945. http://www.ffmhist.de/ffm33-45/.

Jüdischer Widerstand

Die Aktivitäten jüdischer Männer und Frauen, die von den
NS-Verbrechen am schlimmsten betroffen waren, wurden von
den Historikern lange nicht als nennenswerter Widerstand wahrgenommen. Diejenigen, die jüdischen Widerstand herausstellen
wollen, plädieren bisweilen dafür, den Widerstandsbegriff auch
auf Maßnahmen des Selbstschutzes zu erweitern. Dies ist aber
nicht erforderlich, denn es gibt auch ohne diesen Kunstgriff
hinreichend Beispiele dafür, dass Juden über den Schutz der
eigenen Person und der eigenen Familie hinaus versuchten, über
den NS aufzuklären, das System zu schwächen und Verbrechen
einzudämmen. Durch die Tatsache, dass ihnen dabei Möglichkeiten wie die der Wehrmachtsführung oder auch nur derjeni-
gen, die angesichts ihrer Abstammung oder ihrer politischen
Unauffälligkeit von den Nationalsozialisten zunächst in Ruhe
gelassen wurden, nicht zur Verfügung standen, ließen sie sich
keineswegs zur Passivität verurteilen.

Freilich rechneten viele Juden wie viele andere Deutsche
zunächst damit, dass Hitlers Regierung eine Episode bleiben
würde wie die vieler Reichskanzler vor ihm, auch konnten sich
wohl viele nicht vorstellen, wie weit der Antisemitismus in
Deutschland getrieben würde. Doch kann von Tatenlosigkeit
keine Rede sein.

Hechaluz (Pionier)

Unter diesem Namen wurde 1917 ein Verband gegründet, der die Einwanderung junger Juden nach Palästina (*Alijah*) fördern sollte. Eine deutsche Sektion entstand 1922. Sie sammelte Mitglieder, die einen zum Aufbau eines jüdischen Staates nützlichen Beruf erlernt hatten oder erlernen wollten; die Vorbereitung auf die Einwanderung nach Palästina heißt *Hachschara*. 1929 begann die Einwanderung mit 150 Jungen und Mädchen.

Mit der Machtübernahme Hitlers in Deutschland erhielt die Arbeit der Organisation einen zusätzlichen Aspekt. Sie strebte zwar nicht die Beseitigung der deutschen Regierung an, bewirkte jedoch die Rettung vieler Menschenleben. Bis 1933 begaben sich weitere 7000 Auswanderer nach Palästina, die Zahl der Mitglieder, die sich auf denselben Schritt vorbereiteten, wuchs.

Im November 1938 wurden die jüdischen Jugendvereinigungen in Deutschland aufgelöst, und Hechaluz wurde Teil der Abteilung I des Palästinaamtes. Immerhin gelang es in dieser Zeit sogar, KZ-Häftlinge aus Dachau freizubekommen, wenn sie eine Auswanderung anstrebten und sich darauf vorbereiten wollten.

1941 wurde das Palästinaamt aufgelöst, die Auswanderung ganz verboten. Die Zahl der Kandidatinnen und Kandidaten war zuletzt stark angestiegen. Doch die Leiter der Organisation wurden mehrheitlich im Konzentrationslager Theresienstadt gefangen gehalten. Die deutschen Juden konnten sich nun, soweit sie nicht schon deportiert worden waren, allenfalls noch an die ausländischen Niederlassungen wenden. Die wichtigste davon war Genf, wo Nathan Schwalb gezielt die Rettung vieler verfolgter Juden betrieb.

Nathan Schwalb

Er wurde 1908 in Stanislau (Galizien), das damals zur Habsburgermonarchie gehörte, geboren und war der Sohn eines jüdischen Gymnasiallehrers. Schwalb engagierte sich in verschiedenen jüdischen Organisationen, darunter auch in Hechaluz, und wanderte selbst 1929 nach Palästina aus. Er beteiligte sich

am Wiederaufbau eines zerstörten Kibbuz und wurde Gewerk-
schaftsmitglied bei der »Histadrut«. Bei seinen Delegationsrei-
sen für die Gewerkschaft nach Europa 1938 und 1939 bemühte
er sich – zumal im Wissen um die Geschehnisse in Deutschland
– die Auswanderung möglichst vieler Juden zu organisieren. Zu
diesem Zweck baute er ab 1939 insbesondere die Genfer Zentrale
des Hechaluz aus und ermöglichte von hier aus, unterstützt von
Schweizerischen Organisationen etwa 200 000 Juden aus Europa
vor der Verfolgung. Sein Vater und seine Geschwister allerdings
wurden 1942 in seinem Geburtsort von der Gestapo erschossen.

Nathan Schwalb lebte nach 1945 wieder im Kibbuz und widmete sich als Mitglied der Histadrut wieder der internationalen
Gewerkschaftsarbeit. Er starb 2004 in Tel Aviv.

Quellen und Literatur: Jehuda Reinharz (Hrsg.): Dokumente zur Geschichte des Deutschen Zionismus 1882–1933. Tübingen 1981; Arno Lustiger:
*Zum Kampf auf Leben und Tod! Das Buch vom Widerstand der Juden in Europa
1933–1945.* Köln 1994; Wanderausstellung »Juden im Widerstand« vom
1. Februar 2005: http://www.juden-im-widerstand.de/ (12.03.2013); Berger,
Michael: Eisernes Kreuz – Doppeladler – Davidstern. Juden in deutschen
und österreichisch-ungarischen Armeen. Der Militärdienst jüdischer Soldaten durch zwei Jahrhunderte. Berlin 2010

Aufklärungsarbeit

Wie die Kommunisten und Sozialdemokraten mit Flugschriften
wiesen auch Juden als Einzelperson oder vertreten durch Verbände auf das Unrecht der Nationalsozialisten hin. Dabei hatten
sie als Zielgruppe zwar nicht die Masse der Arbeiter, sondern
eher einflussreiche Einzelpersönlichkeiten im Blick, doch hatten
auch diese Aktionen das Ziel, die gleichgültige Hinnahme der
Vorgänge in Deutschland zu beenden, die Reputation der NS-Regierung zu beschädigen und ggf. Verbrechen abzuwenden oder
abzumildern. So erhielt Reichspräsident Paul von Hindenburg
nach der Machtübernahme der Nationalsozialisten viele Briefe,
in denen ihm die diskriminierenden Maßnahmen der Nationalsozialisten dargelegt wurden. Am 4. April bat er daher Hitler,
die im Ersten Weltkrieg Verwundeten oder die Hinterbliebenen
von Frontsoldaten, die vom »Gesetz zur Wiederherstellung des

Berufsbeamtentums« betroffen waren, von dieser Vorschrift aus-
zunehmen. Die Bitte des Reichspräsidenten an seinen Kanzler
spricht für sich selbst.

Während für die Dauer der Olympischen Spiele in Berlin
1936 antijüdische Maßnahmen weitgehend ausgesetzt waren
und dem Ausland der Schein eines rechtsstaatlichen und fried-
lichen Deutschlands vorgespiegelt wurde, bemühten sich höchst
verschiedene Persönlichkeiten, z. B. ja auch Dietrich Bonhoeffer,
dieses Trugbild zu entschleiern. So schrieb auch der Jude Abraham Adolf Kaiser aus Duisburg an den vierfachen Olympia-
sieger Jesse Owens, er solle »die goldene Olympiamedaille dem
Blutmenschen Adolf Hitler vor die Füße werfen«.

Evangelische Kirche

Die Bekennende Kirche

Die im Mai in Wuppertal-Barmen versammelten evangelischen
Theologen verstanden die von ihnen unterzeichnete Erklärung
als eine Bekenntnisschrift, in der sie die Trennung von Staat
und Kirche definierten, und nannten sich nun in Abgrenzung
zu den Deutschen Christen »Bekennende Kirche«. Sie erhob
den Anspruch, die einzige rechtmäßige evangelische Kirche in
Deutschland zu sein und gab sich bei der Dahlemer Synode
im Oktober desselben Jahres eine Kirchenverfassung auf der
Grundlage des sogenannten Dahlemer Notrechts. Die BK
wurde demnach von einem »Reichsbruderrat« geleitet. Hier
wurde die Ablehnung nicht nur gegenüber organisatorischen,
sondern auch gegen theologische Eingriffe in das kirchliche
Leben formuliert. Die Ausschaltung des Alten Testaments, die
Germanisierung des Neuen Testaments wurde ebenso für falsch
erklärt wie die neuheidnischen Tendenzen der Anhänger des
Nationalsozialismus. Auf »Bekenntnistagen« artikulierte die BK
ihren Anspruch, die wahre und einzige evangelische Kirche in
Deutschland zu sein. Die Evangelische Kirche in Hessen und
Nassau konnte bis Jahresende 1934 über die Hälfte der Pfarrer
und angehenden Pfarrer in der BK vereinigen.

Die Pfarrer der BK blieben manchmal in ihren bisherigen Landeskirchen angestellt; die Landesbischöfe, die inzwischen auch in unierten Kirchen berufen worden waren, deren Tradition dies widersprach (z. B. in der Pfalz), übten sich in der Gradwanderung, die BK-Pfarrer wo möglich zu integrieren und hielten die Spaltung weitgehend innerhalb der Kirche. Damit reichte sie allerdings zum Teil auch in die einzelnen Gemeinden hinein.

Noch spielten dabei die NS-Verbrechen, die die Kirche nicht unmittelbar betrafen, allenfalls eine untergeordnete Rolle. So gab es z. B. auf einen Aufruf »Zur Lage der deutschen Nichtarier« von Elisabeth Schmitz 1934 von 200 Adressaten der Bekennenden Kirche keine nachhaltige Reaktion.

Diese Spaltung der evangelischen Kirche durchkreuzte die Pläne des NS-Regimes, eine einheitliche, gehorsame Kirche in Deutschland einzurichten. Um die staatliche Kontrolle über die ganze Kirche zu gewinnen, wurden ab 1935 sogenannte Kirchenausschüsse gebildet, in denen die BK und die anderen Vertreter der Landeskirchen zusammenarbeiten sollten. Dies wiederum spaltete die BK, von der die einen in den Ausschüssen mitarbeiten wollten, die anderen jede Zusammenarbeit ablehnten.

Im März 1936 endlich wandte sich die BK mit einer nicht öffentlichen Denkschrift an Adolf Hitler, der sich nicht nur mit den Angelegenheiten der Kirche befasste, sondern auch die übrigen Missstände im Reich thematisierte: rassistische Anschauungen, Konzentrationslager, Staatsterror. Die darauf erfolgte scharfe Reaktion der Nationalsozialisten, die sich auch in Verhaftungen ausdrückte, führte zu noch größerer Entschiedenheit der Gegner.

1937 gaben die Nationalsozialisten ihre Rücksicht auf die Kirchen und auf Verträge weitgehend auf. Theologen wurde die weitere Ausbildung verboten, Pfarrer wurden zum Kriegsdienst eingezogen, es erfolgten weitere Verhaftungen, auch höherrangiger Kirchenfunktionäre. Auch in der evangelischen Kirche waren es letztendlich Einzelpersonen, die sich für Anpassung, Taktieren, für Opposition im Interesse der Kirche oder eben für den politischen Widerstand im engeren Sinne entschlossen.

Zu den Ausbrüchen der Nationalsozialisten am 8./9. November 1938 schwieg die Kirche, Protest ging nur von einzelnen Theologen aus.

Literatur: Kurt Dietrich Schmidt (Hrsg.): Die Bekenntnisse und grund-
sätzlichen Äußerungen zur Kirchenfrage des Jahres 1933. Göttingen 1934;
Wolfgang Gerlach: Als die Zeugen schwiegen. Bekennende Kirche und die
Juden. Berlin ²1993

Einzelne Theologen

Paul Schneider

Paul Robert Schneider wurde 1897 in Pferdsfeld (Hundsrück)
geboren. Der Pfarrerssohn legte 1915, kurz nach dem Tod der
Mutter, das Notabitur ab. Er meldete sich freiwillig zur Teilnahme am Ersten Weltkrieg und wurde an die Ostfront geschickt.
Als Verwundeter mit dem EK II ausgezeichnet, kam er nach
kurzer Pause an die Westfront nach Verdun. 1918 verließ der die
Armee als Leutnant. Er nahm das Studium der Evangelischen
Theologie in Gießen auf, das er in Marburg und in Tübingen
fortsetzte und abschloss. Seine erste Stelle war die eines Hilfs-
predigers in Essen-Altstadt.

Nach dem plötzlichen Tod seines Vaters 1926 wurde er auf
Antrag von dessen Gemeinde dessen Nachfolger in Hochelheim
und Dornholzhausen. Verhielt er sich bis 1933 noch zurückhaltend, was die Entwicklung der NSDAP betraf, so bezog er nach
der Machtübernahme Hitlers schnell Stellung. Am »Tag von
Potsdam« lehnte er die Beflaggung der Kirche ab. Er trat dem
Pfarrernotbund und der Bekennenden Kirche bei, doch seine
Kritik ging über deren Bedenken hinaus. Er wurde 1934 auf
eigenen Wunsch in die Gemeinden Dickenschied und Womrath
im Hunsrück versetzt. Auch hier blieb freilich die Kritik an der
Staatsmacht dieselbe. Zu einer offenen Auseinandersetzung
kam es bei der Beerdigung eines HJ-Mitglieds in der Nachbarge-
meinde Gemünden. Dem NS-Kreisleiter, der erklärte, der Junge
befinde sich nun im »Himmlischen Sturm Horst Wessel«, wo-
rauf Schneider deutlich widersprach. Am folgenden Tag, dem
13. Juni 1934 wurde Schneider erstmals verhaftet, und zwar für
eine Woche.

Entgegen dem staatlichen Verbot wollte er am 17. März 1935
das »Wort an die Gemeinden« der zweiten Synode der Beken-

nenden Kirche verkünden. Da er eine Unterlassungserklärung nicht unterschrieb, wurde er zur Verhinderung dieser Aktion vom 16. bis zum 19. März eingesperrt. Die nächste Tat, von der sich die NSDAP provoziert fühlte, war die Nichtteilnahme an den unfreien Reichstagswahlen. Stand hier die Gemeinde noch hinter ihm, als aber zwei Familienväter, die lieber zu den Deutschen Christen gehören wollten, ihre Söhne aus dem Konfirmandenunterricht herausnahmen und vom Abendmahl ausgeschlossen werden sollten, auch zwei Lehrer, die im Sinne der Deutschen Christen unterrichteten, gemaßregelt werden sollten, bröckelte die Einheit. Am 31. Mai 1937 kam Schneider in Gestapohaft. Danach wurde er aus der Rheinprovinz ausgewiesen. Auf Wunsch seines Presbyteriums kehrte er allerdings in die Gemeinde zurück und feierte den Erntedank-Gottesdienst. Er wurde noch am selben Tag wieder verhaftet. Im November brachte man ihn in das Konzentrationslager Buchenwald, wo er sich prompt seelsorgerlich betätigte. Am 20. April 1938 verweigerte er jede Ehrenbezeugung für Hitler und die Hakenkreuzfahne und erhielt dafür Stockschläge und Einzelhaft im sogenannten Bunker. Sein Verhalten änderte er deswegen nicht. Aus der Arrestzelle rief er am Ostersonntag den Mitgefangenen auf dem Appellplatz zu, dass er gefoltert werde und konnte das Jesuszitat »Ich bin die Auferstehung und das Leben«, ergänzen, bevor er durch Stockschläge wieder zum Schweigen gebracht wurde. Durch seine Rufe aus der Zelle fühlten sich nicht nur seine evangelischen Mitgefangenen gestärkt. Nach einem Jahr Einzelhaft und Folter waren alle Verfahren gegen ihn wegen Geringfügigkeit eingestellt worden, und nur seine Weigerung, die Ausweisung aus der Rheinprovinz anzuerkennen, verhinderte seine Freilassung. Von der Haft schwer gezeichnet und dem Tode nah, kam er auf die Krankenstation und wurde so gepflegt, dass die unmittelbaren Spuren der Folter nicht mehr zu sehen waren. Dann wurde er am 18. Juli 1939 mit der Überdosis eines Medikamentes getötet. Seine Frau durfte seinen Leichnam abholen. Zur Beerdigung kamen sehr viele Gemeindemitglieder und sogar Trauernde aus dem Ausland, darunter etwa 200 Pfarrer. Daran nahmen sowohl die Gestapo als auch die Leitung der Rheinischen Kirche Anstoß.

Paul Schneiders Witwe überlebte ihn um 63 Jahre, ihre letzten Jahre verbrachte sie in Dickenschied.

Quellen und Literatur: Albrecht Aichelin: Paul Schneider. Ein radikales Glaubenszeugnis gegen die Gewaltherrschaft des Nationalsozialismus. Gütersloh 1994; Wolfgang Benz: Schneider, Paul Robert. In: Neue Deutsche Biographie (NDB) 23 (2007), S. 304f.; Margarete Schneider [Witwe]: Paul Schneider – Der Prediger von Buchenwald. Neu herausgegeben von Elsa-Ulrike Ross und Paul Dieterich, Holzgerlingen 2009

Julius von Jan

Der 1897 in Schweindorf (Württemberg) geborene Pfarrerssohn Julius von Jan wuchs in Blaubeuren auf. Er besuche die Seminare in Maulbronn und Blaubeuren. Gleich im August 1914 meldete er sich als Kriegsfreiwilliger und kämpfte an der Ost- wie an der Westfront. 1917 geriet er in britische Kriegsgefangenschaft. Nach seiner Freilassung studierte er Evangelische Theologie in Tübingen; seine erste Pfarrstelle erhielt er in Herrenteich bei Blaufelden, seine zweite in Brettach.

1935 wurde er nach Oberlenningen am Rande der Schwäbischen Alb versetzt; bald danach wurde er Mitglied der Bekennenden Kirche. In seinem Einsatz für verfolgte Pfarrer und den Auseinandersetzungen mit den Nationalsozialisten und den Deutschen Christen konnte er auf Rückhalt in seiner Gemeinde bauen. 1937 erläuterte er in einer Predigt, dass die Verpflichtung gegenüber Gott höher steht als die gegenüber der Staatsführung, erst recht, wenn diese sich gegen die christliche Lehre stelle. Noch deutlicher wurde seine Bußtagspredigt am 16. November 1938. Zu den Ausbrüchen des 8./9. November glaubte er, nicht schweigen zu dürfen. Er verurteilte sowohl die Verbrechen der Nationalsozialisten selbst als auch die Zurückhaltung, mit der die Kirchenleitung – auch die der BK – darauf reagierte:

> Wenn nun die einen schweigen müssen und die anderen nicht reden wollen, dann haben wir heute wahrlich allen Grund, einen Bußtag zu halten, einen Tag der Trauer über unsre und des Volkes Sünden.
> Ein Verbrechen ist geschehen in Paris. Der Mörder wird seine gerechte Strafe empfangen, weil er das göttliche Gesetz übertreten hat.

Wir trauern mit unserem Volk um das Opfer dieser verbrecherischen Tat. Aber wer hätte gedacht, daß dieses eine Verbrechen in Paris bei uns in Deutschland so viele Verbrechen zur Folge haben könnte? Hier haben wir die Quittung bekommen auf den großen Abfall von Gott und Christen auf das organisierte Antichristentum. Die Leidenschaften sind entfesselt, die Gebote Gottes mißachtet; Gotteshäuser, die andern heilig waren, sind ungestraft niedergebrannt worden, das Eigentum der Fremden geraubt oder zerstört; die unsrem deutschen Volk treu gedient haben und ihre Pflicht gewissenhaft erfüllt haben, wurden ins KZ geworfen, bloß weil sie einer andern Rasse angehörten! Mag das Unrecht auch von oben nicht zugegeben werden – das gesunde Volksempfinden fühlt es deutlich, auch wo man nicht darüber zu sprechen wagt.

Und wir als Christen sehen, wie dieses Unrecht unser Volk vor Gott belastet und seine Strafen über Deutschland herbeiziehen muß. Denn es steht geschrieben: Irret euch nicht! Gott läßt seiner nicht spotten. Was der Mensch sät, das wird er auch ernten! Ja, es ist eine entsetzliche Saat des Hasses, die jetzt wieder ausgesät worden ist. Welche entsetzliche Ernte wird daraus erwachsen, wenn Gott unsrem Volk und uns nicht die Gnade schenkt zu aufrichtiger Buße. […]
Zit. nach: DIE ZEIT vom 03.11.1978

Erneut beklagte er diese Missstände am 23. November.

Zwei Tage später wurde Julius von Jan von der SA verhaftet und kam zunächst in »Schutzhaft« nach Stuttgart. Von dort entlassen, wurde er aus Württemberg ausgewiesen und in Ortenburg aufgenommen. Sein Prozess fand 1939 vor einem Sondergericht statt, das ihn wegen Verstoßes gegen den sogenannten Kanzelparagraphen und wegen Hochverrats zu 16 Monaten Haft verurteilte, und er wurde zunächst nach Landsberg am Lech gebracht. Die Kirchenleitung setzte zwar ihren Einfluss ein, um ihn vor der Verschleppung in ein Konzentrationslager zu bewahren, doch erhielt er eine Suspendierung und ein Disziplinarverfahren wegen des politischen Charakters seiner Stellungnahmen. 1940 wurde er zwar aus der Haft entlassen und war drei Jahre als Pfarrer in Bayern tätig. 1943 wurde er an die Ostfront eingezogen. Aufgrund einer Gelbsuchtinfektion konnte er nach einigen Monaten heimkehren und überlebte den Krieg.

Im September 1945 kehrte er nach Oberlenningen zurück, wo seine Gemeinde noch immer zu ihm stand. 1949 wurde er in die Johanneskirchengemeinde Zuffenhausen versetzt, musste die Gemeindeseelsorge aber aus gesundheitlichen Gründen (Spätfolgen der Haft) aufgeben. 1964 starb Julius von Jan in Korntal, wo er in der Brüdergemeinde seine letzten Lebensjahre verbracht hatte.

Quellen und Literatur: Julius von Jan: *Im Kampfe gegen den Antisemitismus – Erlebnisse im Dritten Reich*. In: Stuttgarter Evangelisches Sonntagsblatt Nr. 34 (25. August 1957) und 35 (1. September 1957); Thomas Wolfes: Julius von Jan. In: Biographisch-Bibliographisches Kirchenlexikon (BBKL) 18 (2001), Sp. 752–760

Katholische Kirche

Am 20. Juli 1933 hatte die Katholische Kirche das Reichskonkordat mit Hitler abgeschlossen in der Hoffnung, damit ihre Schulen und Verbände vor dem Zugriff der Nationalsozialisten gesichert zu haben. Diese Erwartungen erfüllten sich allerdings nicht, da Hitler seine Zusicherungen nur aus taktischen Gründen gegeben hatte. Obwohl schon vor dem Abschluss des Konkordats die Arbeit der Kirche gestört worden war, neigte der Vorsitzende der deutschen Bischofskonferenz Kardinal Bertram, Fürst- und Erzbischof von Breslau, eher zu verhaltener Kritik gegen die Nationalsozialisten. Mit dem Verbot der politischen Betätigung für Priester zog sich die Kirche aus dem politischen Leben weitgehend zurück. Sie konzentrierte sich darauf, die Gläubigen angesichts der Lockungen und Drohungen der NSDAP bei der Stange zu halten und die totale Vereinnahmung der Menschen zu verhindern. Dazu diente z. B. sehr erfolgreich die »Jugendzeitung Junge Front/Michael«, die noch im Juli 1934 eine Auflage von 200 000 Exemplaren vorwies.

Widerstand im eigentlichen Sinne leisteten am ehesten Ortspfarrer, Ordensgeistliche und überzeugte Laien. Öfter als evangelische Pfarrer gerieten sie in Konflikt mit der Staats- und Parteimacht. Während es jenen aber dann um sehr grundsätzliche Dinge wie die Frage des Antisemitismus ging, spielte bei den Priestern auch die Rivalität um den größten Einfluss bei den Menschen eine größere Rolle. So brachte die Verteidigung der Jugendarbeit Hunderte katholischer Pfarrer (aber auch einige evangelische) in das KZ Dachau.

Zu den Geistlichen, die sehr früh mit dem Nationalsozialismus in Kontakt kamen und eine durchaus ambivalente Haltung einnahmen, gehörte der Münchner Seelsorger Rupert Mayer.

Pater Rupert Mayer

Rupert Mayer wurde am 23. Januar 1876 in Stuttgart geboren und studierte Katholische Theologie in Fribourg/Schweiz, München und Tübingen. Seine Priesterweihe fand am 2. Mai 1899 in Rottenburg statt; 1900 trat er in den Jesuitenorden ein, der ihn zur Ausbildung nach Österreich und in die Niederlande schickte. Er arbeitete in der Volksmission und betreute Zuwanderer in München. Mayer zog als Divisionspfarrer in den Ersten Weltkrieg. Durch eine Verletzung verlor er das linke Bein. Als Seelsorger nach München zurückgekehrt, erlebte er 1919 erstmals einen Auftritt von Hitler. Nach einem positiven ersten Eindruck nahm er immer stärkeren Anstoß an Inhalt und Form von Hitlers Auftreten, nannte ihn schließlich einen »Hysteriker«.[7] 1921 berief ihn der Münchner Erzbischof Kardinal Faulhaber zum Präses der Marianischen Männerkongregation, in welcher Funktion Mayer seine intensive und erfolgreiche Seelsorgearbeit weiter entfaltete. Da er sich dabei weder von den im Aufstieg begriffenen noch von den an die Macht gelangten Nationalsozialisten in seiner Glaubensverkündigung einschüchtern ließ, erregte deren Argwohn. Manches deutet darauf hin, dass sie ihn auf ihre Seite ziehen und für ihre Propaganda gewinnen wollten. 1923 erklärte er bei einer Veranstaltung der NSDAP, zu der er eingeladen worden war, dass man keinesfalls Nationalsozialist und Katholik zugleich sein könne. Dennoch erhielt er zu seinem

---

7   Rupert Mayer: Der Nationalsozialismus und meine Wenigkeit. In: ders.: Leben im Widerspruch. Autobiographische Texte, Prozess vor dem Sondergericht, Reden und Briefe. Hrsg. von Roman Bleistein. Frankfurt 1991, S. 55–135, hier S. 58.

25-jährigen Priesterjubiläum 1924 ein Glückwunschtelegramm von Hitler aus dessen Haftort Landsberg, das Mayer aber, wie er 1937 erklärte, sofort vernichtet habe. Mayers Kritik am Nationalsozialismus konzentrierte sich durchaus auf die Punkte, in denen die Rechte der katholischen Kirche angegriffen wurde. Unterstützung für Verfolgte versuchte er, nur heimlich zu leisten.

Am 7. April 1937 wurde über Rupert Mayer ein Predigtverbot verhängt, zwei Monate später wurde er wegen Verstoßes gegen diese Vorschrift verhaftet, jedoch nach einer Verurteilung vor einem Sondergericht aber auch massiven Protesten der Kirchenleitung und der katholischen Bevölkerung wieder freigelassen. Im Januar 1938 erfolgte erneut eine vorübergehende Verhaftung. Aufgrund seiner strikten Wahrung des Beichtgeheimnisses wurde er im November in das Konzentrationslager Sachsenhausen gebracht, durfte aber wegen seiner schlechten Gesundheit 1940 in das Kloster Ettal umziehen. Nach dem Ende der NS-Herrschaft nahm er seinen Dienst in München wieder auf, bis er am 1. November 1945 an einem Schlaganfall starb.

Literatur: Mayer, Rupert / Bleistein, Roman (Hrsg.): Leben im Widerspruch. Autobiographische Texte, Prozeß vor dem Sondergericht, Reden und Briefe. Frankfurt am Main 1991; Rita Haub: Rupert Mayer. Der Wahrheit verpflichtet. Kevelaer 2004; Simone Schmidt: Rupert Mayer (1876–1945). In: Stickler, Matthias (Hrsg.): Portraits zur Geschichte des deutschen Widerstands. [Historische Studien der Universität Würzburg VI], Würzburg 2005, S. 57–76

Max Josef Metzger

Der 1887 in Schopfheim (Baden) geborene Max Josef Metzger war der Sohn eines Lehrers und studierte nach dem Abitur 1905 katholische Theologie in Freiburg im Breisgau, dann in Fribourg in der Schweiz. 1910 promovierte er in Freiburg, es folgten Priesterweihe und Kaplanjahre in Nordbaden. Im Ersten Weltkrieg war er Divisionspfarrer an der französischen Front und wurde ein entschiedener Gegner des Kriegs. 1915 beendete er wegen Krankheit den Militärdienst und wurde in Graz Suchtkrankenfürsorger. 1917 gründete er den »Friedensbund deutscher Katholiken« sowie den »Weltfriedensbund vom Weißen Kreuz« und engagierte sich in der »Christkönigsgesellschaft«

und im »Kreuzbund-Verband abstinenter Katholiken«. 1918 gab
er »Friede auf Erden« heraus, eine Schrift, die 1943 vom Volksgerichtshof gegen ihn verwendet wurde. Mitsamt dem Sitz der
»Christkönigsgesellschaft« siedelte er 1928 nach Meitingen bei
Augsburg um und übernahm das St. Johannesheim für Sucht-
kranke. Dort entstanden ein Kindergarten, ein Altersheim, ein
Verlag und eine Buchhandlung.

Bereits 1932 zeigte er sich in einem Brief an Papst Pius XI.
besorgt über die Rüstungsanstrengungen in Europa. Seine
pazifistische Grundhaltung machte ihn 1933 den neuen Machthabern umgehend verdächtig, und er wurde überwacht. 1934
wurde er erstmals verhaftet aufgrund seiner Veröffentlichung
»Die Kirche und das neue Deutschland«.

Auch mit der kirchlichen Obrigkeit kam es zu Meinungs-
verschiedenheiten. So feierte Metzger 1937 in der St.-Wolf-
gangs-Kirche in Meitingen eine Messe, in der er der Gemeinde
zugewandt war, was jedoch erst in den 60er-Jahren erlaubt
wurde. 1938/39 gründete er die Bruderschaft »Una Sancta«, die
auf die Annäherung zwischen evangelischer und katholischer
Kirche hinarbeitet.

Nachdem Max Josef Metzger im November/Dezember 1939
zum zweiten Mal inhaftiert worden war, zog er 1940 nach Ber-
lin-Wedding um. Verraten von einer Gestapo-Agentin wurde er
am 29. Juni 1943 erneut verhaftet und in Plötzensee festgehalten.
Anlass war sein »Memorandum«, das er ihr zur Übergabe an
einen schwedischen Bischof ausgehändigt hatte. Darin schlug
Max Joseph Metzger für die deutsche Nachkriegsordnung vor:

Deutschland ist ein Bund von demokratisch geführten Freistaaten. Jeder
Freistaat ist im Rahmen der deutschen Verfassung selbständig in Bezug
auf Innenpolitik, kulturelle, soziale Angelegenheiten und Verwaltung.
Die Außenpolitik ist gemeinsam und der Führung des Staatenbundes
vorbehalten. Die Politik Deutschlands ist nach innen und außen verfassungsmäßig festgelegt als eine redliche Friedenspolitik auf der Grundlage sittlicher Wahrheit und Treue sowie sozialer Gerechtigkeit.

Die Friedenspolitik nach innen gründet auf der Achtung des ewigen
Sittengesetzes, auf der Anerkennung und Wahrung des gleichen Grund-
rechtes für alle Bürger, einer fortschrittlichen Sozialpolitik (Sicherung von

Arbeit, Verdienst und Lebensmöglichkeit für alle, Nationalisierung aller Bergwerke, Kraftwerke, Eisenbahnen sowie des Großgrundbesitzes an Feld, Wald und Seen, soziale Steuerpolitik unter Schonung der Schwachen) und einer gerechten Nationalitäten- und Rassenpolitik (Selbstverwaltung der nationalen Kurien z.B. in Bezug auf die öffentlichen Mittel für Schulzwecke).

Die Friedenspolitik nach außen anerkennt und achtet in vollstem Umfang die Lebensrechte fremder Völker und vertritt bzw. verwirklicht freiwillig eine Abrüstung (bis auf eine Polizeitruppe zur Aufrechterhaltung der inneren Ordnung) zu Gunsten einer überstaatlichen Wehrmacht, die im Dienst eines unparteiischen Organs der »Vereinigten Staaten von Europa« einen gerechten Frieden unter den Staaten zu schützen übernimmt.

Verfassungsmäßig ist jedem Deutschen die Unantastbarkeit der persönlichen Würde und Rechtssicherheit, die Freiheit des Gewissens, der Sprache und Kultur sowie der Religionsausübung, die Freiheit der Meinungsäußerung und schließlich die Freiheit des persönlichen Eigentums und Eigentumsgebrauches innerhalb der durch das Gemeinwohl bestimmten und rechtlich festgelegten Grenzen gewährleistet. [...]

Zit. nach: http://www2.comanitas.com/uploads/media/memo.pdf (20.06.2013): Abschrift aus den Akten des Deutschen Bundesarchivs in Berlin, BArch NJ 13512

Wegen Hochverrats und Feindbegünstigung wurde er vom Volksgerichtshof in Berlin zum Tode verurteilt. Noch in der Todeszelle in Brandenburg-Goerden verfasste er zahlreiche Briefe, Gedichte und theologische Abhandlungen. Am 17. April 1944 wurde Max Josef Metzger hingerichtet.

Literatur: Hugo Ott: Dokumentation zur Verurteilung des Freiburger Diözesanpriesters Dr. Max Josef Metzger und zur Stellungnahme des Freiburger Erzbischofs Dr. Conrad Gröber. In: Freiburger Diözesan Archiv Bd. 90 (1970), S. 313–315; Klaus Drobisch: Wider den Krieg. Dokumentarbericht über Leben und Sterben des katholischen Geistlichen Dr. Max Josef Metzger. Berlin 1970; Marianne Möhring: Metzger, Max Josef. In: Neue Deutsche Biographie (NDB) 17 (1994), S. 255f.; Dagmar Pöpping: Abendland. Christliche Akademiker und die Utopie der Antimoderne 1900–1945. Berlin 2002, S. 187–199

Gertrud Luckner

Gertrud Luckner wurde am 26. September 1900 in Liverpool geboren und hieß damals Jane Hartman. Sie wurde der kinderlosen Pflegefamilie Luckner übergeben, die sie aufzog und 1922 adoptierte. 1925 legte sie in Königsberg das Abitur ab und studierte anschließend Volkswirtschaft in Königsberg, Frankfurt, Birmingham und Freiburg. Sie engagierte sich ebenso in der Quäker-Bewegung wie im Friedensbund deutscher Katholiken. 1930 legte sie das Staatsexamen ab, 1938 promovierte sie und nahm, nachdem sie 1934 katholisch getauft worden war, eine Stelle beim Deutschen Caritasverband in Freiburg an, die eine Lebensstellung wurde.

Gleich nach Hitlers Machtübernahme wurde ihre Post überwacht, da sie die vielen Kontakte ins Ausland und ihr Einsatz für den Pazifismus verdächtig gemacht hatten. Heimlich und nachhaltig begann sie, ihr Netzwerk nicht nur ins Ausland, sondern auch zu Protestanten und Juden (Leo Baeck) für die Rettung Verfolgter des NS-Regimes zu nutzen. Als Mitarbeiterin einer katholischen Einrichtung hatte sie dazu Genehmigung und Unterstützung des Verbandspräsidenten Benedikt Kreutz und ihres Erzbischofs Conrad Gröber. Sie beschaffte Geld und Pässe, Nahrungsmittel und Medikamente, sorgte für Unterschlupf und Transportwege. Auch zeigte sie sich öffentlich mit Juden, nachdem diese verpflichtet waren, einen Stern als Erkennungszeichen zu tragen.

Im März 1943 wurde Gertrud Luckner aufgrund der Anzeige einer Mitarbeiterin anlässlich der Unterbringung eines jüdischen Kindes in »Schutzhaft« genommen und nach der Verlegung in verschiedene Gefängnisse sowie endlosen nächtlichen Verhören in das Konzentrationslager Ravensbrück verbracht, wo sie Zwangsarbeit leisten musste und erst bei der Einholung eines Räumungsmarsches von Ravensbrück durch die Rote Armee befreit wurde.

Trotz der gesundheitlichen Spätfolgen der Lagerhaft kehrte sie nach dem Krieg an ihren früheren Arbeitsplatz zurück. Den Verfolgten des NS-Regimes half sie auch weiterhin, 1951 erhielt sie eine Einladung nach Israel, später auch die Aufnahme unter

die »Gerechten der Völker«. Als Ehrenbürgerin von Freiburg
starb sie am 31. August 1995 ebendort.

Quellen und Literatur: Gertrud Luckner: Die Selbsthilfe der Arbeitslosen
in England und Wales. Auf Grund der englischen Wirtschafts- und Ideen-
geschichte. Freiburg (Diss.) 1938; Gertrud Luckner / Else Behrend-Rosenfeld
(Hrsg.): Lebenszeichen aus Piaski. Briefe Deportierter aus dem Distrikt Lublin
1940–1943. München 1968; Angela Borgstedt: »… zu dem Volk Israel in einer
geheimnisvollen Weise hingezogen«. Der Einsatz von Hermann Maas und
Gertrud Luckner für verfolgte Juden. In: Michael Kißener (Hrsg.): Widerstand gegen die Judenverfolgung. Universitäts-Verlag Konstanz, Konstanz
1996, S. 227–259; Irmgard Dickmann-Schuth: Gertrud Luckner. 26.09.1900 –
31.08.1995. Freiburg 1999; Reiner Haehling von Lanzenauer: Gertrud Luckner,
Helferin der Bedrängten. In: Reinhold-Schneider-Blätter 17 (2005), S. 35–57

Die Enzyklika »Mit brennender Sorge«

Schon in der Zeit nach Edith Steins Brief war vom Papst der
Auftrag zur Formulierung einer Enzyklika ergangen. Doch der
Entwurf, der zuerst entstand, wies Mängel auf und war schon
überholt, als er fertig war. Am 14. März 1937 allerdings veröffent-
lichte der Papst die von Kardinalstaatssekretär Eugenio Pacelli,
den Bischöfen Michael von Faulhaber (München und Freising),
Konrad Graf von Preysing (Berlin), Carl-Joseph Schulte (Köln),
Clemens August Graf von Galen (Münster) und Adolf Bertram
(Breslau) initiierte bzw. verfasste Enzyklika »Mit brennender
Sorge«. Sie wurde überall verteilt und am 21. März auf allen
Kanzeln verlesen. Nicht nur die zahllosen Konkordatsverletzun-
gen wurden angeprangert, auch die Rassenideologie wurde als
Irrtum verurteilt:

[…] 11. Wer nach angeblich altgermanisch-vorchristlicher Vorstellung
das düstere unpersönliche Schicksal an die Stelle des persönlichen
Gottes rückt, leugnet Gottes Weisheit und Vorsehung, die »kraftvoll und
gütig von einem Ende der Welt zum anderen waltet« und alles zum guten
Ende leitet. Ein solcher kann nicht beanspruchen, zu den Gottgläubigen
gerechnet zu werden.

12. Wer die Rasse, oder das Volk, oder den Staat, oder die Staatsform,
die Träger der Staatsgewalt oder andere Grundwerte menschlicher
Gemeinschaftsgestaltung – die innerhalb der irdischen Ordnung einen

wesentlichen und ehrengebietenden Platz behaupten – aus dieser ihrer irdischen Wertskala herauslöst, sie zur höchsten Norm aller, auch der religiösen Werte macht und sie mit Götzenkult vergöttert, der verkehrt und fälscht die gottgeschaffene und gottbefohlene Ordnung der Dinge. Ein solcher ist weit von wahrem Gottesglauben und einer solchem Glauben entsprechenden Lebensauffassung entfernt. […]

15. Nur oberflächliche Geister können der Irrlehre verfallen, von einem nationalen Gott, von einer nationalen Religion zu sprechen, können den Wahnversuch unternehmen, Gott, den Schöpfer aller Welt, den König und Gesetzgeber aller Völker, vor dessen Größe die Nationen klein sind wie Tropfen am Wassereimer, in die Grenze eines einzelnen Volkes, in die blutmäßige Enge einer einzelnen Rasse einkerkern zu wollen. […]

Zit. nach: http://www.vatican.va/holy_father/pius_xi/encyclicals/documents/hf_p-xi_enc_14031937_mit-brennender-sorge_ge.html (12.06.2013)

Noch im selben Jahr wurden die katholischen Schulen enteignet. Im folgenden Jahr geriet der Bischof von Rottenburg-Stuttgart, Johann Baptist Sproll (1870–1949), der schon von Beginn an klar Stellung gegen die NSDAP bezogen hatte, ins Visier der Nationalsozialisten. Er verweigerte die Beteiligung bei der Abstimmung über den »Anschluss« Österreichs am 10. April 1938.

Die NSDAP organisierte deswegen Demonstrationen gegen den Bischof; die Gestapo zerstörte seine Wohnungseinrichtung und verbot ihm den Aufenthalt in seiner Diözese. Er begab sich zuerst zum Erzbischof von Freiburg Conrad Groeber, dann über viele Stationen, was seine Gesundheit stark belastete, nach Krumbach im Bistum Augsburg, wo er von den Ursberger Schwestern aufgenommen und gepflegt wurde, bis er 1945 schwer krank in sein Bistum zurückkehren konnte.

Literatur: Paul Kopf: Joannes Baptista Sproll, Leben und Wirken. Zum 50. Jahrestag der Vertreibung des Rottenburger Bischofs am 24. August 1938; Sigmaringen 1988; Dominik Burkard: Joannes Baptista Sproll. Bischof im Widerstand, Stuttgart 2013

Die österreichischen Bischöfe dagegen sendeten 1938 unter dem Wiener Erzbischof Theodor Innitzer eine sehr positive Grußbotschaft an Hitler, die in dieser Form allerdings auf päpstliche Anordnung hin wieder zurückgenommen werden musste.

Nicht mit dem Segen der Kirche, aber aus dem Wunsch heraus, dieser zu nützen, handelte der Theologiestudent Maurice Bavaud (geb. 1916) aus Neuchâtel, der im Oktober und erneut im November 1938 versuchte, an der Münchner Feldherrnhalle und auf dem Obersalzberg Hitler zu töten. In München kam er allerdings nicht nahe genug an Hitler heran. Auch in Berchtesgaden gelang es ihm nicht. Als er seinen Plan aufgegeben hatte, stieg er in den Zug nach Paris, hatte sich aber aus Geldmangel keine Fahrkarte mehr kaufen können. Bei einer Kontrolle fiel er auf, und bei dieser Gelegenheit wurde seine Pistole entdeckt. Bavaud wurde festgenommen und von der Gestapo gefoltert. Dabei gestand er seine Pläne. Vor dem Volksgerichtshof angeklagt, erwähnte er unter seinen Motiven, dass Hitler ein Feind der Schweiz und der katholischen Kirche sei. Bavaud wurde zum Tode verurteilt. Die Schweiz lehnte einen Gefangenenaustausch ab. Bavaud wurde 1941 in Plötzensee hingerichtet.

Literatur: Klaus Urner: Der Schweizer Hitler-Attentäter. Drei Studien zum Widerstand und seinen Grenzbereichen. Systemgebundener Widerstand, Einzeltäter und ihr Umfeld, Maurice Bavaud und Marcel Gerbohay. Frauenfeld 1980; Rolf Hochhuth: Tell gegen Hitler. Historische Studien. Mit einer Rede von Karl Pestalozzi. Frankfurt a. M. 1992; Luc Weibel: Bavaud, Maurice. In: Historisches Lexikon der Schweiz. Bd. II, Basel 2003, S. 119f.

Zeugen Jehovas

Die Zeugen Jehovas, die sich bis in die 30er-Jahre »Ernste Bibelforscher« nannten, hatten damals 25 000 bis 30 000 Mitglieder im Deutschen Reich. Sie hielten sich zwar grundsätzlich aus Überzeugung fern von der Politik, verweigerten sich aber andererseits noch gründlicher als jede andere Gruppe der nationalsozialistischen Vereinnahmung: Sie boten keinen Hitlergruß und verweigerten konsequent den Wehrdienst, gingen nicht zur Wahl und traten keinen staatlichen oder Parteiorganisationen bei. Gleich 1933 wurden sie unter dem künstlichen Verdacht, von Juden und Freimaurern bezahlt zu sein, verboten, betrieben jedoch heimlich ihre Missionsarbeit weiter.

Dank ihrer internationalen Verbindungen veranlassten sie 1934 eine Telegrammaktion, bei der Adolf Hitler etwa 20 000

Protestzuschriften gegen die Behandlung der Zeugen Jehovas in seinem Land erhielt.

Nachdem Hitler und die Nationalsozialisten zunächst in internen Schriften wegen ihres Verhaltens verurteilt wurden, veranstalteten die Zeugen Jehovas 1936/37 als vom NS-Terror besonders betroffene Gruppe (etwa ein Drittel von ihnen wurde in KZ-Haft genommen) eine Flugblattaktion, in der sie über die Zustände in den Konzentrationslagern informierten. Da jedoch die Berichte vor allem auf Zeugen Jehovas selbst bezogen waren und die Flugblätter auch Anklagen gegen die großen Kirchen und daneben auch abwegige Behauptungen enthielten, erreichte die Flugblattaktion – übrigens die Größte während Hitlers Herrschaft – trotz ihres aufklärerischen Charakters keine Unterstützung durch andere Gruppen.

In den Konzentrationslagern pflegten die Zeugen Jehovas, die oft besonderen Schikanen der Bewacher ausgesetzt waren, wie die Kommunisten einen ausgeprägten Zusammenhalt, der manchem von ihnen das Leben rettete. Die Chance durch einen Treueeid für Adolf Hitler freizukommen, nutzten sie in der Regel nicht. Es wurden schätzungsweise 1200 Mitglieder ihrer Vereinigung ermordet.

Literatur: Detlef Garbe: Zwischen Widerstand und Martyrium. Die Zeugen Jehovas im »Dritten Reich«. [Studien zur Zeitgeschichte. Bd. XLII] München ⁴1999; Hubert Roser: Widerstand als Bekenntnis. Die Zeugen Jehovas und das NS-Regime in Baden und Württemberg. Ort 1999; Gerald Hacke: Die Zeugen Jehovas im Dritten Reich und in der DDR. Feindbild und Verfolgungspraxis [Schriften des Hannah-Arendt-Instituts für Totalitarismusforschung, Bd. XLI] Göttingen 2011

Reichswehr bzw. Wehrmacht

Die Soldaten der Reichswehr wurden – seit Wiedereinführung der allgemeinen Wehrpflicht und der Umbenennung in »Wehrmacht« – im wahrsten Sinne des Wortes auf Hitler eingeschworen. Mit der Wiederaufrüstung und den Expansionsplänen Hitlers waren die Offiziere mehrheitlich einverstanden.

An der Führungsspitze allerdings gab es Veränderungen. Der von Hitler bevorzugte Werner von Blomberg (1878–1946) wurde zwar 1935 zum Reichskriegsminister und Generalfeldmarschall ernannt, danach allerdings wegen der Eheschließung mit einer Prostituierten aus dem Amt gedrängt. Der Oberbefehlshaber des Heeres Fritsch war zwar ein überzeugter Nationalsozialist, stellte sich aber gegen die Expansionspläne der Regierung und wurde daher mithilfe Görings und der SS unter dem Vorwurf der Homosexualität ebenfalls aus der Armee beseitigt. Während Fritsch selbst dadurch nicht von seiner Begeisterung für Hitler abgebracht wurde, zeigten sich viele andere Offiziere empört über den Umgang mit ihresgleichen und gingen auf Distanz zur NS-Führung. Außer Hans Oster war dies z. B. auch Generaloberst Ludwig Beck, der die Generalität dafür gewinnen wollte, im Falle weiterer Kriegsvorbereitungen geschlossen zurückzutreten.

Ludwig Beck

Ludwig Beck wurde 1880 in Biebrich (Hessen) geboren und entschloss sich gleich nach dem Abitur 1898 für eine Laufbahn in der Preußischen Armee, womit er eine Familientradition fortsetzte. Sein erster Standort war Straßburg. Schon 1899 wurde er zum Leutnant befördert. Als Absolvent der Kriegsakademie in Berlin wurde er 1913 Mitglied des Großen Generalstabes. In dieser Funktion nahm er als Kommandant an der Westfront am Ersten Weltkrieg teil. 1919 in die Reichswehr übernommen, wurde er 1933 Chef des Truppenamts im Reichswehrministerium, 1935 in der Wehrmacht Generalstabschef des Heeres und General. Schon 1937 hatte er vor der Eile, die Hitler bei seinen Expansionsplänen an den Tag legte, gewarnt. Weder seine Aufforderung an die Generäle zum gemeinsamen Rücktritt noch der Umsturzplan im Sommer 1938 kamen zu einem erfolgreichen Abschluss. Daraufhin nahm er seinen Abschied. Ludwig Beck arbeitete mit Widerstandsvertretern in und außerhalb der Wehrmacht zusammen. Er verfasst Texte für den Tag des Umsturzes und ist in verschiedenen Entwürfen als Staatsoberhaupt mit dem Titel »Reichsverweser« vorgesehen. Nach dem Scheitern des Anschlages vom 20. Juli 1944 wurde er noch am selben Abend im

Bendlerblock in Berlin festgenommen. Als ihm die Gelegenheit zum Selbstmord gewährt wurde, trafen seine Kugeln nicht tödlich, und er wurde von einem Wehrmachtsoffizier erschossen.

Literatur: Klaus-Jürgen Müller: General Ludwig Beck: Studien und Dokumente zur politisch-militärischen Vorstellungswelt und Tätigkeit des Generalstabschefs des deutschen Heeres 1933–1938. Boppard 1980; Joachim Fest: Staatsstreich. Der lange Weg zum 20. Juli. Berlin 1994; Klaus-Jürgen Müller: Klaus-Jürgen Müller: Generaloberst Ludwig Beck. Eine Biographie. Paderborn 2008

Am 16. Juli 1938 erklärte Beck in seinem Aufruf an die Generäle:

> Es stehen hier letzte Entscheidungen für den Bestand der Nation auf dem Spiel; die Geschichte wird diese Führer mit einer Blutschuld belasten, wenn sie nicht nach ihrem fachlichen und staatspolitischen Wissen und Gewissen handeln. Ihr soldatischer Gehorsam hat dort eine Grenze, wo ihr Wissen, ihr Gewissen und ihre Verantwortung die Ausführung eines Befehls verbietet. Finden ihre Ratschläge und Warnungen in solcher Lage kein Gehör, dann haben sie das Recht und die Pflicht vor dem Volk und vor der Geschichte, von ihren Ämtern abzutreten. Wenn sie alle in einem geschlossenen Willen so handeln, ist die Durchführung einer kriegerischen Handlung unmöglich. Sie haben damit ihr Vaterland vor dem Schlimmsten, vor dem Untergang bewahrt. Es ist ein Mangel an Größe und an Erkenntnis der Aufgabe, wenn ein Soldat in höchster Stellung in solchen Zeiten seine Pflichten und Aufgaben nur in dem begrenzten Rahmen seiner militärischen Aufträge sieht, ohne sich der höchsten Verantwortung vor dem gesamten Volke bewusst zu werden.
> *Zit. nach: Müller: General Ludwig Beck, S. 552f.*

Generaloberst Beck fand jedoch für sein Ansinnen keine Zustimmung und zog die Konsequenz, allein zurückzutreten. Er bewahrte aber seine Kontakte zur Abwehr (Wilhelm Canaris und Hans Oster).

Ein weiterer hoher Offizier, der mit Hitlers Plänen schon relativ früh nicht einverstanden war, war Erwin von Witzleben.

Erwin von Witzleben

Erwin von Witzleben wurde 1881 in Breslau geboren. Er stammte aus einer alten thüringischen Adelsfamilie und setzte mit seiner Berufswahl Familientradition fort. Nach seiner Kadettenzeit wurde von Witzleben 1901 Leutnant in einem Grenadier-Regiment in Liegnitz. Am Ersten Weltkrieg nahm er als Hauptmann an der Westfront teil und kämpfte in Verdun und in Flandern. Nach einer schweren Verwundung wurde er für die Mitarbeit im Generalstab ausgebildet, danach in die Reichswehr übernommen. Sowohl in der Weimarer Republik als auch in den ersten Jahren der NS-Herrschaft wurde von Witzleben befördert und erreichte 1936 den Rang eines Generals der Infanterie. Allerdings hatte er schon 1934 anlässlich des »Röhm-Putsches« gegen die Ermordung zweier Generäle protestiert und eine Untersuchung der Vorgänge verlangt. Er stand Generaloberst Ludwig Beck nahe und sollte in dem im Spätsommer 1938 geplanten Putsch gegen Hitler eine herausgehobene Rolle übernehmen, da er das Kommando über Einheiten in Berlin innehatte. Ebenso war er in die Pläne aus dem Jahr 1939 involviert, nach denen Hitler bei einem Besuch der Truppen festgenommen werden sollte. Auch dieser Plan wurde aber nicht ausgeführt.

1940 wurde von Witzleben als einer der Kommandeure des erfolgreichen Frankreichfeldzuges zum Generalfeldmarschall ernannt. 1942 nahm er aus gesundheitlichen Gründen seinen Abschied.

Nach einem gelungenen Umsturz 1944 hätte Erwin von Witzleben den Oberbefehl der Wehrmacht übernehmen sollen. Nach dem Scheitern des Attentats wurde er am 21. Juli 1944 festgenommen und zunächst aus der Wehrmacht ausgestoßen, sodass er vor dem Volksgerichtshof angeklagt werden konnte. In dem von Roland Freisler geleiteten Prozess wurde er im August zum Tode verurteilt, danach in Plötzensee hingerichtet.

Literatur: Klaus-Jürgen Müller: Witzleben – Stülpnagel – Speidel – Offiziere im Widerstand. [Beiträge zum Widerstand Heft 7] Berlin 1988; Klaus-Jürgen Müller: General Ludwig Beck. Studien und Dokumente zur politisch-militärischen Vorstellungswelt und Tätigkeit des Generalstabschefs des deutschen Heeres 1933–1938, [Schriften des Bundesarchivs, Bd. XXX]. Boppard 1980

Die Offiziere, die den Krieg für falsch hielten, spalteten sich in zwei Lager: Die einen glaubten, dass Hitler mindestens aus dem Amt beseitigt, notfalls auch getötet werden müsse, wenn ein Krieg verhindert werden sollte wie Canaris, Oster und Friedrich Wilhelm Heinz (1899–1968), die anderen hofften, Hitler durch Argumente von seinen Plänen abbringen zu können wie Franz Halder (1884–1972) und Walther von Brauchitsch (1881–1948); für Letztere wäre ein Attentat auf Hitler nur *Ultima Ratio* gewesen.

Anlässlich der Sudetenkrise wurden die Pläne der Offiziere konkreter: Ludwig Beck und Hans Oster, verbunden mit dem Kreis um Karl Goerdeler, wollten Hitler nach einer Kriegserklärung durch einen Staatsstreich stürzen – eine Absicht, die übrigens auch der Regierung in London bekannt war. Den Briten hatte man diese Pläne anvertraut in der Erwartung, dass sie die unsichere Lage nach einem Umsturz im Deutschen Reich militärisch nicht zu ihrem Vorteil ausnutzen würden. Die Vorbereitungen dazu leitete Erwin von Witzleben, der auf die Unterstützung mehrerer Einheiten zählen konnte. Auch mit der Zustimmung und dem Beitritt einiger weiterer Führungsoffiziere rechneten die Putschisten. Als jedoch Lord Chamberlain im September die Sudetenkrise mit dem Münchner Abkommen beilegte, entfiel die Hauptbedingung des Umsturzes, und er wurde zunächst abgeblasen.

Zu keinem Zeitpunkt bisher war die Militäropposition einer Beendigung Hitlers und seines Regimes so nahe gewesen wir im Spätsommer 1938. Doch zeigte sich schon vor dem Ernstfall innerhalb der Gruppe ein wesentlicher Unterschied: Währens Personen wie Hans Oster den Nationalsozialismus grundsätzlich ablehnten, schreckten die anderen nur vor einem Krieg zurück, hatten aber sonst an Hitler nichts auszusetzen. Nach dem Verzicht auf einen Umsturz und der sichtbar gewordenen Uneinigkeit hielten sich Hitlers Gegner unter den Offizieren für eine Weile zurück, zumal sie befürchten mussten, gegen den außenpolitisch so erfolgreichen Hitler keine Mehrheit des Volkes gewinnen zu können. So jedenfalls war kein schneller unblutiger Sieg über das Regime zu erringen. Vom diesem Rückzug hatte man sich auch bei der Besetzung der Rest-Tschechei noch nicht wieder erholt, sodass auch bei dieser Gelegenheit nichts unternommen wurde.

Stattdessen erhoffte sich z. B. Halder, dass Hitler nun vom Ausland in die Schranken gewiesen würde, und teilte die Kriegspläne den Regierungen von Frankreich und Großbritannien mit. Der Angriff auf Polen schließlich bot keinen hinreichenden Grund für einen Putsch, da die Rückgewinnung des Korridors absolut begrüßt wurde und nach dem Hitler-Stalin-Pakt auch hier zuerst kein unüberschaubarer Krieg befürchtet wurde.

Die Bevölkerung war von den nationalsozialistisch gänzlich kontrollierten Zeitungen und Radiosendern sowie anderen Formen der Propaganda bis zu diesem Zeitpunkt gezielt auf Krieg eingeschworen worden, und auch wenn die Kriegsbegeisterung nicht so verbreitet war wie an manchen Orten 1914, war mit einer breiten Unterstützung der Opposition nicht mehr zu rechnen.

Weitere Personen und Gruppen des Widerstands

Die Robinsohn-Strassmann-Gruppe

Dieser liberal gesinnte Widerstandskreis ging aus einem Freundeskreis in Hamburg hervor, der 1924 als »Klub vom 3. Oktober« (dem Gründungstag) von sieben jungen Leuten gegründet worden war. Die Mitglieder waren von den politischen Morden in der jungen Weimarer Republik und an den Umsturzversuchen entsetzt.

1926 gelang es der Gruppe, den Text eines geplanten Ausführungsgesetzes zum Art. 48 der WRV in die Hände zu bekommen, nach welchem die Befugnisse der Reichswehr vermehrt werden sollten. Durch die frühe Bekanntgabe auf einer Pressekonferenz und Erstellung eines Rechtsgutachtens konnte der »Klub vom 3. Oktober« dieses Gesetz verhindern.

Danach vorübergehend entzweit durch politische Gegensätze zwischen Mitgliedern, die verschiedenen Parteien nahestanden (die meisten aber der Deutschen Demokratischen Partei, DDP), rückte der Klub 1934 wieder enger zusammen.

Das Zentrum des Kreises, der in seiner Blütezeit etwa 60 Mitglieder umfasste, bildeten der Berliner Richter Ernst Strassmann und der Hamburger Kaufmann Hans Robinsohn. Oskar Stark, ein Journalist aus Berlin schied schon recht früh wieder aus der Gruppe aus. Dazu gehörten z. B. auch der Jurist Thomas Dehler (1897–1967) aus Franken, der Journalist Theodor Haubach, SPD-Mitglied aus Frankfurt, der aus Cannstadt stammende Berliner Bürgermeister Fritz Elsas (1890–1945) und der Politiker Gustav Dahrendorf (1901–1954), der Journalist Egon Bandmann vom Hamburger Welt-Wirtschafts-Archiv, Heinrich Landahl, Studienrat und ab 1926 Leiter des Hamburger Reformgymnasiums Lichtwarkschule (der Schule des späteren Bundeskanzlers Helmut Schmidt) auch Mitglied der Hamburger Bürgerschaft, ferner der Historiker Alfred Vagts (1892–1886).

Die Gruppe sammelte Informationen, unterhielt Auslandskontakte, 1939 auch zum britischen Außenministerium, wo sie aber nicht auf Interesse stieß. Immerhin hatte sie auf die Existenz des »anderen Deutschlands« aufmerksam gemacht. Sie hielt sich bereit, um nach einem Umsturz einer neuen, demokratischen Regierung zur Verfügung zu stehen, und plante eine Nachkriegsordnung für Deutschland, in der Europa eine herausragende Rolle spielte.

Auch zu anderen Widerstandskreisen hielt der Klub Kontakt, so zum Goerdeler-Kreis, zum Kreisauer Kreis, zur Bekennenden Kirche, zum militärischen Widerstand und zu den Gewerkschaften.

Aus einer jüdischen Kaufmannsfamilie stammte Hans Robinsohn (1897–1981), der 1938 nach Dänemark und 1943 weiter nach Schweden floh. 1939 hielt Robinsohn in Kopenhagen in der Denkschrift »Die deutsche Opposition und ihre Ziele« fest: Der Text richtete sich an ausländische Adressaten und musste natürlich so formuliert sein, dass er keine Anhaltspunkte für eine Verfolgung der Beteiligten in Deutschland bot. Robinsohn beschreibt die Lage im Deutschen Reich, wie er sie wahrnahm und begründet, warum die Zukunftsplanung einer oppositionellen Gruppe Sinn macht.

»Gibt es überhaupt eine deutsche Opposition in dem Sinn, daß sie Chancen hat, eine Umgestaltung der deutschen Verhältnisse herbei zu führen?« Beantwortet man diese Frage bejahend, so stößt man im In- und Ausland auf Unglauben und teils heftige, teils mitleidig überlegene

Ablehnung. […] Es ist ja nicht unbekannt, aus wie vielen Kreisen und Schichten dem Regime eine oppositionelle Stimmung entgegenschlägt: Die Bekenntniskirche und die katholische Kirche, die altpreußischen Konservativen, die Monarchisten und die süddeutschen Anhänger einer Dezentralisation. Die Millionen von Arbeitern und Angestellten, die ihrer demokratischen oder sozialistischen Idee oder beiden treu geblieben sind. Die Kapitalisten, die zu viel Steuern und zu wenig »freie Wirtschaft« sehen. Die »Intellektuellen«, d. h. alle diejenigen, die unter der erstickenden Atmosphäre der Unfreiheit und des Byzantinismus leiden. Die Jungendlichen, die den Drill vom 10. Lebensjahre an bis »unabsehbar« vor sich haben und übersättigt damit sind. Die Frauen, die die gestiegenen Preise und verschlechterten Waren bemerken und trotzdem täglich damit den Haushalt zur Zufriedenheit versorgen sollen. […] Die Abkapselung der einzelnen Schichten der Bevölkerung durch Überwachung, Bespitzelung und durch Einorganisieren in »kontrollierte« Verbände ist so stark, daß sehr häufig eine oppositionelle Schicht nichts von dem Vorhandensein der anderen ahnt. Das alles aber wird nicht verhindern, daß die verachteten kleinen Minderheiten sich summieren und dann eine stattliche Majorität bilden. […] Eine neue Regierung, die nicht ausgesprochen kommunistisch oder radikalsozialistisch ist, wird sich weder über Mangel an Anhängern noch über zu geringe »Gleichschaltung« zu beklagen haben. […]

Der Sinn dieser Opposition und ihrer Einstellung ist, daß sie beabsichtigt, das Haus von unten zu erbauen. Bevor nicht die Grundlagen vorhanden sind, einen neuen Staat zu schaffen, ist es sinnlos, öffentliche Aktionen zum Sturz des Systems zu veranstalten. […]

Die Ablösung des Systems [ist] nur im Zusammenhang mit einer Aktion der Armee oder eines Teils der Armee zu suchen. […] Es hat an Spekulationen über ein Eingreifen der Armee nicht gefehlt und auch nicht an Entschuldigungen, als es ausblieb. […] Auch bei der Armee handelt es sich darum, festzustellen, ob eine entschiedene, aktive Minorität vorhanden ist, die einen Umsturz des Systems in's Auge faßt. Zweifellos hat nun ein großer Teil die schwersten Bedenken gegen die nat[ional] soz[ialistische] Diktatur und lehnt sie aus zahlreichen Gründen ab. Zwei Hauptgründe führen zu dieser Stellungnahme: Das Risiko des außenpolitischen Kurses und die Rechtlosigkeit im Innern. […]

Das politische Vakuum befürchten diese Kreise für den »Tag danach«. Sie haben nämlich das durchaus richtige Gefühl, daß es nicht genügt, negativ gegen das Regime eingestellt zu sein, sondern daß man auch positiv wissen müsse, was denn an die Stelle der Diktatur treten soll. In dieser Richtung aber selbst zu planen, liegt den höheren Offizieren nicht, – in der gleichfalls richtigen Erkenntnis, daß sie ihrer ganzen Vorbildung und Erziehung nach hierfür nicht besonders geeignet sind. Die Folge aber ist, daß sie nie zu einer Aktivität kommen werden, wenn man sie nicht davon überzeugen kann, daß eine zivile Schicht vorhanden ist, die willens und in der Lage ist, die Nachfolgeregierung zu bilden. [...]

Es ist ein weit verbreiteter Irrtum, daß Ideen positiver Art für die Opposition in Deutschland überflüssig seien; es genüge, Hitler zu beseitigen, das Andere fände sich schon von selbst. Das heißt die Naivität zum politischen Prinzip zu erheben und die Improvisation zur höchsten Tugend. [...] Auch die Sammlung von zum Umsturz entschlossenen Menschen kann erfolgreich nur durchgeführt werden, wenn über das Ziel in großen Linien Klarheit herrscht. [...] Im Negativen, nämlich dem Bestreben, Hitlers Diktatur zu beseitigen, sind sich Kommunisten und Kapitalisten, Monarchisten und Republikaner, Offiziere und Pazifisten einig, – nur es läßt sich aus diesem Haufen keine Nachfolgeregierung bilden! [...]

Die Vorstellung, das Erbe des dritten Reiches antreten zu müssen, ist erschreckend. [...]

Die Deutsche Opposition will den deutschen Rechtsstaat. Darunter versteht sie einen Staat, bei dem das Verhältnis zwischen Regierung, Verwaltung und Rechtsprechung und dem ganzen Volk festgelegten Normen unterliegt. Durch diese verfassungsmäßigen Rechtssatzungen sind alle Teile unverbrüchlich gebunden. Sie gewähren den Bürgern Schutz vor jeder Willkür von Amtsbeauftragten und sichern ihnen eine Sphäre des privaten Eigenlebens, eine Möglichkeit, sich ihr Leben unter eigener Verantwortung und unter eigener Zielsetzung aufzubauen. [...] Die Unabhängigkeit der Justiz von Verwaltungs- und Regierungsmaßnahmen wird wieder hergestellt. [...]

Die Diktatur bediente sich wesentlich der folgenden zwei Methoden auf wirtschaftspolitischem Gebiet: sie betrieb überall Raubbau und gleichzeitig schuf sie eine umfassende »Organisation des Mangels«. Sie war bei allem Fassadenglanz der Vollbeschäftigung, der steigenden Steuereingänge und der wachsenden Produktionsziffern doch nur negativ. Die Deutsche Opposition will auch in ihren Methoden positiv und aufbauend vorgehen. [...]

Natürlich kann es gelingen, die Diktatur in Deutschland zu stürzen. Damit bleibt jedoch die Frage unbeantwortet, ob es wahrscheinlich ist, daß die Diktatur noch vor dem Ausbruch eines europäischen Krieges beseitigt sein wird. Das aber ist bei allen den Chancenberechnungen die einzig wesentliche Frage. Wohl mehren sich gerade innerhalb Deutschlands die Stimmen, die den »Münchenpakt« besonders deshalb verurteilen, weil er die kriegerische Entwicklung verzögert und damit die Diktatur vorläufig erhalten habe. Die Anhänger der Ansicht, daß man Hitler nur als Folge einer militärischen Niederlage los werden könne, häufen sich. Das spricht nicht dafür, daß diese Ansicht berechtigt ist, sondern nur dafür, daß sich die Stimmung in Deutschland rapide verschlechtert, […]

Zweifellos wird ein unglücklicher Krieg die nat[ional]soz[ialistische] Diktatur beseitigen; – aber was alles wird mit in diesen Untergang verschlungen sein? Mit großer Wahrscheinlichkeit sogar die politische Wirklichkeit »Deutschland«! […] Ein zerstückeltes Deutschland kann nicht das Ziel sein, das wir heute anstreben und deswegen eben ist das Spekulieren auf den unglücklich verlaufenden Krieg auch und gerade in Bezug auf die innerpolitische Wirkung eine absolute Katastrophenpolitik. […] Die Aufgabe der Deutschen Opposition weitet sich also von einer rein innerdeutschen Angelegenheit aus zu einer ganz Europa umfassenden Schicksalsfrage. […] Der Weg der Deutschen Opposition ist dieser andere Ausweg. Er vermeidet den Krieg und er führt in Deutschland selbst die nötige geistige Umstellung herbei, die für den Zusammenhalt Europas nötig ist. […]

Betrachtet man unter diesem Gesichtspunkt die Bedeutung der Deutschen Opposition, die Größe ihrer Aufgabe, die Ungeheuerlichkeiten jeder anderen Entwicklung, dann tritt jede Chancenberechnung zurück, dann wird klar, daß jede Chance, und sei sie noch so klein, mit ganzer Kraft, Hingabe und Energie ausgenutzt werden muß, und daß jeder, der selbständig politisch denken kann, in seiner Weise dazu beitragen muß, der Deutschen Opposition zu helfen, ihr Ziel zu erreichen: Die Hitlerdiktatur zu beseitigen, Recht, Freiheit und Ordnung in Deutschland aufzurichten und Frieden und gemeinsamen Fortschritt für Europa zu bringen. […]

Die Emigration aus Deutschland, soweit sie überhaupt als politisch anzuerkennen ist, kann niemals die Rolle etwa der russischen Exilrevolutionäre oder der tschechischen Staatsgründer spielen. Wenn überhaupt der deutschen Opposition Hilfe von außen gegeben werden kann, dann nur

unter der Voraussetzung des unbedingten Primats der Inlandsarbeit. Die
reichlich bequeme Formel mancher Emigrantenkreise, daß die politische
Leitung des Kampfes gegen die Diktatur im Ausland, die Ausführung
der einzelnen Aktionen aber im Inland liegen müsse, ist in jeder Weise
unhaltbar. Es ist nicht richtig, daß die Problematik des oppositionellen
Kampfes im Ausland besser gesehen wird als im Inland. [...]

Aber nicht minder wichtig ist es, für die Gedanken der Deutschen
Opposition auch dem Ausland selbst gegenüber einzutreten. Viel zu oft
hört man von Ausländern, daß es ja in Deutschland keine Opposition
gibt, daß überhaupt keine Möglichkeit besteht, Hitler durch ein anderes
Regime zu ersetzen [...] Viel zu lange wird das deutsche Volk unwider-
sprochen durch die Wortführer einer kleinen Klicke vertreten, die den
guten Ruf des gesamten Deutschland systematisch untergraben. So
ist es nötig, allmählich das Verständnis für und die Kenntnisse über die
Deutsche Opposition, ihre Ziele und ihre Arbeitsmethoden zu verbreiten
und zu vertiefen. Es darf nie vergessen werden, daß Deutschland seinen
Neuaufbau sich gewaltig erleichtern kann, wenn es die Sympathien und
das Verständnis seiner Nachbarn genießt. Deshalb ist es von besonderer
Bedeutung, daß schon jetzt, vor der Umwälzung der Verhältnisse in
Deutschland, ein Sprachrohr der großen Mehrheit des deutschen Volkes
vorhanden ist, durch das eine Vorbereitung im Sinn der Deutschen
Opposition geschaffen wird. [...]

Die Judenfrage ist nur eine Erscheinungsform dieses Problems, allerdings eine, die an der völligen und fürchterlichen Rechtlosigkeit der Juden
in überdeutlicher Weise klar macht, zu welchen Dingen es führt, wenn
man den Boden des Rechtsstaates verläßt und zur Diktatur übergeht. [...]

Nach sechs Jahren National-Sozialismus starrt die Welt in Waffen. In
Europa wird weit mehr als die Hälfte aller Steuern nur für Rüstungszwecke
ausgegeben, die Vereinigten Staaten haben ein Aufrüstungsprogramm,
wie man es dort nie für möglich gehalten hätte, und das Ende des Wett-
rüstens ist bei weitem noch nicht gekommen. [...]

Die Deutsche Opposition hat diese Schlußfolgerung längst gezogen
und glaubt daher an ihre Europäische Sendung, – es wäre zu wünschen,
wenn sie in dieser Auffassung nicht allein bliebe. Vielleicht hat es überrascht, daß in dieser Darstellung so wenig wie möglich polemisiert wurde. Das ist nicht ein Mangel an kämpferischem Temperament. Aber die
Ablehnung des Systems mit seiner abgrundtiefen Verlogenheit, seiner
bodenlosen Grausamkeit und seiner gemeinen Habsucht ist allmählich

zu selbstverständlich geworden. Haßgesänge sind billig und Haßgefühle sind nur dann von politischer Bedeutung, wenn es gelingt, sie zu politischer Aktivität umzuformen.

Zit. nach Benz, Liberale Widerstandsgruppe, Vierteljahreshefte für Zeitgeschichte 29 (1981), S. 437–471

Der in Deutschland gebliebene Strassmann wurde 1942 verhaftet, schwieg aber so vehement bei den Verhören, dass nach ihm kein weiteres Mitglied ergriffen wurde. Auch waren in Deutschland keine schriftlichen Aufzeichnungen auffindbar. Strassmann blieb in »Schutzhaft« bis Kriegsende. Danach trat er in die SPD ein und arbeitete bei einem Berliner Versorgungsbetrieb. Robinsohn kehrte 1958 nach Hamburg zurück und wurde Leiter der Forschungsstelle für die Geschichte des Nationalsozialismus.

Literatur: Ursula Büttner: Vereinigte Liberale und Deutsche Demokraten in Hamburg 1906–1930, in: Zeitschrift des Vereins für Hamburgische Geschichte 63 (1977), S. 1–34; Wolfgang Benz: Eine liberale Widerstandsgruppe und ihre Ziele. Hans Robinsohns Denkschrift aus dem Jahre 1939. In: Vierteljahrshefte für Zeitgeschichte 29 (1981), S. 437–471; Horst R. Sassin: Liberale im Widerstand. Die Robinsohn-Strassmann-Gruppe 1934–1942. [Hamburger Beiträge zur Sozial- und Zeitgeschichte, Bd. XXX] Hamburg 1993; W. Paul Strassmann: Die Strassmanns. Schicksale einer deutsch-jüdischen Familie über zwei Jahrhunderte. Frankfurt 2006

Die Gruppe Freies Hamburg

Der 1885 in Hamburg geborene Rechtsanwalt Friedrich Ablass, Mitglied der DDP und später der Deutschen Staatspartei, gründete nach dem Beginn der NS-Herrschaft eine Vereinigung, die sich »Gruppe Q« bzw. »Verein der Hafenfreunde e.V.« nannte. Der Kreis traf sich regelmäßig in Hamburger Cafés, später in Privatwohnungen oder bei Wanderungen und machte sich den Austausch von in Deutschland unterdrückten Nachrichten sowie die Hilfe für Verfolgte zur Aufgabe. Da die Gruppe nicht entdeckt wurde, existierte sie bis 1945 weiter und beriet zuletzt vor allem über eine mögliche deutsche Nachkriegsordnung.

Zur Gruppe Freies Hamburg gehörten unter anderen der Rechtsanwalt Harald Abatz (1893–1954), die spätere Politikerin

Anneliese Buschmann (1906–1999), der Kaufmann Max Dibbern (1889–1972), der Kaufmann Walter Brosius (1902–1973), der Journalist und Politiker Paul Heile (1884–1958), der Psychologe Walter Jacobsen (1895–1986), die Handelslehrerin Lieselotte Kruglewsky-Anders (1915–2009), der Rundfunkmechaniker und Politiker Alfred Johann Levy (1901–1987), der Spediteur Willy Max Rademacher (1897–1971) und seine Tochter Eva sowie der Exportkaufmann Eduard Wilkening (1889–1959).

Nach dem Einmarsch der britischen Armee in Hamburg benannte sich die Gruppe um in »Bund Freies Hamburg«, schließlich ging aus ihr der Landesverband Hamburg der FDP hervor.

Literatur: Christoph Brauers: Die FDP in Hamburg 1945–1953. Start als bürgerliche Linkspartei. München (Diss.) 2007, besonders S. 91–120

Der Kölner Kreis

Dieser Kreis, der vor allem aus katholischen Laien bestand, knüpfte Verbindungen zum Kreisauer Kreis, zum Goerdelerkreis sowie zu Sozialdemokraten und zu Generaloberst Ludwig Beck. Für diese Widerstandsgruppen, die ihren personellen Schwerpunkt im Osten hatten, bildete der Kölner Kreis einen Stützpfeiler im Westen, auf den sie rechnen konnten. Der Kölner Kreis setzte sich zusammen aus Mitglieder aus Zentrumspartei, der christlichen Gewerkschaften sowie aus katholischen Verbänden.

Wichtige Mitglieder waren Nikolaus Groß und Bernhard Letterhaus. Nikolaus Groß war nach dem Schulabschluss zunächst Bergmann geworden, bildete sich dann aber weiter und machte Karriere bei der Gewerkschaft und als Redakteur, bis er schließlich 1927 Hauptschriftleiter der »Westdeutschen Arbeiterzeitung« wurde. Die Zeitung, die schon vor 1933 die NSDAP kritisiert hatte, arbeitete seit der Machtübernahme Hitlers unter strenger Beobachtung und wurde 1938 ganz eingestellt. Nikolaus Groß war von da an wieder für die KAB Düsseldorf tätig. Auch Bernhard Letterhaus, Jahrgang 1894, gelernter Bandwirker, hatte nach schwerer Verwundung im Ersten Weltkrieg eine Laufbahn in seinem Berufsverband eingeschlagen. 1928

war er für die Zentrumspartei in den Preußischen Landtag eingezogen. Auch er war schon vor 1933 ein Gegner der NSDAP.
Dritte prägende Gestalt des Kölner Kreises war der Priester Otto
Müller. Geboren 1870, wandte auch er sich nach Priesterweihe
und Promotion der Katholischen Arbeiterbewegung zu, deren
Verbandspräses er 1917 wurde. Weitere Mitglieder waren der
gelernte Schriftsetzer, Gewerkschafter und Zentrumspolitiker
Johannes Albers aus Mönchengladbach (1890–1963), der aus
dem Amt gedrängte Polizeipräsident von Krefeld Wilhelm Elfes
(1884–1969), Gewerkschafter und ab 1933 Handelsvertreter, 1944
inhaftiert, der christliche Gewerkschafter und Zentrumspolitiker Johannes Gronowski aus Graudenz (1874–1958), der gelernte
Werkzeugmacher, Gewerkschaftsfunktionär und Zentrumspolitiker Heinrich Körner (1892–1945), der später beim Verlassen
der Haftanstalt Plötzensee von der SS erschossen wurde, der
Provinzial der deutschen Dominikanerprovinz P. Laurentius
Siemer OP (1888–1956), der sich vor allem gegen die Rassenlehre
wandte, die Zentrumspolitikerin und spätere Kultusministerin
von Nordrhein-Westfalen Christine Teusch (1888–1968) und der
Soziologe P. Eberhard Welty OP (1902–1965).

Ein Ableger des Kölner Kreises war die Düsseldorfer Gruppe
mit dem Juristen Walter Hensel aus Mannheim (1899–1986), der
zur Tarnung Mitglied der SA und der NSDAP war, dem evangelischen, suspendierten Oberbürgermeister von Düsseldorf und
späteren Bundesinnenminister Robert Lehr (1883–1956) und
dem späteren Ministerpräsidenten von Nordrhein-Westfalen
Karl Arnold (1901–1958).

Der Kölner Kreis befasste sich wie andere Widerstandskreise
mit der Frage nach einem politischen System für Deutschland
nach der Beseitigung des Nationalsozialismus. Die schriftlichen
Ausarbeitungen dazu, die es sehr wohl gab, sind jedoch verloren.
Aufgrund des Kontaktes zu anderen maßgeblichen Widerstandsgruppen sind sie jedoch als bedeutungslos einzustufen. Von den
Plänen des Kreisauer Kreises und des militärischen Widerstands
unterschieden sie sich, indem die gewerkschaftlich-katholisch
dominierte Gruppe in Köln jedenfalls einen demokratischen
Staat mit starken Parteien anstrebte. Das Wirtschaftssystem
sollte den Grundsätzen der katholischen Soziallehre folgen, wie

sie bis damals in der Enzyklika *Rerum Novarum* grundgelegt war, und starke Gewerkschaften beinhalten.

Aufgrund ihrer Verbindungen zu den Widerstandskreisen in Berlin und Ostdeutschland wurden die führenden Vertreter des Kölner Kreises Nikolaus Groß und Bernhard Letterhaus nach dem gescheiterten Attentat vom 20. Juli 1944 verhaftet, vom Volksgerichtshof zum Tode verurteilt und hingerichtet, Otto Müller starb in der Haft.

Literatur: Jürgen Aretz: Bernhard Letterhaus (1894–1944). In: Rudolf Morsey (Hrsg.): Zeitgeschichte in Lebensbildern. Aus dem deutschen Katholizismus des 20. Jahrhunderts. Band II, Mainz 1975; Jürgen Aretz: Letterhaus, Bernhard. In: Neue Deutsche Biographie (NDB) 14 (1985), S. 357f.; Vera Bücker: Der Kölner Kreis und seine Konzeption für ein Deutschland nach Hitler. In: Historisch- politische Mitteilungen/Archiv für christlich-demokratische Politik. Bd. II, Köln 1995, S. 49–82; Antonia Leugers: Gegen eine Mauer bischöflichen Schweigens. Der Ausschuß für Ordensangelegenheiten und seine Widerstandskonzeption 1941–1945, Frankfurt 1996; Heinrich Küppers: Christine Teusch (1888–1968). In: Rheinische Lebensbilder, Band XVI, hrsg. von Franz-Josef Heyen. Köln 1997, S. 197–216; Ekkart Sauser: Müller, Otto. In: Biographisch-Bibliographisches Kirchenlexikon (BBKL) 17 (2000), Sp. 987–988; Vera Bücker, Bernhard Nadorf, Markus Potthoff (Bearb.): Nikolaus Groß. Arbeiterführer, Widerstandskämpfer, Glaubenszeuge. Wie sollen wir vor Gott und unserem Volk bestehen? Der politische und soziale Katholizismus im Ruhrgebiet 1927–1949. Arbeitsbuch für Schule und Bildungsarbeit, Münster ²2001, S. 47–52; Rainer Maria Groothuis: Im Dienste einer überstaatlichen Macht – Die deutschen Dominikaner unter der NS-Diktatur. Münster 2002

Jakob Kaiser und Josef Wirmer

Der 1888 in Hammelburg geborene Jakob Kaiser lernte den Beruf des Buchbinders und war zunächst in Nürnberg berufstätig. Er trat 1912 in die Zentrumspartei ein und engagierte sich in den Christlichen Gewerkschaften. Im März 1933 wurde er Mitglied des Reichstages und stimmte – obwohl eigentlich Anhänger der Weimarer Verfassung – mit der Fraktion der Zentrumspartei für das Ermächtigungsgesetz. Der Gleichschaltung der Gewerkschaften widersetzte er sich und versuchte stattdessen, die freien Gewerkschaften zu einem Zusammenschluss gegen die Nationalsozialisten zu bewegen, allerdings vergeblich.

1934 entschloss er sich endgültig für den Widerstand gegen die NS-Herrschaft. Mit Wilhelm Leuschner und dem Buchhändler Max Habermann (1885–1944), der 1933 aus seinen Gewerkschaftsämtern von den Nationalsozialisten vertrieben worden war. Sie planten die Gründung einer freien Gewerkschaft für die Zeit nach dem Ende von Hitlers Herrschaft.

Jakob Kaiser wurde erstmals 1938 für mehrere Monate inhaftiert, später gehörte er zum Kölner Kreis und stieß auch zum Goerdeler-Kreis. Nach dem gescheiterten Attentat vom 20. Juli 1944 wurde auch nach ihm gefahndet, doch konnte er sich in Potsdam verstecken und überlebte. In der Bundesrepublik Deutschland war er Bundesminister für innerdeutsche Angelegenheiten unter Bundeskanzler Adenauer und setzte sich entschieden für die Wiedervereinigung der deutschen Staaten ein.

Josef Wirmer war 1901 in Paderborn geboren und der Sohn eines Gymnasialdirektors. Er studierte Jura in Freiburg und Berlin. Wirmer war Mitglied mehrerer katholischer Studentenverbindungen und der Zentrumspartei. Der überzeugte Demokrat wurde nach dem Studium 1927 Rechtsanwalt in Berlin. Die Machtübernahme Hitlers sah er kritisch und vertrat als Rechtsanwalt mehrfach verfolgte Juden. Deswegen aus seiner Standesvereinigung ausgeschlossen, nahm er Kontakt zu katholischen Widerstandskreisen auf, besonders zu Jakob Kaiser, später mit Carl Goerdeler. Seine Hauptfunktion in diesen Gruppen war die Herstellung von Verbindungen zwischen Personen, die noch in der Weimarer Republik unvereinbare politische oder gesellschaftliche Gegensätze trennten. Ein Attentat auf Hitler befürwortete er, in einer Nachfolgeregierung hätte er Justizminister werden sollen. Nach dem 20. Juli 1944 wurde er verhaftet und vor dem Volksgerichtshof angeklagt. Mit nationalsozialistischer Prozessführung bereits vertraut, trat er Freisler sehr mutig gegenüber. Noch am Tag seines Todesurteils wurde er in Plötzensee ermordet.

Quellen und Literatur: Friedrich Gerhard Hohmann (Hg.): Deutsche Patrioten in Widerstand und Verfolgung 1933–1945. Paul Lejeune-Jung – Theodor Roeingh – Josef Wirmer – Georg Freiherr von Boeselager. Ein Gedenkbuch der Stadt Paderborn. Paderborn 1986; Jakob Kaiser: Gewerkschafter und Patriot. Eine Werkauswahl. Hrsg. von Tilman Mayer, Köln 1988; Elfriede Nebgen: Jakob Kaiser. Der Widerstandskämpfer. Stuttgart u. a. 1967; Museumsverein und Kulturforum Warburg in Verbindung mit dem Verein der Ehemaligen des Gymnasium Marianum Warburg (Hrsg.): Josef Wirmer – ein Gegner Hitlers. Aufsätze und Dokumente. Hamburg 1993; Marcel Albert: Jakob Kaiser, Politiker aus Hammelburg, in der deutschen Erinnerungskultur. In: Mainfränkisches Jahrbuch 60 (2008), S. 318–335: Gerhard Lange: Joseph Wirmer. In: Helmut Moll (Hrsg.): Zeugen für Christus. Das deutsche Martyrologium des 20. Jahrhunderts. Paderborn ⁵2010, Band I, S. 150–153.

Der Freiburger Kreis

Drei Volkswirtschaftsprofessoren fanden sich zuerst zum sogenannten Freiburger Kreis zusammen: der Volkswirt und Theologe Constantin von Dietze (1981–1973), der zum Bruderrat der Bekennenden Kirche gehörte, der Volkswirtschaftler und Jurist Walter Eucken (1891–1950) und Adolf Lampe (1897–1948). Sie gründeten zunächst einen Gesprächskreis, den sie »Freiburger Konzil« nannten und zu dem bald Theologen beider Konfessionen stießen, so z. B. der Historiker Gerhard Ritter (1888–1967).

Auch diese Gruppe erarbeitete Grundsätze zur Neuordnung Deutschlands. Aus dem Jahr 1943 sind Überlegungen zum deutschen Wirtschaftssystem nach dem Krieg vorhanden. Der Freiburger Kreis plante einen Übergang von der Planwirtschaft zu einer sozial gestalteten Marktwirtschaft.

Da die Mitglieder Verbindungen zum Goerdeler-Kreis besaßen, gerieten auch sie nach dem gescheiterten Attentat vom 20. Juli 1944 in die Fahndung der Gestapo und mehrere wurden verhaftet. Von Dietze kam ins Konzentrationslager Ravensbrück und von dort aus in das Berliner Gefängnis in der Lehrter Straße. Er hatte das Glück, kurz vor Kriegsende nicht wie die meisten Häftlinge erschossen, sondern freigelassen zu werden.

Literatur: Christine Blumenberg-Lampe: Die wirtschaftlichen Programme der »Freiburger Kreise«. Entwurf einer freiheitlich-sozialen Nachkriegswirtschaft. Nationalökonomen gegen Nationalsozialismus. Berlin 1973; Wilfried Schulz: Adolf Lampe und seine Bedeutung für die »Freiburger Kreise« im Widerstand gegen den Nationalsozialismus, in: Christoph Schneider-Harpprecht (Hrsg.): Wirtschaftsordnung und Wirtschaftspolitik in Deutschland

1933–1993. Beiträge zur Wirtschafts- und Sozialgeschichte, Stuttgart 1995, S. 237–276; Daniela Rüther: Der Widerstand des 20. Juli auf dem Weg in die Soziale Marktwirtschaft. Die wirtschaftspolitischen Vorstellungen der bürgerlichen Opposition gegen Hitler. Paderborn – München – Wien – Zürich 2002; Nils Goldschmidt (Hrsg.): Wirtschaft, Politik und Freiheit. Freiburger Wirtschaftswissenschaftler und der Widerstand. Tübingen 2005

Die Harnier-Gruppe

Der Rechtsanwalt Adolf von Harnier war ein Anhänger der Monarchie in Bayern. Die von ihm ab 1936 geführte Gruppe war eine von mehreren, in der Anhänger des Königtums die Beseitigung Hitlers und des Zentralismus anstrebten. Gründer Harnier war 1903 geboren und 1934 katholisch geworden. Als Anwalt war er vor allem für angeklagte Priester tätig und betreute Juden in Rechtsfragen. So hatte er auch Kontakt zu anderen Widerstandskreisen. Die Bereitschaft der Justiz, sich nationalsozialistischen Vorgaben und Erwartungen zu beugen, erschütterte ihn tief. Die Anhänger seiner Idee rekrutierte er daher vorwiegend aus Nichtakademikern, darunter der Professor der Philosophie Josef Stürmann (1906–1959) oder Margarethe von Stengel ebenso wie der Gärtner Josef Zott, Heinrich Weiß, Wilhelm Seutter, Franz Xaver Fackler, Johannes Bauberger, Josef Pongratz, Josef Ostermaier, Erich Chrambach, Josef Nöpl, Albert Kaiser, Eberhard Fahrner, Heinrich Pflüger, Hans Gröner, Albert Ramsauer, Franz Xaver Huber, Ludwig Reindl, Alois Fuchs, Franz Xaver Eberth, Georg Knott, Karl Schuster, Alfons Loritz und andere sonst unbekannte Personen. Seine Tätigkeit bestand in Vorträgen im privaten Kreis, in welchen über die Schändlichkeit der Nationalsozialisten aufgeklärt wurde, sowie in der Herstellung von Flugblättern.

Tausend Tage Drittes Reich.

Tausend Tage haben wir geschwiegen, tausend Tage haben wir der Regierung Zeit gegeben, ihre 12-jährigen Versprechungen in die Tat umzusetzen. Tausend Tage haben wir der Diktatur des III. Reiches das moralische Recht unbestritten zuerkannt um der Nation willen. Tausend Tage unbestrittener Machtausnützung sind vorbei, die Zeit der Abrechnung ist gekommen; denn nach tausend Wochen würde kein Deutsches

Reich mehr bestehen, und gar tausend Jahre zu warten, können nur Irrsinnige verlangen. In tausend Tagen hat die Hitlerregierung es fertig gebracht, das deutsche Volk an den Bettelstab zu bringen, denn die Kassen sind leer, ihr Inhalt besteht nur mehr aus Schuldverschreibungen, ungedeckten Reichsschatzwechseln sowie aus wertlosem Hartgeld, das alles am laufenden Band hergestellt wird.

Deutscher Arbeiter, Angestellter und Beamter, der Du nicht nur um Deine Arbeitskraft betrogen wirst, wach auf, denn die Kassen Deiner Krankenversicherung und die der Altersversorgung sind ausgeraubt bis auf den letzten Pfennig, ihr Inhalt besteht ausschließlich aus leeren Schuldverschreibungen und Reichsanleihen des III. Reiches. Elendiglicher denn je stehst Du deutscher Arbeiter der Stirne und der Faust einer grausigen Zukunft gegenüber. Wach auf, deutscher Arbeiter, wach auf, vorbei sind tausend Tage des Erduldens, der Erniedrigung und des Entrechtens, nun kommen die Tage der Abrechnung. Siehe zu, deutscher Arbeiter, was Du aus den Trümmern des III. Reiches zu retten vermagst für Dich und Dein deutsches Vaterland.

Deutscher Handelsmann, Gewerbetreibender und Industrieller, Ihr alle habt den wirtschaftlichen Wiederaufstieg des Deutschen Reiches erwartet und erhofft, denn auch Euch hat man zwölf Jahre lang Versprechungen gemacht. Die tausendtägige Regierungszeit Hitler hat euch gezeigt, dass er nicht imstande war, auch nur eine seiner Versprechungen einzulösen. Das, was Euch gegeben wurde, ist alles nur Schein. Gleich dem deutschen Arbeiter steht auch Ihr vor dem völligen Nichts. Bedenkt, dass es um die Existenz Eurer Geschäfte, Betriebe und Werke geht, denn wissen, der grösste Teil des deutschen Volksvermögens ist verbraucht, entwertet, verpfändet und von den Prominenten des III. Reiches ins Ausland verschoben. Darum deutscher Handelsmann, deutscher Gewerbetreibender und deutscher Industrieller, greif zu mit starker Hand, greif an! Greif in die Speichen des deutschen Geschickes, reiss nieder die Kulissen des III. Reiches, auf dass Du mit dem deutschen Volke vereint aufbauen kannst ein Deutsches Reich des Friedens und der Ehrlichkeit.

Deutscher Bauermann, auch Du bist mitten im Strudel des Verderbens, denn das, was heute noch Dein, kann in kürzester Zeit fremdländisches Eigentum sein, darum wach auf, deutscher Bauermann, wach auf, es geht um Haus und Hof, es geht um Deinen deutschen Boden.

Deutscher Soldat, deutscher Offizier, Ihr seid des Volkes Stolz und Stütze. Des deutschen Volkes Glaube ruht noch auf Euch, nun zeigt, dass

Ihr dieses Glaubens wert seid und zeigt, dass Ihr nicht Verrat treibt am deutschen Volk um eines Parteigefüges willen, zeigt, dass das Wohl des Volkes Euer Wille ist, zeigt, dass Ihr nichts gemein habt mit denen, die den wirtschaftlichen und somit den Ruin des Deutschen Reiches herbeiführen, und wisset, dass das Volk zu danken und zu richten vermag.

Deutsche Richter deutschen Rechtes, wir machen Euch für jedes politische Urteil, das nach dem tausendsten Tag gefällt wird, persönlich verantwortlich, darum deutsches Recht und nicht Parteirecht, denn auch Ihr werdet von den Blutpfennigen der deutschen Arbeiter und der deutschen Wirtschaft bezahlt und nicht von der Partei.

Nun zu Euch, Männer der N.S.D.A.P., zu Euch, Ihr Stützen der Regierung, wisset, Eure Zeit ist um! Zwölf lange Jahre habt Ihr Euren Prominenten geholfen an dem Ausbau der Partei, habt geholfen an der Verbreitung von Versprechungen, Lüge und Schwindel aller Art; wir haltens auch zu Gute, dass Ihr es getan in dem Glauben, der deutschen Wirtschaft und dem deutschen Volke zu dienen. Tausend Tage Regierungszeit dieses von Eurem Glauben und Eurer Arbeit entstandenen Parteigefüges haben Euch gezeigt, dass Ihr auf das schmählichste betrogen und getäuscht wurdet, dass das, was Ihr geschaffen, der Untergang des Deutschen Reiches ist. Nun wisset, dass wir bereit sind, Euch nicht dafür verantwortlich zu machen, was bis zum tausendsten Regierungstag Eurer Partei geschah, dass aber vom 1001. Tag an Gericht gehalten wird über jeden von Euch, der noch Dienst macht bei den Maulhelden und Mördern Eurer Partei; wisset, dass jeder von Euch, der nach dem tausendsten Tag in Uniform oder Parteiabzeichen gesehen wird, durch Photo und Namensnennung festgelegt wird.

Wir kämpfen für des Volkes Zukunft und des Reiches Einigkeit.

Wir sind deutsche Arbeiter, Angestellte, Beamte, Bauern, Handelsmänner, Gewerbetreibende und Industrielle.

Wir sind das erwachte deutsche Volk!

[…]

Zit. nach der Abbildung bei Ulrich Cartarius, Opposition gegen Hitler, S. 121

In ganz Bayern gesellten sich 130 Mitglieder zu dem Kreis, doch wurde er von Anfang an bespitzelt. 1939 kam es zu einer Verhaftungswelle. Harniers Mitarbeiter Zott wurde zum Tode verurteilt. Harnier selbst wurde 1944 zu zehn Jahren Zuchthaus verurteilt, nachdem er bereits fünf Jahre in Untersuchungshaft

verbracht hatte. Im folgenden Jahr starb er unmittelbar nach
der Befreiung durch amerikanische Truppen an den Folgen der
Haft.

Literatur: Karl Otmar von Aretin: Die bayerische Regierung und die Po-
litik der bayerischen Monarchisten in der Krise der Weimarer Republik
1930–1933. In: Festschrift für Hermann Heimpel zum 70. Geburtstag. Bd. 1
(Veröffentlichungen des Max-Planck-Instituts für Geschichte XXXVI/1),
Göttingen 1971, S. 205–237; Rudolf Endres: Der Bayerische Heimat- und
Königsbund, in: Andreas Kraus (Hrsg.): Land und Reich, Stamm und Na-
tion. Probleme und Perspektiven bayerischer Geschichte. Festgabe für Max
Spindler zum 90. Geburtstag. Band III: Vom Vormärz bis zur Gegenwart.
[Schriftenreihe zur bayerischen Landesgeschichte LXXX], München 1984,
S. 415–436; Christina M. Förster: Der Harnier-Kreis. Widerstand gegen den
Nationalsozialismus in Bayern. [Veröffentlichungen der Kommission für
Zeitgeschichte B LXXIV] Paderborn u.a. 1996;

Ernst von Harnack

Der 1888 in Marburg geborene Jurist war engagiertes Mitglied
der Religiösen Sozialisten. Nach dem Abitur 1907 studierte
er in Marburg und Berlin. Am Ersten Weltkrieg hatte er nur
kurz teilgenommen und setzte danach seine bereits zuvor begonnene Verwaltungslaufbahn in Preußen fort. 1929 wurde er
Regierungspräsident von Merseburg. Wegen seiner politischen
Einstellung wurde er nach der Absetzung der sozialdemokratischen Regierung von Otto Braun in Preußen 1932 abgesetzt. Er
war ein Gegner der Nationalsozialisten wie auch der Deutschen
Christen, versuchte, verfolgten Sozialdemokraten (z. B. Carlo
Mierendorff) und Gewerkschaftern zu helfen, und wurde schon
1933 zum ersten Mal inhaftiert. Auch in seinem Verwandtenkreis
gab es mehrere führende Mitglieder des Widerstands, darunter
Arvid Harnack und Hans von Dohnanyi sowie Klaus und Dietrich Bonhoeffer, außerdem Falk Harnack. Zu seinen engeren
Austauschpartnern zählten ferner Julius Leber, Wilhelm Leuschner, Jakob Kaiser und Carl Goerdeler. Diese Bekanntschaften
wurden ihm nach dem gescheiterten Attentat vom 20. Juli 1944
zum Verhängnis. Im September wurde Harnack verhaftet und
im Februar 1945 vor dem Volksgerichtshof zum Tode verurteilt.
Seine Ermordung fiel auf den 5. März 1945.

Literatur: Axel von Harnack: Ernst von Harnack 1888–1945. Ein Kämpfer für Deutschlands Zukunft. Schwenningen 1951; Ernst von Harnack: Jahre des Widerstands 1932–1945. Hrsg. von Gustav-Adolf von Harnack. Pfullingen 1989

Die Edelweißpiraten

Der Name »Edelweißpiraten« ist ein Oberbegriff für mehrere Gruppen junger Menschen von ähnlicher Konzeption. Sie stammten in der Regel aus Arbeiterkreisen und wollten sich der Gleichschaltung der Jugend auf keinen Fall beugen. Edelweißpiraten pflegten traditionelle Freizeitbeschäftigungen von Jugendgruppen aus der Zeit der Weimarer Republik wie Fahrten und Wanderungen. Dabei dichteten sie auch NS-feindliche Lieder. Den Eintritt in die Hitlerjugend verweigerten sie konsequent und trugen betont uniformferne Kleidung. Die Gruppen besaßen keine spezielle innere Organisation und fertigten keine Aufzeichnungen an. Sie verteilten Flugblätter und schrieben Parolen an öffentliche Wände, aber auch an die Zellenwände des Zuchthauses, in dem sie einsaßen, so heißt es z. B. in einer Inschrift unter Umdeutung einer Reichsbahn-Parole: »Kinder müssen kommen in den Krieg / Räder müssen rollen für den Sieg / Köpfe müssen rollen nach dem Krieg«.[8] Auch versteckten und versorgten sie Juden. Einmal gelang es ihnen, Flugblätter vom Kölner Domturm regnen zu lassen. Danach allerdings wurden einige Gruppenmitglieder verhaftet, auch Gertrud Koch. Nachdem sie durch einen Irrtum freigelassen worden war, konnte sie mit ihrer Mutter in einem Dorf in Süddeutschland untertauchen und überlebte dort bis Kriegsende.

Selbst die Gruppen, die keine Gewalttaten verübten, verunsicherten die Nationalsozialisten so, dass sie zu strenger Verfolgung übergingen. Daher wurden sogenannte Bündische Umtriebe als eigener Straftatbestand eingeführt. Bedeutend

8   Anja Hoffmann (Projektleitung)/Michael Braun/Christina Clasen/Annette Kritzler/Anette Plümpe: Kriegshelden – Widerstandshelden. Zur Konstruktion von Heldentypen am Beispiel des Nationalsozialismus. Hrsg. vom LWL Industriemuseum Dortmund. Dortmund 2008, S. 78 (http://www.lwl.org/wim-download/PDF/Geschichte.pdf, 04.06.2013)

war die Gruppe um Gertrud Koch geb. Kochem (geb. 1924) in Köln. Gertrud Koch war Tochter eines Kommunisten und selbst vor 1933 bei den Roten Jungpionieren. Sie verweigerte strikt die Mitgliedschaft im BDM und gründete stattdessen eine eigene Jugendgruppe, die ab 1942 Flugblattaktionen startete. Dabei wurden aber nur sehr kurze Texte verwendet, die man zum Lesen ggf. gar nicht aufheben musste. So brachte ein Leser sich selbst nicht in Gefahr, und wenn der Zettel liegenblieb, las ihn vielleicht noch jemand anders. Ein Flugblatt lautete z. B.: »Macht endlich Schluss mit der braunen Horde! Wir kommen um in diesem Elend. Diese Welt ist nicht mehr unsere Welt. Wir müssen kämpfen für eine andere Welt, wir kommen um in diesem Elend.«[9]

Ebenfalls sehr aktiv und mit über 100 Mitgliedern – vorwiegend selbst schon Verfolgten – sehr stark war eine Gruppe, die auch nach dem KZ-Flüchtling Hans Steinbrück benannt ist. Sie unterschieden sich hinsichtlich ihrer Zusammensetzung und ihrer Aktivitäten von den meisten anderen Gruppen und werden daher bisweilen auch als Organisation eigener Art bewertet. Sie wollte nicht nur Flugblattaktionen durchführen, sondern erbeutete bei Diebstählen und Plünderungen auch Lebensmittel in großem Umfang und lieferte schließlich sogar Straßenkämpfe mit HJ und SA. Dreizehn Mitglieder wurden im November 1944 ohne Prozess öffentlich hingerichtet, darunter Steinbrück und Bartholomäus Schink.

Weitere Gruppen gab es z. B. in Düsseldorf, Dortmund (Brüggemannspark), Wuppertal und Essen. Andere nannten sich auch »Navajos«, »Sturmscharen«.

Literatur: Matthias von Hellfeld: Edelweißpiraten in Köln. Jugendrebellion gegen das 3. Reich. Köln 1983; Detlev J. Peukert: Die Edelweißpiraten. Protestbewegung jugendlicher Arbeiter im »Dritten Reich«; eine Dokumentation. Köln 1988; Wilfried Breyvogel (Hrsg.): Piraten, Swings und Junge Garde. Jugendwiderstand im Nationalsozialismus. Dietz, Bonn 1991; Alexander Goeb: Er war sechzehn, als man ihn hängte. Das kurze Leben des Widerstandskämpfers Bartholomäus Schink. Reinbek 2001; Jean Jülich: Kohldampf, Knast un Kamelle. Ein Edelweißpirat erzählt sein Leben. Köln 2003; Fritz Theilen: Edelweißpiraten. Köln 2003; Gertrud Koch/Regina

---

9   ebd. S. 77.

Carstensen: Edelweiß. Meine Jugend als Widerstandskämpferin. Reinbek 2006; Jan Krauthäuser/Doris Werheid/Jörg Seyffarth (Hrsg.): Gefährliche Lieder. Köln 2010; Arno Klönne: Jugendliche Opposition im »Dritten Reich«. Hrsg. von der Landeszentrale für politische Bildung Thüringen. Erfurt ²2013 (http://www.lzt-thueringen.de/files/ugendlicheopposition.pdf, 07.07.2013)

Georg Elser

Georg Elser wurde 1903 in Hermaringen in Württemberg geboren und stammte aus bescheidenen Verhältnissen. Nach einem mittelmäßigen Volksschulabschluss und einer aus gesundheitlichen Gründen abgebrochenen Dreherlehre schloss er 1922 seine Schreinerlehre als Jahrgangsbester ab und begab sich dann auf Wanderschaft. Ab 1925 arbeitete er in einer Uhrenfabrik in Konstanz, 1929 in der Schweiz, 1932 wurde er in Königsbronn als Geselle im elterlichen Betrieb angestellt, wo er als ziemlicher Eigenbrötler galt. Dass er die KPD wählte, war eher der Tatsache geschuldet, dass er dort seine Interessen vertreten sah, als tiefschürfenden politischen Erwägungen. In diesen Zusammenhang gehören auch seine Motive für das Attentat auf Adolf Hitler, das er am 8. November 1939 im Münchner Bürgerbräukeller verübte: Den Nationalsozialismus betrachtete er als unsozial, die Lage der Arbeiter hatte sich seit 1933 verschlechtert. Doch auch die Unfreiheit der Menschen unter der Herrschaft der NSDAP und die Kriegspläne Hitlers empfand Elser als Unrecht. Von der massiven Aufrüstungspolitik hatte er in einer Heidenheimer Armaturenfabrik erfahren, in der er seit 1936 beschäftigt war.

Den Ort des Attentats, den Bürgerbräukeller, hatte er 1938 zum ersten Mal besucht. Seinen Anschlag bereitete er ein ganzes Jahr lang gründlich vor: Er wechselte seinen Arbeitsplatz von der Heidenheimer Armaturenfabrik zu einem Steinbruch, wo er Kenntnisse über Sprengungen erwarb, ließ sich dann einen Monat lang jede Nacht im Lokal heimlich einschließen und höhlte kniend eine Säule aus, in der er die Bombe anbrachte.

Bei der Gedenkfeier zum Hitlerputsch am 8. November 1939 fand die Explosion planmäßig statt, doch Hitler hatte den Saal bereits verlassen, um einen Sonderzug nach Berlin zu erreichen, da er mit dem Zug statt mit dem Flugzeug nach Berlin zurückkehrte. Trotzdem war der Saal noch so gefüllt, dass bei der Detonation sieben Menschen starben, darunter eine Kellnerin. Über 60 Personen wurden verletzt.

Elser selbst wurde noch am selben Abend an der Schweizer Grenze verhaftet und legte nach fünf Tagen mit Verhören ein Geständnis ab. Zu seinen Motiven erklärte er später:

[…] Ferner steht die Arbeiterschaft nach meiner Ansicht seit der nationalen Revolution unter einem gewissen Zwang. Der Arbeiter kann z. B. seinen Arbeitsplatz nicht mehr so wechseln wie er will, er ist heute durch die HJ nicht mehr Herr seiner Kinder, und auch in religiöser Hinsicht kann er sich nicht mehr so frei betätigen. Ich denke hier insbesondere an die Tätigkeit der Deutschen Christen. Weitere Beispiele fallen mir augenblicklich nicht ein. […] Ich habe noch im Laufe der Zeit festgestellt, daß deswegen die Arbeiterschaft gegen die Regierung »eine Wut« hat. […] Im Herbst 1938 wurde nach meinen Feststellungen in der Arbeiterschaft allgemein mit einem Krieg gerechnet. […] Ich war voriges Jahr um diese Zeit der Überzeugung, daß es bei dem Münchner Abkommen nicht bleibt, daß Deutschland anderen Ländern gegenüber noch weitere Forderungen stellen und sich andere Länder einverleiben wird und daß deshalb ein Krieg unvermeidlich ist. […] Ich stellte allein Betrachtungen an, wie man die Verhältnisse der Arbeiterschaft bessern und einen Krieg vermeiden könnte. Hierzu wurde ich von niemandem angeregt, auch wurde ich von niemandem in diesem Sinne beeinflusst. […] Die von mir angestellten Betrachtungen zeitigten das Ergebnis, daß die Verhältnisse in Deutschland nur durch die Beseitigung der derzeitigen Führung geändert werden könnten. Unter Führung verstand ich die »Obersten«, ich meine damit Hitler, Göring und Goebbels. Durch meine Überlegungen kam ich zu der Überzeugung, daß durch die Beseitigung dieser 3 Männer andere Männer an die Regierung kommen, die an das Ausland keine untragbaren Forderungen stellen […] und für eine Besserung der sozialen Verhältnisse der Arbeiterschaft Sorge tragen werden. […] Der Gedanke der Beseitigung der Führung ließ mich damals nicht mehr zur Ruhe kommen, und bereits im Herbst 1938 – es war dies vor dem November 1938 – hatte ich aufgrund der immer angestellten Betrachtungen den Entschluss gefaßt, die Beseitigung der Führung selbst vorzunehmen. […]

Zit. nach: Hoch/Gruchmann, Georg Elser, S. 96–99

Gegen Elser starteten die Nationalsozialisten einen massiven Propagandafeldzug, da sie sich nicht vorstellen konnten, dass er als Einzeltäter gehandelt hatte. Fieberhaft wurde nach Hintermännern gefahndet, die man auch im Ausland vermutete. Elsers Aussagen stellten sich jedoch, soweit sie überprüfbar waren, als zutreffend heraus. So sehr sich die Nationalsozialisten durch Hitlers Überleben gestärkt fühlten, so sehr waren sie von den Möglichkeiten einer Einzelperson doch verunsichert. Manche hielten den Anschlag für eine Idee der Nationalsozialisten selbst. Elser sollte für einen Schauprozess nach dem Krieg aufbewahrt werden. Er kam zunächst in das Konzentrationslager Sachsenhausen und wurde später nach Dachau verlegt. Dort wurde er 1945 im April ermordet.

Quellen und Literatur: Anton Hoch/Lothar Gruchmann: Georg Elser: Der Attentäter aus dem Volke. Der Anschlag auf Hitler im Münchener Bürgerbräu 1939. Frankfurt 1980; Eine Dokumentation. Berlin (Ausstellungskatalog) 1997; Helmut Ortner: Der Attentäter. Georg Elser. Der Mann, der Hitler töten wollte. Tübingen [2]1999; Ulrich Renz, Georg-Elser-Gedenkstätte Königsbronn (Hrsg.): Die Akte Elser. [Schriftenreihe der Georg Elser Gedenkstätte Königsbronn, Bd. I] Königsbronn 2000; Peter Steinbach/Johannes Tuchel: »Ich habe den Krieg verhindern wollen«. Georg Elser und das Attentat vom 8. November 1939. Peter Steinbach/Johannes Tuchel: Georg Elser. Hrsg. von der Ernst Freiberger-Stiftung, Berlin 2008; Georg Elser – Sprengstoffanschlag im Bürgerbräukeller in München am 8.11.1939. Vernehmung des Täters. Waging am See 2009; Volker Koop: In Hitlers Hand: Die Sonder- und Ehrenhäftlinge der SS. Köln – Weimar – Wien 2010; Sigrid Brüggemann: Johann Georg Elser – ein beunruhigendes Rätsel für die Gestapo. In: Ingrid Bauz/Sigrid Brüggemann/Roland Maier (Hrsg.): Die Geheime Staatspolizei in Württemberg und Hohenzollern. Stuttgart 2013, S. 209–213

4. Widerstand im Krieg 1939–1944

Ausbruch des Kriegs und Systematisierung der Verbrechen

Nach der Durchsetzung etlicher Gebietsansprüche, die vom europäischen Ausland ohne militärische Gewalt hingenommen wurden, des Saargebiets 1935, der Angliederung Österreichs und des Sudetenlands 1938 sowie der Rest-Tschechei 1939 provozierte der Einmarsch der Wehrmacht in Polen am 1. September 1939 die lange erwartete Reaktion der Westmächte. Dem raschen militärischen Erfolg im Polenfeldzug folgte die Verkündung neuer Angriffspläne. Überfälle auf Frankreich, die BeNeLux-Staaten und skandinavische Länder 1940 sowie auf die Sowjetunion 1941, ferner die gemeinsamen Überfälle mit Italien in Südeuropa erweiterten die Auseinandersetzung zum Zweiten Weltkrieg. Die Invasionen, zum Teil von einheimischen Regierungen gestattet oder gar gefördert, waren mit der Verbreitung der im Deutschen Reich sich schon abzeichnenden Verbrechen überall hinter der Front verbunden – manchmal auch in Zusammenarbeit mit der einheimischen Bevölkerung. Die bisher aus Deutschland vertriebenen oder in Lager verbrachten Juden wurden im Laufe des Kriegs systematisch, ja gleichsam industriell, ermordet. Die besetzten Länder wurden mit demselben Terror überzogen, der auch in Deutschland herrschte.

Im Inland wurden gleich nach Kriegsausbruch tatsächliche oder vermeintliche Regimegegner, vor allem noch in Freiheit lebende Sozialdemokraten, in großer Zahl verhaftet und so mundtot gemacht. Gleichzeitig stieg die Bereitschaft der Nationalsozialisten, alle Verbrechen, die ihre Ideologie gestattete, auch in die Tat umzusetzen: Die Ermordung der Juden und anderen als feindlich eingestuften Personengruppen, die Ermordung Behinderter und Kranker unter der Bezeichnung »Euthanasie«, Menschenversuche, Ausbeutung von Zwangsarbeitern, Massenerschießungen hinter der Front und viele andere.

Zunächst erfolgreich im Blitzkrieg in Polen und Frankreich, auch gegen viele weitere schwächere, unvorbereitete Armeen, wendete sich das Blatt im Winter 1942/43 in der Schlacht um Stalingrad. Den entsetzlichen Verbrechen der deutschen Besatzung stand in den besetzten Staaten keine Perspektive gegenüber, die die Bevölkerung für die Besatzer hätte gewinnen können.

Gleichzeitig erschwerte der Krieg, auch wenn er von Deutschland begonnen worden war, für viele den Entschluss, sich angesichts des äußeren Feindes gegen die eigene Regierung zu stellen, sei sie noch so kritikwürdig. Leidensdruck und Dissens veranlassten aber auch jetzt noch, manche jetzt erst, sich dem Regime zu widersetzen, auch unter Gefahr für das eigene Leben.

Kriegsdienstverweigerer und Überläufer

Kriegsdienstverweigerer und Deserteure wurden lange nicht als Beispiele des Widerstands gegen den Nationalsozialismus anerkannt. Die Motive dazu waren vielschichtig und wurden häufig nicht dokumentiert. Die Kriegsdienstverweigerung war von vorneherein mit Gefahr für Leib und Leben verbunden und kann insofern keinesfalls als Feigheit ausgelegt werden. Bereits in den ersten Kriegswochen wurde der erste Kriegsdienstverweigerer hingerichtet.

Fahnenflucht geschah unter Umständen nach der Beobachtung von oder gar Beteiligung an Kriegsverbrechen, bisweilen aus dem Willen heraus, den aussichtslos gewordenen Krieg schneller zu beenden, oder als logische Konsequenz, wenn jemand schon gegen seinen Willen überhaupt erst verpflichtet wurde, etwa in einem Strafbataillon. Dann nahm der Betreffende eventuell freiwillige Kriegsgefangenschaft in Kauf, die aber nicht zwangsläufig die Rettung des Lebens bedeutete.

Unter den Kriegsdienstverweigerern sollen hier zwei aus verschiedenen weltanschaulichen Hintergründen vorgestellt werden.

Franz Jägerstätter

Franz Jägerstätter wurde am 20. Mai 1907 in St. Radegund in Oberösterreich geboren und war, wie seine schriftlichen Äußerungen belegen, ein tiefgläubiger und lebenslustiger Mensch. Er wurde 1933 Vater einer unehelichen Tochter, erwog allerdings im Jahr darauf den Eintritt in ein Kloster. Doch 1936 heiratete er Franziska Schwanninger, ebenfalls aus einer Familie, die den Glauben sehr ernst nahm; die Hochzeitsreise war eine Pilgerfahrt nach Rom. Aus der Ehe gingen drei Töchter hervor.

Seine erste Einberufung zum Wehrdienst erhielt Jägerstätter am 17. Juni 1940, wird aber zweimal – nicht auf eigene Initiative hin –zurückgestellt. Zusammen mit seiner Frau trat er in den Dritten Orden des heiligen Franziskus ein. Franz Jägerstätter lehnte den Wehrdienst nicht grundsätzlich ab, sehr wohl aber den Nationalsozialismus und seine Kriegsziele: »Gibt es denn noch viel Schlechteres, als wenn ich Menschen morden und berauben muß, die ihr Vaterland verteidigen, nur um einer antireligiösen Macht zum Siege zu verhelfen, damit sie ein gottgläubiges oder besser gesagt ein gottloses Weltreich gründen können. Heute ist immer nur von den schlechten Russen die Rede, die anderen Länder kommen wahrscheinlich gar nicht mehr in Frage, denen man es genauso gemacht und vielleicht noch machen wird?«[10]

Eine erneute Einberufung erging an Franz Jägerstätter am 23. Februar 1943. Da er erklärte, keinen Kriegsdienst leisten zu wollen, wurde er ins Wehrmachtsuntersuchungsgefängnis nach Linz überstellt. Obwohl er sich zum Sanitätsdienst bereit erklärt hatte, wurde Jägerstätter am 6. Juli 1943 vom Reichskriegsgericht wegen Zersetzung der Wehrkraft zum Tode verurteilt. Unter anderem wurde festgestellt: »Er erklärte, dass er gegen sein religiöses Gewissen handeln würde, wenn er für den nationalsozialistischen Staat kämpfen würde. […] Er könne nicht gleichzeitig Nationalsozialist und Katholik sein; das sei unmöglich.« Nach einem letzten Besuch seiner Frau und seines Ortspfarrers am 12. Juli wurde er am 9. August 1943 um 16 Uhr in Brandenburg hingerichtet.

---

10   Putz, Gefängnisbriefe, 160f.

Literatur: Monika Würthinger: Franz Jägerstätter. Bauer und Mesner. In: Jan MIKRUT (Hg.), Blutzeugen des Glaubens. Martyrologium des 20. Jahrhunderts, Bd. II, Wien 2000, S. 163–180

Ludwig Gehm

Der Arbeitersohn und gelernte Dreher wurde 1905 in Kaiserslautern geboren. 1911 zog seine Familie nach Frankfurt. Ludwig trat 1919 in die Sozialistische Arbeiterjugend ein, 1921 in die SPD. Als Mitglied des ISK wirkte er ab 1933 bei Sabotageaktionen gegen die NSDAP mit und half politisch Verfolgten. So zertrennte er mit Gesinnungsgenossen bei 1935 bei der Eröffnungsfeier für einen Autobahnabschnitt die Lautsprecherkabel und brachte die oben erwähnten Parolen gegen den Nationalsozialismus an. Daher wurde er 1936 verhaftet und, da ihm nur ein Teil seiner Taten nachgewiesen werden konnte, zu zwei Jahren Zuchthaus verurteilt. Nach Verbüßung dieser Strafe und unter Anrechnung der Untersuchungshaft wurde er ab 1937 vier Jahre lang im Konzentrationslager Buchenwald festgehalten. Dann wurde er ins Strafbataillon 999 nach Griechenland versetzt, von wo er desertierte und sich griechischen Partisanen anschloss, um gegen die Wehrmacht zu kämpfen. Dennoch wurde er bis 1947 in britischer Kriegsgefangenschaft in Nordafrika gehalten. Ludwig Gehm war später 1952 bis 1972 Stadtrat der SPD in Frankfurt. Dort starb er 2002.

Literatur: Antje Dertinger: Der treue Partisan – ein Lebenslauf – Ludwig Gehm. Bonn 1989; http://www.frankfurt1933-1945.de/Stichwort: Widerstand des ISK (4. Juni 2013)

Kommunisten

Der Kommunistische Widerstand wurde 1939 durch den Hitler-Stalin-Pakt überrascht und schwer erschüttert. Das Bündnis des Parteichefs in Moskau, von dem man eigentlich auf Unterstützung hoffte, mit dem schlimmsten Feind, nämlich Hitler, machte die europäischen Kommunisten ratlos. Die deutsche Partei verlegte ihre Basis nach Stockholm, wobei die ausländischen Büros die Leitung der Betätigungen in Deutschland aufgaben. Der kommunistische Widerstand wurde im Wesentlichen dezentralisiert und in kleinen Einheiten nicht selten von ehemaligen KZ-Häftlingen geprägt.

Der Ausbruch des Kriegs mit der Sowjetunion gab den Kommunisten ihre Orientierung zurück – nicht nur in Deutschland. Von den zahlreichen regionalen Gruppen können hier – wie auch an anderen Stellen – nur einige exemplarisch aufgezählt werden.

Literatur: Horst Duhnke: Die KPD von 1933 bis 1945. Köln 1971; Beatrix Herlemann: Die Emigration als Kampfposten. Die Anleitung des Kommunistischen Widerstandes in Deutschland aus Frankreich, Belgien und den Niederlanden. Königstein 1982; dies.: Auf verlorenem Posten. Bonn 1986

Die Gruppe um Georg Schumann in Leipzig

Georg Schumann aus Reudnitz in Sachsen (1886–1945) war zunächst SPD-Mitglied und seit 1913 Redakteur bei der Leipziger Volkszeitung und zeigte sich schon im 1. Weltkrieg als entschiedener Kriegsgegner. Als Soldat ab 1916 verbreitete er sozialistisches Gedankengut und ließ auch, als er deswegen zur Festungshaft verurteilt wurde, nicht von seiner Agitation ab. Über den Spartakusbund kam er zur KPD und war Mitglied des Preußischen Landtages 1921–1924 und 1928–1933 Reichstagsmitglied. Nach nur kurzer Gelegenheit zur Widerstandtätigkeit in Breslau wurde er schon im Juni 1933 festgenommen und vom Volksgerichtshof zu drei Jahren Zuchthaus verurteilt, danach kam er in »Schutzhaft« ins Konzentrationslager Sachsenhausen. Kurz vor Kriegsausbruch freigelassen, gründete er 1941 mit Otto Engert (1895–945) und Kurt Kresse (1904–1945) eine Widerstandsgruppe, die sich trotz einiger kleiner Abweichungen in den politischen Forderungen als Leipziger Abteilung des »Nationalkomitees Freies Deutschland« verstand und Propaganda betrieb und Sabotageakte verübte. Die drei Hauptakteure wurden im Juli 1944 verhaftet und alle zum Tode verurteilt, nachdem sie auch bei Verhören unter Folter die weiteren Mitglieder nicht verraten hatten. Im Januar 1945 wurden sie hingerichtet.

Literatur: Krause: Die Schumann-Engert-Kresse-Gruppe. Dokumente und
Materialien des illegalen antifaschistischen Kampfes (Leipzig 1943 bis 1945).
Berlin 1960

Die Gruppe um Bernhard Bästlein in Hamburg

Der 1894 in Hamburg geborene Bernhard Bästlein, SPD-Mitglied ab 1912, 1918 in der USPD, dann KPD-Mitglied, wurde
1921 Bürgerschaftsmitglied und betätigte sich danach vor allem
als Redakteur regionaler kommunistischer Zeitungen, bis er
1932 Landtagsabgeordneter in Preußen und 1933 Mitglied des
Reichstages wurde. Im Mai verhaftet, wurde er zu 20 Monaten
Zuchthaus verurteilt und bis 1940 in den Konzentrationslagern
Esterwegen, Dachau und Sachsenhausen festgehalten. Zurück
in Hamburg gründete er mit Franz Jacob (1906–1944) und
Robert Abshagen (1911–1944) eine Widerstandsgruppe, die in
Norddeutschland weitverzweigte Kontakte unterhielt. Ziele
waren die Sabotage der Rüstungsproduktion zur Verkürzung
des Kriegs sowie die Unterstützung von Zwangsarbeitern. Bernhard Bästlein selbst wurde im Oktober 1942 festgenommen und
nach ihm über 100 weitere Mitglieder der Gruppe. Luftangriffe
auf Berlin und Hamburg 1944, die auch Gefängnisse in Mitlei-
denschaft zogen, brachten mehreren Verhafteten der Gruppe
überraschend die Freiheit. Bästlein, der geflohen war, nahm
Kontakt zur Gruppe um Anton Saefkow auf, um seine Arbeit
fortzusetzen. Im Mai erneut von der Gestapo verhaftet, wurde
er noch im September zum Tode verurteilt und hingerichtet.
Franz Jacob, der über Julius Leber und Adolf Reichwein mit
den Verschwörern des 20. Juli Verbindung aufgenommen hatte,
ereilte das gleiche Schicksal, Robert Abshagen, der Kontakt zu
kommunistischen Gruppen in anderen Reichsteilen hergestellt
hatte, war schon im Juli nach einem Urteil des Volksgerichtsho-
fes ermordet worden.

Literatur: Frank Müller: Mitglieder der Bürgerschaft. Opfer totalitärer Verfol-
gung. Hamburg ²1995, S. 15–18; Ursel Hochmuth: Illegale KPD und Bewegung
»Freies Deutschland« in Berlin und Brandenburg 1942–1945. Biographien und
Zeugnisse aus der Widerstandsorganisation um Saefkow, Jacob und Bästlein.
[Schriften der Gedenkstätte Deutscher Widerstand, Reihe A, Bd. IV] Berlin

1998, S. 112; Ursel Hochmuth: Niemand und nichts wird vergessen, Biogramme und Briefe Hamburger Widerstandskämpfer 1933–1945. Hamburg 2005

Gruppe von Robert Uhrig und Beppo Römer in Berlin

Robert Uhrig wurde 1903 in Leipzig geboren, war gelernter Werkzeugmacher und ab 1920 SPD-Mitglied. Nach Hitlers Machtübernahme trat er in die KPD über und wurde aus politischen Gründen 1934–1936 erstmals im Zuchthaus inhaftiert. 1938 bildete er eine Widerstandsgruppe, die es sich vor allem zur Aufgabe machte, die Arbeiterschaft in Betrieben zu unterwandern. Dabei wirkten allerdings nicht nur Arbeiter, sondern Personen jeden Ranges und jeder Ausbildung mit, auch Frauen. Uhrig kannte Mitglieder der »Roten Kapelle« persönlich und gewann 1940 Beppo Römer als Mitarbeiter. Römer war 1892 in Altenkirchen geboren und hatte Rechtswissenschaften studiert. Er war Offizier im Ersten Weltkrieg, hatte sich nach längerer Suche nach einer politischen Heimat der KPD zugewandt und war 1933 ebenfalls schon inhaftiert gewesen. 1934 hatte er sogar mit Nikolaus von Halem ein Attentat auf Hitler vorbereitet, das jedoch an einer erneuten Verhaftung gescheitert war, die ihn bis 1939 in Dachau festgehalten hatte. Auch seine Kontakte reichten in andere Widerstandsgruppen, z. B. zu Adam von Trott zu Solz.

Gemeinsam geben Uhrig und Römer die Zeitschrift »Informationsdienst« heraus. Die maschinenschriftlichen Zettel wurden mit der Post ins In- und Ausland verschickt und bemühten sich unter anderem, der Kriegspropaganda der Nationalsozialisten entgegenzuwirken. In der Ausgabe von »Mitte Dezember 1941« hieß es z. B. über die »Kriegslage«:

Weder Leningrad noch Moskau wurden genommen! Im Gegenteil. Bei Rostow am Don wurde in dieser Zeit eine Armee des Generals von Kleist vernichtet. Die roten Truppen treiben Hitlers Front fast zweihundert Kilometer zurück. Und im Heeresbericht vom 8. Dez[ember] 1941 musste klar und recht eindeutig festgestellt werden: »Auf weiten Strecken der Ostfront finden nur noch örtliche Kampfhandlungen statt. Die Fortsetzung der Operationen und die Art der Kampfführung im Osten sind von jetzt ab durch den Einbruch des russischen Winters bedingt …« Das ist

eine klare Anerkennung des »Generals Winter«, es ist die Bankrotterklä-
rung des Blitzkrieges. Seit Wochen schon strömt der Fluss der Armeen in
die Mündungen eines Stellungs- oder besser gesagt in den Dauerkrieg
hinein. Hitler ist zur Strategie der Niederlage gekommen.

*Zitiert nach der Abbildung auf der Internetseite »Kreuzberger Gedenktafel für die Opfer
des Nazi-Regimes« http://www.museumsmedien.de/xberg-ged/person.php?id=28
(01.07.2013)*

Uhrigs und Römers Gruppe wurde zu Beginn des Jahres 1942
von der Gestapo entdeckt. Die beiden Leiter wurden mit anderen Mitgliedern zusammen verhaftet und vom Volksgerichtshof
im Juni zum Tode verurteilt. Im August wurden sie ermordet.

Literatur: Oswald Bindrich/Susanne Römer: Beppo Römer. Ein Leben
zwischen Revolution und Nation. Berlin 1991; Hans-Rainer Sandvoß:
Widerstand in Friedrichshain und Lichtenberg. Herausgegeben von der
Gedenkstätte Deutscher Widerstand, Berlin 1998

Die Gruppe um Anton Saefkow in Berlin

Anton Saefkow war 1903 geboren und hatte eine Ausbildung als
Schlosser absolviert. 1920 stieß er zur KPD und betätigte sich
hauptberuflich in Partei und Gewerkschaft. Gleich im April 1933
wurde er verhaftet und für mehrere Jahre im Konzentrationslager und Gefängnis festgehalten. Da er auch dort seine politische
Agitation fortsetzte, wurde er erneut verurteilt und erst 1939
entlassen. Die Widerstandsgrupe, die er danach gründete, verübte insbesondere Sabotageakte in Rüstungsbetrieben. Zu ihr
stieß nach der Zerschlagung der Bästlein-Gruppe auch Franz
Jacob. Im Juli 1944 wurden die Hauptakteure der Gruppe, die
auch Kontakte zu den Verschwörern des 20. Juli aufgenommen
hatten, verhaftet, anschließend zum Tode verurteilt und im
September hingerichtet.

Literatur: Annette Neumann, Susanne Reveles, Bärbel Schindler-Saefkow:
Berliner Arbeiterwiderstand 1942–1945. »Weg mit Hitler – Schluß mit dem
Krieg!« Die Saefkow-Jacob-Bästlein-Organisation. Hrsg. von der Berliner
Vereinigung der Verfolgten des Naziregimes – Bund der Antifaschisten und
Antifaschistinnen e.V., Berlin 2009

Sozialdemokraten

Die SPD-Führung hatte ihre Zentrale nach Kriegsausbruch von Prag nach Paris verlegt und musste von dort nach London ausweichen. Zu Kriegsbeginn waren die Mitglieder dieser Partei noch einmal von einer Verhaftungswelle überrollt worden. Während eine Annäherung an die Kommunisten im Ganzen misslungen war und allenfalls auf persönlicher Ebene stattfand, taten sich führende Sozialdemokraten wie Julius Leber, Carlo Mierendorff oder Wilhelm Leuschner zum Zweck des Widerstands nun über Partei- und politische Lagergrenzen hinweg auch mit Konservativen und Liberalen zusammen.

Rote Kapelle

Unter »Roter Kapelle« verstand man im Zweiten Weltkrieg einerseits das Spionagenetz des sowjetischen Geheimdienstes in Westeuropa, andererseits belegte die Gestapo mehrere Widerstandsgruppen mit diesem Namen.

Eine davon war die um Harro Schulze-Boysen. Ihre zentrale Figur war 1903 geboren. Er studierte Rechtswissenschaften und war in jungen Jahren zunächst national gesinnt. Dies änderte sich durch Erfahrungen bei einem Frankreich-Aufenthalt 1931. Von 1932 bis 1933 gab er daraufhin die Zeitschrift »Gegner« heraus, weshalb er vorübergehend festgenommen wurde. In der Haft wurde vor seinen Augen sein jüdischer Freund Henry Erlanger ermordet.

Danach wurde er an der Verkehrsfliegerschule in Warnemünde angenommen und dort zum Piloten ausgebildet. Danach arbeitete er in der Nachrichtenabteilung des Reichsluftfahrtministeriums. Seine Meinung hatte er allerdings nicht mehr geändert, und er tauschte sich mit anderen gleichgesinnten Männern und Frauen aus, auch seiner eigenen Frau Libertas (1913–1042), zunächst allerdings nur in sehr lockeren Kontakten. Diese intensivierten sich jedoch ab Kriegsausbruch.

Eine weitere Gruppe bildete sich um den Juristen Arvid Harnack (1901–1942), Oberregierungsrat im Reichswirtschafts-

ministerium. Beide Gruppen hatten personelle Überschnei-
dungen und bildeten am Ende ein Netz, dem unter anderem
folgende Personen – zum Teil auch in loser Verbindung – angehörten:

Das Ehepaar Hans Coppi (1916–1942) und Hilde Coppi
(1909–1943), der Journalist und Fotograf John Graudenz (1884–
1942), der letzte demokratische Kultusminister von Preußen,
der Sozialdemokrat Adolf Grimme (1889–1963), der Historiker
und Journalist Wilhelm Guddorf (1902–1943), das Ehepaar
Mildred (1902–1943) und Arvid Harnack, das Ehepaar Walter
(1909–1943) und Martha Husemann (1913–1960), Schauspielerin,
der Journalist Walther Küchenmeister (1897–1943), das Ehepaar
Adam Kuckhoff (1887–1943), Schriftsteller, und Greta Kuckhoff
(1902–1981), die als Übersetzerin im Propagandaministerium
tätig war, die Ärztin Elfriede Paul (1900–1981), die Journalistin
Gisela von Poellnitz (1915–1939), der Arzt und Psychoanalytiker
John Rittmeister (1898–1943), eventuell[11] der deutsche Diplomat
in Warschau Rudolf Scheliha (1897–1942), der sich schon als
Student gegen antisemitische Hetze gewandt hatte und in Polen
schon jüdische Verfolgte gerettet hatte, die Tänzerin Oda Schott-
müller (1905–1943), der Bildhauer Kurt Schumacher (1905–1942)
und seine Frau Elisabeth Schumacher, zumindest indirekt der
Journalist John Sieg (1903–1942), die Juristin Maria Terwil (1910–
1943), die schon bevor sie zu diesem Kreis gehörte, verfolgten
Juden Zuflucht gewährt hatte, sowie der Schriftsteller Günther
Weisenborn (1902–1969) und seine Frau Margarethe, letztendlich etwa 150 Mitglieder, die in kleinen Einheiten zusammen-
wirkten. Obgleich sie nicht nur sozialistisch/kommunistische
Überzeugungen vertraten, von höchst unterschiedlicher sozialer
Herkunft waren und sehr verschiedene Ausbildungen genossen
hatten, einte sie die Gegnerschaft zum Nationalsozialismus und
der Wille, das NS-Regime möglichst schnell zu beseitigen.

So diskutierten sie nicht nur die politische Situation und entwarfen Pläne für eine Nachkriegsordnung, sondern verbreiteten
auch Flugblätter und die Predigten des Bischofs von Münster

---

11   Jedenfalls wurde er im Zusammenhang mit der Verfolgung von Mitgliedern
     der sogenannten Roten Kapelle verhaftet.

Clemens August Graf von Galen. Zu den weiteren Aktionen dieses Personenkreises oder der kleineren Einheiten desselben gehörten die Weitergabe von Informationen an Vertreter der Sowjetunion, unter anderem der deutschen Angriffspläne von 1940, die Dokumentation von NS-Verbrechen, im Mai 1942 in Berlin die Plakatierung gegen die NS-Ausstellung »Das Sowjetparadies«, der Kontakt zu anderen Widerstandsgruppen wie der Bästlein-Gruppe und dem Kreisauer Kreis, Hilfe für einzelne Verfolgte, in frühen Jahren vor allem Fluchthilfe.

Ein abgehörter Funkspruch aus der Sowjetunion enttarnte die Gruppe 1942. Danach wurden ihre Tätigkeiten durch die Gestapo aufgedeckt und zwischen August 1942 und März 1943 über 100 Mitglieder verhaftet. Mindestens 38 Männer und 19 Frauen – die angegebenen Lebensdaten deuten es an – kamen durch direkte oder indirekte Gewalt der Nationalsozialisten zu Tode.

Quellen und Literatur: Harro Schulze-Boysen: Gegner von heute – Kampfgenossen von morgen. Berlin 1932; Elsa Boysen: Harro Schulze-Boysen – Das Bild eines Freiheitskämpfers. Düsseldorf 1947; Falk Harnack: Vom anderen Deutschland. Teilbericht über die deutsche Widerstandsbewegung. 1947; Greta Kuckhoff: Vom Rosenkranz zur Roten Kapelle. Ein Lebensbericht. Berlin (Ost) 1976; Elfriede Paul: Ein Sprechzimmer der Roten Kapelle. Berlin 1981; Hans Coppi junior/Jürgen Danyel/Johannes Tuchel (Hrsg.): Die Rote Kapelle im Widerstand gegen Hitler. [Schriften der Gedenkstätte Deutscher Widerstand] Berlin 1992; Regina Griebel/Marlies Coburger/Heinrich Scheel (Hrsg.): Erfasst? Das Gestapo-Album zur Roten Kapelle. Eine Fotodokumentation. Halle 1992; Hans Coppi: Harro Schulze-Boysen. Eine biographische Studie. Koblenz 1993; Beatrix Herlemann: Die Einheit in der Vielfalt. Die Frauen der Roten Kapelle. In: Christl Wickert (Hrsg.): Frauen gegen die Diktatur. Widerstand und Verfolgung im nationalsozialistischen Deutschland. Berlin 1994, S. 98–105; Hans Coppi: Harro Schulze-Boysen – Wege in den Widerstand. Koblenz 1995; Hans Coppi/Geertje Andresen (Hrsg.): Dieser Tod paßt zu mir. Harro Schulze-Boysen – Grenzgänger im Widerstand. Briefe 1915–1942, Berlin 1999; Stefan Roloff: Die Rote Kapelle. München 2002; Shareen Blair Brysac: Mildred Harnack und die »Rote Kapelle«. Die Geschichte einer ungewöhnlichen Frau und einer Widerstandsbewegung. Bern 2003; Karl Heinz Roth/Angelika Ebbinghaus: Rote Kapellen, Kreisauer Kreise, Schwarze Kapellen: Neue Sichtweisen auf den deutschen Widerstand gegen die NS-Diktatur. Hamburg 2004; Silke Kettelhake: Erzähl allen, allen von mir! München 2008

Jüdischer Widerstand

Werner Scharff, Hans Winkler und die
»Gemeinschaft für Frieden und Aufbau«

In Luckenwalde wurde 1943 eine Widerstandsgruppe gebildet, an der eine Reihe von Juden teilnahmen, die bereits in der Illegalität lebten. Gegründet worden war die Vereinigung von Werner Scharff und Hans Winkler. Scharff (geb. 1912) war selbst von jüdischer Abstammung und hatte bereits vergeblich versucht, zusammen mit seiner Frau auszuwandern. In Ausübung seines Berufes als Elektriker in der Synagoge in Berlin-Moabit erlebte er unmittelbar die Sammlung jüdischer Gefangener zur Deportation mit und entschied sich, den Verfolgten durch die Übermittlung von Nachrichten und die Weitergabe von Lebensmitteln und Wertsachen zu helfen. Es gelang ihm sogar, Einsicht in Deportationslisten zu nehmen und Betroffene zu warnen. Vor dem Zugriff auf seine eigene Gemeinde versteckte er sich. Er wurde aber dennoch im Juli verhaftet, in das Konzentrationslager Theresienstadt gebracht, konnte sich jedoch nach knapp drei Monaten befreien und zu dem Schreiber am Amtsgericht Luckenwalde Hans Winkler retten, dessen Adresse ihm zugesteckt worden war. Hans Winkler besaß bereits Kontakte zu anderen Oppositionellen in Luckenwalde und hatte jüdische Verwandte und Freunde. Zusammen mit seiner Frau und dem Ehepaar Samuel bildeten sie eine Gruppe zur Rettung verfolgter Juden, der sie den Namen gaben »Sparverein hoher Einsatz«.

Winkler und Scharff schlossen sich enger zusammen und retteten Juden durch die Ausstellung von Pässen und Sterbeurkunden, der Besorgung von Lebensmittelkarten, die Gewährung bzw. Beschaffung von Unterschlupf vor der Deportation. Es gelang ihnen auch weitere Regimegegner aus verschiedenen Berliner Stadtteilen zu rekrutieren, am Ende etwa 30 Personen. Sie verfassten Kettenbriefe und Flugblätter gegen die NS-Verbrechen und den Krieg.

1944 wurde die Organisation, die bisweilen unvorsichtig agiert und z.B. Mitgliederlisten verfasst hatte, entdeckt und

Werner Scharff am 14. Oktober verhaftet, dann auch andere Mitglieder. Scharff wurde in das Konzentrationslager Sachsenhausen verschleppt und dort am 16. März 1945 erschossen. Das Kriegsende verhinderte, dass alle Angehörigen der »Gemeinschaft für Frieden und Aufbau« ermordet wurden.

Quellen und Literatur: Eugen Herman-Friede: Für Freudensprünge keine Zeit: Erinnerungen an Illegalität und Aufbegehren 1942–1948. Berlin 1991; Barbara Schieb-Samizadeh: Die Gemeinschaft für Frieden und Aufbau. Eine wenig bekannte Widerstandsgruppe. In: Dachauer Hefte 7 (1991), S. 174–190; Wilfried Löhken/Werner Vathke (Hrsg.): Juden im Widerstand. Drei Gruppen zwischen Überlebenskampf und politischer Aktion Berlin 1939–1945. Berlin 1993; Arno Lustiger: Zum Kampf auf Leben und Tod. Das Buch vom Widerstand der Juden in Europa, 1933–1945. Köln 1994, S. 66–69; Hans-Rainer Sandvoß: Widerstand in Kreuzberg. Hrsg. von der Gedenkstätte Deutscher Widerstand Berlin 1997; Gemeinschaft für Frieden und Aufbau. In: Wolfgang Benz/Walter Pehle (Hrsg.): Lexikon des deutschen Widerstands. Frankfurt a. M. 2001, S. 213–215; Eugen Herman-Friede: Arbeit und Ressourcen der »Gemeinschaft für Frieden und Aufbau«. In: Detlev J. Blesgen (Hrsg.): Financiers, Finanzen und Finanzierungsformen des Widerstandes. [Schriftenreihe der Forschungsgemeinschaft 20. Juli 1944 e.V., Bd. V] Berlin – Münster 2006, S. 189–191

Die Chug Chaluzi

Eine andere jüdische Widerstandsgruppe nannte sich »Chug Chaluzi« (dt.: Pionierkreis). Sie war von dem Religionslehrer Jizchak Schwersenz (1915–2005) gegründet worden und bezog sich mit ihrem Namen auf zionistische Tradition. Schwersenz war schon 1933 vorübergehend in die Niederlande ausgewandert, aber 1935 zurückgekehrt. Hauptziel von Chug Chaluzi war die Fluchthilfe für Juden und die Rettung von Kindern. So konnten z. B. Kinder gerettet werden, die unter der Tarnung der »Gartenbauschule Wannsee« unterrichtet und so längere Zeit nicht deportiert wurden.

Der Gründer selbst konnte 1944 in die Schweiz fliehen und setzte von dort aus seine Unterstützung für die jetzt von den Hechaluz-Anhänger Gad Beck (1923–2012) geführte Organisation fort. Dort richtete er nach 1945 eine Hilfsorganisation für Waisen ermordeter Juden ein.

Quellen: Jizchak Schwersenz: Die versteckte Gruppe. Berlin 1994; Gad Beck: Und Gad ging zu David. Die Erinnerungen des Gad Beck 1923 bis 1945. Berlin 1995

Herbert-Baum-Gruppe

Um den Elektriker Herbert Baum (1912–1942) bildete sich eine sozialistische Widerstandsgruppe in mehreren Untereinheiten, die sich aus Mitgliedern jüdischer Jugendverbände, zionistischen und kommunistischen Organisationen zusammensetzte. Zu diesen Gruppen gehörten auch:

Baums Ehefrau Marianne Baum (1912–1942), sein Freund Martin Kochmann (1912–1943) und dessen Frau Sala Kochmann (1912–1942), außerdem auch Heinz Werner Birnbaum (1920–1943), Hella Helene Hirsch (1921–1943), Hildegard Jadamowitz (1916–1942), Marianne Joachim, (1921–1943), Hildegard Loewy (1922–1943), Hanni Mayer (1921–1943), Helmuth Neumann (1922–1943), Heinz Paul Rotholz (1922–1943) und Siegbert Rotholz (1922–1943), Lothar Salinger (1920–1943) sowie Werner Steinbrink (1917–1942).

Die Gruppe produzierte Flugschriften und Wandbeschriftungen, die zum Teil an bestimmte Berufsgruppen richtete. So heißt es in einem Flugblatt »An die deutsche Ärzteschaft!«:

[…] Das zunehmende Massensterben an Lungenschwindsucht und Typhus, an Scharlach und Diphterie, an Grippe und Magenulkus in der heutigen Zeit ist eine Folge der Hungerrationen des deutschen Volkes. Das wissen nicht nur wir als verantwortungsbewusste Mediziner Deutschlands. Wir wissen auch, das mit der weiteren systematischen Verschlechterung der Ernährungs- und Wohnverhältnisse infolge dieses wahnsinnigen Krieges die Bedingungen für den weiteren Ausbruch großer Volksseuchen immer günstiger werden.
Das Gespenst des Hungers geht um!
Trotz der Versprechungen der verantwortlichen Männer der Hitlerregierung, dass die Lebensmittelvorräte für einen langen Krieg ausreichen, stehen ausser der Kürzung der Lebensmittelrationen von der 35. Kartenperiode an weitere einschneidende Massnahmen bevor. Jeder Arzt muss heute schon zugeben, dass die werktätige Bevölkerung an der Grenze

ihrer Leistungsfähigkeit angelangt ist, dass die Kinder in der Schule immer mehr zurückbleiben, dass die Sorgen der Hausfrauen und Mütter in immer steigendem Masse zu Erkrankungen führen. Nervöse Störungen sind an der Tagesordnung, Reizbarkeit, Konzentrationsunfähigkeit. **Das Volk steht vor dem Zusammenbruch!** […]

Kollegen, wollt Ihr mitschuldig sein an der bevorstehenden Katastrophe, die über uns hereinbrechen muss, wenn wir Adolf Hitler in seinem aussichtslosen Krieg zur Befriedigung seiner verbrecherischen Machtgelüste weiter unterstützen würden?

Hitlers Sturz ist Deutschlands Rettung!

Soll Hitler wirklich Deutschlands Totengräber werden? Er darf es nicht werden. Fallt ihm gemeinsam mit den antifaschistischen Werktätigen in die Arme! Deutschland wird nicht zugrunde gehen, wenn Hitler stürzt. Im Gegenteil! Millionen Deutsche werden vor dem Untergang bewahrt.

Deutschland wird nicht leben, wenn wir sterben!

Deutschland wird nur leben, wenn wir leben! […]

Darum sind die besten Deutschen die Todfeinde Adolf Hitlers.

Zitiert nach der Abbildung in »Was konnten sie tun?«, http://www.was-konnten-sie-tun.de/uploads/tx_iobio/h_baum_flugblatt_5704_19_04.pdf (01.07.2013)

Schwierig war für diese Gruppe die Kontaktaufnahme zu anderen Widerstandsorganisationen, da sie einerseits schon eine per se gefährdete Personengruppe waren, andererseits auch deutlich jünger als andere. Sie nahmen sich jedenfalls vieler Juden und Zwangsarbeiter an. Am spektakulärsten aber war der Brandanschlag auf die NS-Ausstellung »Das Sowjetparadies« am 18. Mai 1942, der von einer Flugblattaktion begleitet wurde.

Warum die Gestapo die Täter so schnell ermitteln und verfolgen konnte, ist nicht geklärt. Über 20 Mitglieder der Gruppe wurden festgenommen und 1942 und 1943 zum Tod verurteilt. Durch das große in- und ausländische Interesse an dem Ereignis war aber immerhin ein Ziel, nämlich die Aufklärungsarbeit, erfüllt.

Quellen und Literatur: Hanna Elling: Frauen im Deutschen Widerstand 1933–1945. Frankfurt 1981; Margot Pikarski: Jugend im Berliner Widerstand – Herbert Baum und Kampfgefährten. Berlin 1984; Konrad Kwiet/Helmut Eschwege: Die Herbert-Baum-Gruppe. In: Arno Lustiger: Zum Kampf auf Leben und Tod. Das Buch vom Widerstand der Juden in Europa 1933–1945.

Köln 1994, S. 56–66; http://www.juden-im-widerstand.de/index.html
(01.07.2013); Was konnten sie tun? Widerstand gegen den Nationalsozialismus 1939–1945. Hrsg. von der Stiftung 20. Juli und der Gedenkstätte
Deutscher Widerstand. http://www.was-konnten-sie-tun.de/ (01.07.2013)

Aktionen in Lagern und Ghettos

Die Möglichkeiten, von einem Konzentrationslager oder einem
Ghetto aus Widerstand zu leisten, waren eingeschränkt. Den-
noch gab auch an diesen Orten Aktionen, die unter den in der
Einleitung umrissenen Begriff fallen. Namentlich die Überle-
benshilfe für Mitgefangene, die über die reine Selbstbehauptung
hinausging, die Linderung der Gräueltaten der Machthaber im
Lager und Maßnahmen, die der Unmenschlichkeit Akte der
Menschlichkeit entgegensetzten, gab es – oft innerhalb einer
Gruppe von Häftlingen, die sich zusammengehörig fühlten,
bisweilen aber auch über diese Grenzen hinweg.

Der Medizinstudent Heinz Eschen (1909–1938), der nicht nur
wegen seiner jüdischen Abstammung, sondern auch wegen
seiner kommunistischen Gesinnung in das Konzentrationslager
Dachau gebracht worden war, beschützte als Sprecher des Juden-
blocks nach Kräften seine Mithäftlinge und trat auch nach außen
für sie ein. Unter verschärften Haftbedingungen versuchte er,
Erleichterung durch Vortrags- und Diskussionsveranstaltungen
zu verschaffen. Er selbst hielt dies bis 1938 durch, dann wurde er
durch Foltern selbst so zermürbt, dass er daran starb.

Sogar zu Aufständen gegen die Lagerverwaltung kam es in
manchen Orten, auch wenn dies angesichts der Ungleichheit der
Bewaffnung, der manchmal enormen Überzahl der Bewacher
und des Gesundheitszustandes der meisten Häftlinge eher als
Akt der Verzweiflung einzustufen ist oder erst angesichts der
herannahenden alliierten Truppen geschah.

Am bekanntesten ist der Aufstand im Warschauer Ghetto
vom 19. April bis zum 16. Mai 1943. Damals waren Bewohner
von außen mit Waffen versorgt worden und konnten in den
ersten Tagen den Besatzern von der SS schwere personellen
Schaden zufügen. Selbst als die deutschen Soldaten mit schwerer Bewaffnung zurückkehrten, hielten sie ihnen noch mehrere

Wochen im Häuserkampf stand. Dann allerdings wurden die Aufständischen besiegt und die meisten von ihnen ermordet.

Ebenfalls 1943 kam es zu einem Aufstand in dem 1941 eingerichteten Ghetto Białystok in Ostpolen vom 16. bis zum 19. August 1943, nachdem den Insassen ihre bevorstehende Deportation nach Lublin mitgeteilt worden war. In Białystok waren zuvor auch Dokumente über die Verbrechen in den Lagern gesammelt worden. Die Aufständischen überlebten allerdings ihre mutige Tat nicht. In dem ebenfalls seit 1941 bestehenden Ghetto Vilnius in Lettland unternahm eine zionistische Einheit einen Ausbruch und schloss sich sowjetischen Partisanen an. Die Gruppe wurde von Anton Schmid (1900–1942) unterstützt, der schon in seiner Heimat Österreich mehrere Juden durch Gewährung von Unterschlupf und Fluchthilfe gerettet hatte und nun in Vilnius dasselbe tat.

Im Konzentrationslager Treblinka erhoben sich die Gefangenen am 2. August 1943 gegen ihre Unterdrücker. Diese waren hier zahlenmäßig ohnehin in der Minderheit, sodass sich die rund 400 Aufständischen bei der Abwesenheit einiger SS-Männer, die sich im Urlaub befanden, eine echte Chance ausrechneten. Sie steckten ihre Baracken in Brand und konnten zu Hunderten entkommen. Da sie jedoch in der Bevölkerung der Ukraine keine bzw. nur wenig Unterstützung fanden, überlebten auch außerhalb des Lagers nur etwa 50 von ihnen. Ähnlich in Sobibor im Oktober 1943: Nachdem es gelungen war, neun SS-Männer zu überwältigen, kam es zu einer ungeordneten Massenflucht. Am Ende überlebten nur etwa 50 der aufständischen Lagerinsassen. Auch sie fanden in der Umgebung des Lagers nur wenig Unterstützung. Das Lager wurde von der SS zum Jahresende aufgegeben.

Die Sprengung eines Krematoriums durch dort eingesetzte Gefangene im Oktober 1944 ermöglichte zwar die Flucht einiger Gefangener, bewirkte aber keinen langfristigen Erfolg.

Schließlich blieb Juden nur noch die Chance, sich in den Partisanenarmeen der besetzten Länder zu engagieren, soweit man sie dort zuließ, bisweilen gelang es, eigene Partisanenarmeen zu gründen, viele Emigrierte traten in die Armeen der alliierten Staaten ein.

Quellen und Literatur: Yitzhak Arad: Ghetto in Flames: The Struggle and Destruction of the Jews in Vilna in the Holocaust. Yad Vashem – Jerusalem 1980; Ferdinand Kroh: David kämpft. Vom jüdischen Widerstand gegen Hitler. Reinbek 1988; Marek Edelman: Das Ghetto kämpft. Harald Berlin 1993; Wolfgang Scheffler & Helge Grabitz: Der Ghetto-Aufstand Warschau 1943 aus der Sicht der Täter und Opfer in Aussagen vor deutschen Gerichten. München 1993; Gudrun Schroeter: Worte aus einer zerstörten Welt. Das Ghetto in Wilna. St. Ingbert 2008; Abraham Sutzkever: Wilner Getto 1941–1944. Zürich 2009; Freia Anders, Katrin Stoll, Karsten Wilke (Hg.): Der Judenrat von Białystok – Dokumente aus dem Archiv des Białystoker Ghettos 1941–1943. Paderborn 2010; Stefan Klemp: Vernichtung. Die deutsche Ordnungspolizei und der Judenmord im Warschauer Ghetto 1940–43. Münster 2013

Evangelische Kirche

Abgesehen von den schon seit 1934 einsetzenden Maßnahmen der Evangelischen Kirche, die auf die Abwehr nationalsozialistischer Einflussnahme zielten und einzelnen, zum Teil schon behandelten Theologen, die darüber hinaus gegen NS-Verbrechen auftraten, ergab sich mit der immer hemmungsloseren Durchführung dieser Verbrechen ein weiteres Feld, auf dem katholische und evangelische Kirche glaubten, nicht mehr schweigen zu können. Pfarrer Friedrich Bodelschwingh, der aus dem Amt vertriebene erste Reichsbischof, welcher der Bekennenden Kirche angehörte und dem von seinem Vater gegründeten Anstalten in Bethel vorstand, wandte sich gegen die Ermordung kranker und behinderter Menschen, vor allem Kinder unter dem Begriff »Euthanasie«.

Friedrich Bodelschwingh war 1877 in Bethel geboren und übernahm 1910 die Leitung der Anstalten, in denen psychisch Kranke, Menschen mit Epilepsie, geistig Behinderte, alte Menschen und Jugendliche, Obdachlose und Menschen mit sozialen Problemen aufgenommen bzw. gepflegt wurden.

Während Bodelschwingh in den ersten Jahren des Regimes trotz der Ablehnung, die er erfahren hatte, der nationalsozialistischen Regierung zunächst keinen Widerstand entgegensetzte und die Sterilisation nicht eindeutig verwarf, hielt er doch das unter dem Namen »Euthanasie« in Gang gekommene Programm vom christlichen Standpunkt aus für absolut nicht vertretbar.

Daher wandte er sich zusammen mit dem Leiter der Lobetaler Anstalten in Brandenburg, Paul Gerhard Braune, zunächst an die Behörden, so z. B. an den Ministerialrat im Reichsinnenministerium Fritz Ruppert und (am 5. Juli 1940) an den Reichsgesundheitsführer Leonardo Conti:

> Sehr geehrter Herr Staatssekretär!
> Vor einigen Tagen sind die vom Reichsministerium versandten Meldebogen auch hier eingegangen. Dadurch sind uns Sorgen nahegerückt, die gegenwärtig weite Kreise der freien Wohlfahrtspflege bewegen. Sie erwachsen daraus, daß anscheinend auf Grund dieser Meldebogen zahlreiche Kranke ohne Zustimmung ihrer Angehörigen in staatliche Anstalten verlegt worden sind, aus denen schon bald darauf Nachrichten über das erfolgte Ableben und die bereits vorgenommene Einäscherung bei den Familien einliefen. In diesem Zusammenhang werden immer wieder die Namen der Anstalten Grafeneck, Waldheim und Brandenburg genannt.
>
> Als Leiter der größten Anstalt der Inneren Mission bin ich an diesen Vorgängen auf das stärkste interessiert. Dabei trage ich eine Verantwortung nicht nur für unsere eigenen Pflegebefohlenen. Vom Central-Ausschuß für Innere Mission sind dessen Vizepräsident Pastor Braune-Lobetal und ich beauftragt worden, diesen, das gesamte Gebiet unserer Arbeit berührenden Fragen nachzugehen.
>
> *Zitiert nach der Abbildung: LWL-Institut für westfälische Regionalgeschichte, http://www.lwl.org/westfaelische-geschichte/que/normal/que1443.pdf (15.06.2013)*

Bethel füllte die Meldebögen zur Erfassung der Opfer zur Vorbereitung der Aktion nicht aus. Die Deportation von acht jüdischen Patienten 1940 und später 446 weiterer konnte er nicht verhindern, bevor er im August 1941 den Abbruch der sogenannten Aktion T4 erreichte. Als Erfolg kann wohl zumindest die Rettung zahlreicher Kranker und Behinderter in Bethel selbst festgestellt werden.

Friedrich von Bodelschwingh starb im Januar 1946.

Quellen und Literatur: Ernst Klee: *»Euthanasie« im NS-Staat. Die »Vernichtung lebensunwerten Lebens«.* Frankfurt am Main 1983; Matthias Benad (Hrsg.): Friedrich v. Bodelschwingh d. J. und die Betheler Anstalten. Frömmigkeit und Weltgestaltung. Stuttgart – Berlin – Köln 1997; Anneliese Hochmuth: Spurensuche. Eugenik, Sterilisation, Patientenmorde und die v. Bodelschwinghschen Anstalten Bethel 1929–1945. Bielefeld 1997; LWL-Institut für westfälische Regionalgeschichte: Projekte: Erinnerungskultur in Ostwestfalen-Lippe / Nationalsozialismus: Die v. Bodelschwinghschen Anstalten Bethel im Nationalsozialismus. http://www.lwl.org/westfaelische-geschichte/portal/Internet/input_felder/langDatensatz_ebene4.php?urlID=186&url_tabelle=tab_websegmente (15.06.2013)

Der evangelische Theologe Hermann Diem aus Stuttgart (1900–1975), ebenfalls Mitglied der Bekennenden Kirche, der zusammen mit seinem Freundeskreis auch verfolgten Juden Zuflucht bot, forderte 1941 den Württembergischen Landesbischof Theophil Wurm auf, die Evangelische Kirche möge das Wort gegen die Maßnahmen der Nationalsozialisten gegen die Juden erheben, doch Wurm lehnte dies ab. Zu Ostern 1943 schließlich verfasste Diem einen Brief, in dem er das Thema selbst aufgriff, den sogenannten Münchner Laienbrief, in dem es unter anderem heißt:

Als Christen können wir es nicht mehr länger ertragen, daß die Kirche in Deutschland zu den Judenverfolgungen schweigt. In der Kirche des Evangeliums sind alle Gemeindeglieder mitverantwortlich für die rechte Ausübung des Predigtamtes. Wir wissen uns deshalb auch für sein Versagen in dieser Sache mitschuldig. […]

Was uns treibt, ist zunächst das einfache Gebot der Nächstenliebe, wie es Jesus im Gleichnis vom barmherzigen Samariter ausgelegt und dabei ausdrücklich jede Einschränkung auf den Glaubens-, Rassen- oder Volksgenossen abgewehrt hat. Jeder »Nichtarier«, ob Jude oder Christ, ist heute in Deutschland der »unter die Mörder Gefallene«, und wir sind gefragt, ob wir ihm wie der Priester und Levit oder wie der Samariter begegnen. Von dieser Entscheidung kann uns keine »Judenfrage« entbinden. Vielmehr hat die Kirche bei diesem Anlass zugleich zu bezeugen, dass die Judenfrage primär eine evangelische und keine politische ist. Das politisch irreguläre und singuläre Dasein und Sosein der Juden hat nach der Heiligen Schrift seinen alleinigen Grund darin, dass dieses Volk vor Gott als Werkzeug seiner Offenbarung in Beschlag genommen ist.

Dem Staat gegenüber hat die Kirche diese heilsgeschichtliche Bedeutung Israels zu bezeugen und jedem Versuch, die Judenfrage nach einem selbstgemachten politischen Evangelium zu »lösen«, d. h. das Judentum zu vernichten, aufs äußerste zu widerstehen als einem Versuch, den Gott des Ersten Gebotes zu bekämpfen. Die Kirche muß bekennen, daß sie als das wahre Israel in Schuld und Verheißung unlösbar mit dem Judentum verknüpft ist. Sie darf nicht länger versuchen, vor dem gegen Israel gerichteten Angriff sich selbst in Sicherheit zu bringen. Sie muß vielmehr bezeugen, daß mit Israel sie und ihr Herr Jesus Christus selbst bekämpft werden. [...]

Sie bezeugt ... den Regierenden, daß diese allein durch den Glauben frei werden können von der Dämonie ihres politischen »Evangeliums«, das sie in ihrer durch kein Gesetz Gottes begrenzten Besessenheit verwirklichen wollen. [...]

Das Zeugnis der Kirche gegen die Judenverfolgung in Deutschland wird so zu einem mit besonderem Gewicht ausgestatteten Sonderfall des der Kirche gebotenen Zeugnisses gegen alle Verletzung der Zehn Gebote durch den Staat. Sie hat im Namen Gottes – also nicht mit politischen Argumenten, wie das ab und zu schon geschehen ist – den Staat davor zu warnen, daß er »den Fremdlingen, Witwen und Waisen keine Gewalt tut« (Jer. 7,9), und ihn zu erinnern an seine Aufgabe einer gerechten Rechtsprechung in einem ordentlichen und öffentlichen Rechtsverfahren aufgrund humaner Gesetze, an das Gebot der Billigkeit im Strafmaß und Strafvollzug, an seinen Rechtsschutz für die Unterdrückten, an die Respektierung gewisser »Grundrechte« seiner Untertanen und so fort.

Dieses Zeugnis der Kirche muß öffentlich geschehen, sei es in der Predigt, sei es in einem besonderen Wort des bischöflichen Hirten- und Wächteramtes. [...]

Alles, was bisher von der Kirche in Deutschland in dieser Sache getan wurde, kann nicht als ein solches Zeugnis gelten, da es weder öffentlich geschah noch inhaltlich der Aufgabe des Predigtamtes in dieser Sache gerecht wurde.

Zitiert nach der Abbildung http://www.albert-lempp.de/wp-content/ uploads/2009/02/epd_schweiz_19430714-ein-erfreuliches-dokument-1.jpg (15.06.2013)

Der Brief wurde als Schriftstück des Kreises um den Münchner Verleger Albert Lempp (1884–1943), einen der wichtigsten evangelischen Verleger in München, zunächst an den Bayerischen Landesbischof Hans Meiser übergeben, jedoch weder von diesem noch von seinem württembergischen Amtskollegen Theophil Wurm autorisiert oder veröffentlicht. Ein Pfarrer der Rheinischen Landeskirche, Helmut Hesse (1916–1943) in Elberfeld, wagte es, Auszüge aus dem Brief im Juni öffentlich zu verlesen, wurde dafür aber von der Gestapo in das Konzentrationslager Dachau deportiert und dort im November ermordet. Der Schweizer evangelische Pressedienst veröffentlichte die Erklärung am 14. Juli 1943 und nannte ihn »ein erfreuliches Dokument«.

Zu dem Kreis um Albert Lempp, der auch verfolgten Juden zur Flucht verhalf, gehörten außer Hermann Diem noch der Schweizer Verleger Walter Classen (1883–1955), der evangelische Pfarrer Kurt Frör (1905–1980), der Münchner Orientalistik-Professor Wilhelm Hengstenberg (1885–1963), der damalige Amtsrichter Emil Höchstädter (1881–1961) und der evangelische Pfarrer Carl Gunther Schweitzer (1889–1965).

Quellen und Literatur: Hermann Geyer/Sabine Rauh-Rosenbauer/Markus Springer (Red.): Albert Lempp. 1884–1943 – Verleger, Christ, Widerständler. Hrsg. im Auftrag der Evangelischen Kreuzkirche München-Schwabing von Wolfgang Bomblies, http://www.albert-lempp.de/ (20.06.2013)

Andere herausragende Persönlichkeiten der Evangelischen Kirche engagierten sich nun auch in Kreisen, die nicht mehr nach den alten Bindungen der Weimarer Republik organisiert waren, sondern Konfessions- und Parteigrenzen überschritten.

Katholische Kirche

Nach den gravierenden Einschränkungen der Wirkungsfelder der katholischen Kirche vor allem im Bereich Bildung und Erziehung durch die Enteignung von Schulen und die Abschaffung von Bekenntnisschulen, nach immer schamloseren Übergriffen auf Klöster, Ordensleute und andere Geistliche; waren es auch hier vor allem einzelne Personen, die sich – ausdrücklich als Kirchenvertreter oder im Verbund mit anderen NS-Gegnern unterschiedlicher Weltanschauungen – auf höchst unterschiedliche Weise im Widerstand hervortaten.

Clemens August Graf von Galen, Bischof von Münster

Clemens August Graf von Galen wurde 1887 in Dinklage im Münsterland geboren. Sein Vater war Reichstagsabgeordneter der Zentrumspartei, in der sich auch der Sohn engagierte. Nach dem Abitur studierte er zuerst Philosophie, Geschichte und Literatur in Freiburg, dann katholische Theologie in Innsbruck. Seine Priesterweihe erhielt er 1904. Zuerst wurde er Domvikar in Münster, dann Seelsorger in Berlin. Nach dem Ersten Weltkrieg lernte er in Berlin den Apostolischen Nuntius Eugenio Pacelli kennen, den späteren Papst Pius XII. 1929 wurde von Galen Pfarrer in Münster. Schon vier Jahre danach wurde Galen Bischof von Münster. Seine ersten Auseinandersetzungen mit dem NS-Regime führte er um die Freiheit des Religionsunterrichts, 1934 ließ er eine Schrift gegen Alfred Rosenbergs »Mythos des 20. Jahrhunderts« veröffentlichen. Graf von Galen war Mitverfasser der Enzyklika »Mit brennender Sorge« von 1937, befürwortete jedoch die Besetzung des entmilitarisierten Rheinlandes und sah im Zweiten Weltkrieg zuerst einen Versuch, das Unrecht von Versailles wiedergutzumachen. Auch begriff er ihn als richtige Maßnahme gegen die Ausbreitung des Kommunismus.

Massiv kritisierte von Galen aber 1941 in mehreren Predigten, die auch von nichtkatholischen Gruppen in Flugblättern verbreitet wurden, die Ausweisung von Ordensleuten, die Angriffe auf Klöster und die Ermordung Kranker und Behinderter, also die Vernichtung des sogenannten lebensunwerten Lebens. In einer Predigt vom 3. August heißt es:

[...] Es gibt aber auch heilige Gewissensverpflichtungen, von denen niemand befreien kann, die wir erfüllen müssen, koste es uns selbst das Leben: Nie, unter keinen Umständen, darf der Mensch, außerhalb des Krieges und der gerechten Notwehr, einen Unschuldigen töten.« Ich hatte schon am 6. Juli Veranlassung, diesen Worten des gemeinsamen Hirtenbriefes folgende Erläuterung hinzuzufügen: Seit einigen Monaten hören wir Berichte, dass aus Heil- und Pflegeanstalten für Geisteskranke auf Anordnung von Berlin Pfleglinge, die schon länger krank sind und vielleicht unheilbar erscheinen, zwangsweise abgeführt werden. Regelmäßig erhalten dann die Angehörigen nach kurzer Zeit die Mitteilung, die Leiche sei verbrannt, die Asche könne abgeliefert werden. Allgemein herrscht der an Sicherheit grenzende Verdacht, dass diese zahlreichen unerwarteten Todesfälle von Geisteskranken nicht von selbst eintreten, sondern absichtlich herbeigeführt werden, dass man dabei jener Lehre folgt, die behauptet, man dürfe so genanntes »lebensunwertes Leben« vernichten, also unschuldige Menschen töten, wenn man meint, ihr Leben sei für Volk und Staat nichts mehr wert. Eine furchtbare Lehre, die die Ermordung Unschuldiger rechtfertigen will, die die gewaltsame Tötung der nicht mehr arbeitsfähigen Invaliden, Krüppel, unheilbar Kranken, Altersschwachen grundsätzlich freigibt.

Wie ich zuverlässig erfahren habe, werden jetzt auch in den Heil- und Pflegeanstalten der Provinz Westfalen Listen aufgestellt von solchen Pfleglingen, die als so genannte »unproduktive Volksgenossen« abtransportiert und in kurzer Zeit ums Leben gebracht werden sollen. Aus der Anstalt Marienthal bei Münster ist im Laufe dieser Woche der erste Transport abgegangen.

Deutsche Männer und Frauen! Noch hat Gesetzeskraft der § 211 des Reichsstrafgesetzbuches, der bestimmt: »Wer vorsätzlich einen Menschen tötet, wird, wenn er die Tötung mit Überlegung ausgeführt hat, wegen Mordes mit dem Tode bestraft.« Wohl um diejenigen, die jene armen, kranken Menschen, Angehörige unserer Familien, vorsätzlich töten, vor der Bestrafung zu bewahren, werden die zur Tötung bestimmten Kranken aus der Heimat abtransportiert in eine entfernte Anstalt […] Ich hatte bereits am 26. Juli bei der Provinzverwaltung der Provinz Westfalen, der die Anstalten unterstehen, der die Kranken zur Pflege und Heilung anvertraut sind, schriftlich ernstesten Protest erhoben. Es hat nichts genutzt. Der erste Transport der schuldlos zum Tode Verurteilten ist von Marienthal abgegangen. Und aus der Provinzial-Heilanstalt Warstein sind, wie ich höre, bereits 800 Kranke abtransportiert. […]

Christen von Münster! Hat der Sohn Gottes in seiner Allwissenheit damals nur Jerusalem und sein Volk gesehen? Hat er nur über Jerusalem geweint? Ist das Volk Israel das einzige Volk, das Gott mit Vatersorge und Mutterliebe umgeben, beschützt, an sich gezogen hat? Und das nicht gewollt hat? Dass Gottes Wahrheit abgelehnt, Gottes Gesetz von sich geworfen und so sich ins Verderben gestürzt hat? Hat Jesus, der allwissende Gott, damals auch unser deutsches Volk geschaut, auch unser Westfalenland, unser Münsterland, den Niederrhein? Und hat er auch über uns geweint? Über Münster geweint? Seit tausend Jahren hat er unsere Vorfahren und uns mit seiner Wahrheit belehrt, mit selbem Gesetz geleitet, mit seiner Gnade genährt, uns gesammelt wie die Henne ihre Küchlein unter ihre Flügel sammelt. Hat der allwissende Sohn Gottes damals gesehen, dass er in unserer Zeit auch über uns das Urteil sprechen muss: »Du hast nicht gewollt! Seht, euer Haus wird euch verwüstet werden!« Wie furchtbar wäre das! […]

Oh Gott, lass uns doch alle heute, an diesem Tage, bevor es zu spät ist, erkennen, was uns zum Frieden dient! Oh heiligstes Herz Jesu, bist zu Tränen betrübt über die Verblendung und über die Missetaten der Menschen, hilf uns mit deiner Gnade, dass wir stets das erstreben, was dir gefällt, und auf das verzichten, was dir missfällt, damit wir in deiner Liebe bleiben und Ruhe finden für unsere Seelen.

Amen.

Zitiert nach: Clemens August Graf von Galen: Predigten in dunkler Zeit. In: Kirchensite des Bistums Münster http://kirchensite.de/fileadmin/red/pdf_downloads/aktuelles/ Predigt_Galen_Deutsch.pdf, S. 40–48 (15.06.2013)

Die starke Verbreitung der Predigten und die spürbare Empörung der Öffentlichkeit führten dazu, dass die sogenannte Aktion T4 nicht mehr geheim gehalten werden konnte. Das Regime unterbrach sie darauf für ein Jahr. Galens Bruder Franz, Zentrumspolitiker und einst Abgeordneter des Preußischen Landtages, entschiedener Gegner der NSDAP, wurde 1944 im Zusammenhang mit der Verfolgung von Widerstandskämpfern in das Konzentrationslager Sachsenhausen verschleppt. Der Bischof selbst soll Kontakte zu Widerstandskreisen in Berlin gehabt haben. Nach dem Zweiten Weltkrieg wurde er zusammen mit Konrad Graf Preysing, dem Erzbischof von Berlin und mit Joseph Frings, dem Erzbischof von Köln zum Kardinal ernannt. Kardinal Graf von Galen starb nur wenige Wochen später in Münster.

Literatur: Peter Löffler/Matthias-Grünewald (Bearb.): Bischof Clemens August Graf von Galen: Akten, Briefe und Predigten 1933–1946. Mainz 1988; Rudolf Morsey: Clemens August Graf von Galen. In: LWL-Institut für westfälische Regionalgeschichte: http://www.lwl.org/westfaelische-geschichte/portal/Internet/finde/langDatensatz.php?urlID=549&url_tabelle=tab_person&url_zaehler_blaettern=29 (15.06.2013); Markus Trautmann/ Christiane Daldrup/Verona Marliani-Eyll: Endlich hat einer den Mut zu sprechen. Münster 2012

P. Augustin Rösch SJ

Augustin Rösch wurde 1893 in Schwandorf geboren. Nach dem Abitur wurde er Mitglied der Gesellschaft Jesu. Im Ersten Weltkrieg kämpfte er in Verdun. Nach dem Theologiestudium wurde er 1925 zum Priester geweiht. Er wurde dem Kolleg Feldkirch zugewiesen, dessen Rektor er 1928 wurde, 1935 wurde er Provinzial der Oberdeutschen Provinz des Ordens. Rösch versuchte, inhaftierten Ordensbrüdern, vor allem in Dachau, zu helfen. Über den Freiherrn zu Guttenberg lernte er Helmuth von Moltke kennen und diente dem Kreisauer Kreis als Verbindungsmann zu den Bischöfen in Bayern und Österreich, verfasste aber auch Pläne zur Kulturpolitik nach dem Krieg. Durch ihn kam Alfred Delp zum Kreisauer Kreis.

Nach dem gescheiterten Attentat am 20. Juli 1944 gelang es ihm zunächst, sich zu verstecken, doch im Januar 1945 wurde er zusammen mit der Familie, die ihn aufgenommen hatte, verhaftet. Trotz schwerster Misshandlungen im Gefängnis in Berlin überlebte er bis zur Befreiung durch die Rote Armee im April 1945. Nach dem Krieg war er Bayerischer Caritasdirektor. Augustin Rösch starb 1961.

Literatur: Roman Bleistein (Hrsg.): Augustin Rösch: Kampf gegen den Nationalsozialismus. Freiburg 1985; Roman Bleistein: Augustin Rösch. Leben im Widerstand. Biographie und Dokumente. Freiburg 1998

P. Alfred Delp SJ

Alfred Delp wurde 1907 in Mannheim geboren, sein evangelischer Vater und seine Mutter heirateten erst später. Konfirmiert und gefirmt spiegelte Alfred Delp mit seinem Lebenslauf die Zerrissenheit und Unversöhnlichkeit der Konfessionen in der Weimarer Republik wieder, die nur selten aufgebrochen wurde. Alfred wurde aber Mitglied im Bund Neudeutschland und trat gleich nach dem Abitur in den Jesuitenorden ein. 1935 erschien sein Buch »Tragische Existenzen«; in welchem er eine christliche und soziale Gesellschaftsordnung für die Zeit nach der NS-Herrschaft entwirft. 1937 wurde er zum Priester geweiht;

ab 1939 leitete er die Zeitschrift »Stimme der Zeit«, die 1941 verboten wurde. Alfred Delp wurde Prediger in der katholischen Pfarrei Heilig Blut München-Bogenhausen.

1942 nahm Delp Kontakt zum Kreisauer Kreis auf, für den er Denkschriften zu den Themen »Arbeiterfrage« und »Bauerntum« sowie eine Gesellschaftsordnung auf der Grundlage der katholischen Soziallehre verfasst. Auch bildet er eine Verbindung zu Münchner Kreisen.

Obgleich nicht an konkreten Umsturzplänen beteiligt, wurde er nach dem gescheiterten Attentat vom 20. Juli 1944 verhaftet und im Januar 1945 vom Volksgerichtshof zum Tode verurteilt. Am 2. Februar wurde er in Plötzensee ermordet.

Quellen und Literatur: Alfred Delp: Tragische Existenz. Zur Philosophie Martin Heideggers. Freiburg 1935; ders.: Geistliche Schriften. 1982, Philosophische Schriften. 1983; Predigten und Ansprachen. 1983; Aus dem Gefängnis. 1984; Briefe – Texte – Rezensionen. 1988; Christian Feldmann: Alfred Delp. Leben gegen den Strom. Freiburg 2005; Elke Endraß: Gemeinsam gegen Hitler. Pater Alfred Delp und Helmuth James Graf von Moltke. Stuttgart 2007

Josef Müller

Der 1898 in Steinwiesen (Landkreis Kronach, Oberfranken) geborene Josef Müller legte nach einer durch Kriegsdienst an der Westfront im Ersten Weltkrieg unterbrochenen Schulzeit das Abitur ab und studierte Soziologie, Rechtswissenschaften und Volkswirtschaft in München. Dort ließ er sich anschließend als Rechtsanwalt nieder. In dieser Funktion verteidigte Josef Müller, der seit 1920 Mitglied der Bayerischen Volkspartei war, in Prozessen öfter Personen, die mit den Nationalsozialisten in Konflikt geraten waren. In den 30er-Jahren war er gleichzeitig für die Abwehrabteilung des Oberkommandos der Wehrmacht tätig und gut bekannt mit Hans Oster. In dessen Auftrag begab sich Müller nach Kriegsbeginn mehrfach nach Rom, wo er Kontakte zur unmittelbaren Umgebung Pius' XII. hatte, und sondierte die Möglichkeit, nach der Beseitigung Hitlers mit England Frieden zu schließen. Da sich diese Hoffnungen allerdings zerschlugen und sich stattdessen eine Ausweitung des Kriegs abzeichnete, informierte Müller den Vatikan über die geplanten Invasionen. Da dies trotz aller Vorsicht nicht völlig unbemerkt geschehen war, stellte der Sicherheitsdienst (SD) Untersuchungen an. 1943 verhaftete ihn die Gestapo. Müller wurde trotz eines Freispruchs vor dem Reichskriegsgericht in Berlin 1944 in den Konzentrationslagern Buchenwald und Flossenbürg festgehalten. Dass er nicht kurz vor Kriegsende ermordet wurde, wie viele seiner bekannten Mithäftlinge in diesem Lager, sondern weiter nach Dachau gebracht wurde, geschah, da er bei der absehbaren Niederlage Deutschlands vielleicht noch als Verhandlungsteilnehmer bei der Festsetzung von Friedensbedingungen hätte eingesetzt werden können. Auch den Todesmarsch aus dem Lager Dachau musste er nicht mitmachen, sondern wurde mit einigen ausgewählten Häftlingen nach Südtirol gebracht, wo er am 30. April von Wehrmachtssoldaten befreit und zunächst nach Capri verbracht wurde. Noch 1945 kehrte er nach Deutschland zurück.

Josef Müller war Mitbegründer der CSU in Bayern und arbeitete mit an der neuen Landesverfassung. Er war einige Jahre Justizminister und starb 1979.

Literatur: Franz Menges: Müller, Joseph. In: Neue Deutsche Biographie (NDB) 18 (1997), S. 430–432; K.-U. Gelberg: Josef Müller (1898–1979). In: Zeitgeschichte in Lebensbildern. Aus dem deutschen Katholizismus des 19. und 20. Jahrhunderts. Bd. 8, hrsg. von Jürgen Aretz, Rudolf Morsey und Anton Rauscher. Mainz 1997, S. 155–172; Hanns-Seidel-Stiftung (Hrsg.): Zum 100. Geburtstag. Josef Müller. Der erste Vorsitzende der CSU. Politik für eine neue Zeit. München 1998

P. Maximilian Kolbe OFM

Weder Umsturzpläne noch Friedensverhandlungen, auch keine Flugblätter kennzeichnen den Widerstand P. Maximilian Kolbes. Dieser bestand vielmehr in der Rettung von Menschenleben, eines davon um den Preis des eigenen, und in der Entscheidung, der Unmenschlichkeit der Lageraufseher von Auschwitz in diesem einen Fall nicht das letzte Wort zu lassen.

Rajmund Kolbe wurde 1894 in Zduńska Wola bei Łódź geboren und trat mit 16 Jahren in den Franziskanerorden ein und erhielt den Ordensnamen Maximilian. Während sein deutschstämmiger Vater und seine Brüder im Ersten Weltkrieg für die Befreiung Polens von Russland kämpften, promovierte er 1915 in Philosophie und wurde 1918 zum Priester geweiht, 1919 folgte die Promotion in Theologie. Kolbes besondere Leidenschaft galt der Marienverehrung, zu welchem Zweck der die *Militia Immaculatae*, die »Armee der Unbefleckten«, gründete. Er leitete ab 1927 das Kloster Niepokalanów bei Warschau, an das zahlreiche Einrichtungen angeschlossen waren: ein Internat, Werkstätten, eine Druckerei und eine Rundfunkstation. Danach folgte ein Missions-Aufenthalt in Japan von 1930 bis 1936. Nach dem deutschen Einmarsch in Polen wurde Kolbe erstmals vorübergehend verhaftet. Nach seiner Heimkehr wurde sein Kloster zum Zufluchtsort für Verfolgte der deutschen Besatzer. Daher wurde Kolbe 1941 erneut verhaftet, zusammen mit mehreren Ordensbrüdern, und zunächst ins Gefängnis in Warschau, dann in das Konzentrationslager Auschwitz, Außenstelle Birkenau verschleppt. Als von dort im Juli ein Gefangener geflohen war, sollten nach dem Willen der Bewacher zehn andere Häftlinge zur »Sühne« den Tod im Hungerbunker finden. Unter den dazu von vom Lagerführer Verdammten befand sich der polnische Familienvater Franciszek Gajowniczek, als dessen Ersatz sich Maximilian Kolbe freiwillig meldete. Daraufhin in den Block 11 des Lagers verbracht, betätigte er sich auch hier noch, wie schon die ganze Zeit in der Gefangenschaft, als Seelsorger für seine Mithäftlinge. Maximilian Kolbe wurde nach zwei Wochen, am 14. August 1941, zusammen mit drei weiteren bis dahin noch nicht verhungerten Gefangenen mit einer Giftspritze ermordet. Franciszek Gajowniczek überlebte die KZ-Haft und war 1982 in Rom anwesend bei Kolbes Heiligsprechung als Märtyrer durch Papst Johannes Paul II.

Literatur: Christof Dahm: Kolbe, Maximilian Maria (Ordensname), Rajmund (Taufname). In: Biographisch-Bibliographisches Kirchenlexikon (BBKL) 4 (1992), Sp. 327–331; Gianfranco Grieco: Maximilian Kolbe – Sein Leben. Würzburg 2002; Walter Heinrich: Die Stunde des Pelikans. Die Lebensgeschichte des Maximilian Kolbe. Zürich 2009; Andreas Murk; Konrad Schlattmann: Maximilian Kolbe. Märtyrer der Nächstenliebe. Würzburg 2011

Mormonen

Eine sehr kleine religiöse Gruppe, die sich wegen der Entschiedenheit ihres Glaubens dem totalen Anspruch des Staates verweigerte und daher verfolgt wurde, waren die Mormonen. Ein Vertreter dieser Gemeinschaft, Helmut Hübner aus Hamburg, und drei Freunde unternahmen es in den Jahren 1941/42, BBC-Meldungen zu Flugblättern zu verarbeiten und unter die Leute zu bringen.

Helmut Hübner war 1925 geboren und wurde durch seine Mutter Mitglied der »Kirche Jesu Christi der Heiligen der Letzten Tage«. Dennoch trat er zunächst in die »Hitlerjugend« ein, konnte sich aber innerlich nicht mit den dort geltenden Gesinnungen abfinden, am wenigsten mit dem Antisemitismus. 1941 begann er nach der Mittleren Reife eine Lehre im Hamburger Sozialamt und begann nach dem Vorbild von Kollegen, auch Feindsender abzuhören. Zuerst alleine, dann mit zwei Freunden brachte er das Gehörte zu Papier und verbreitete es, wenngleich in geringer Stückzahl. In dem letzten verbreiteten Flugblatt Hübeners hieß es:

3. Oktober – 3. Februar! Vier Monate sind es her, einhundert und zwanzig Tage, s[ei]t der Führer in seiner letzten Rede grosspurig verkündete: … Der Feldzug im Osten ist bereits entschieden! … Er hat weit gefehlt, denn obgleich er noch soviel von den »überaus großen« bolschewistischen Verlusten, ob er auch noch sooft die letzten russ[ischen] Reserven im deutschen Vernichtungsfeuer sehen wollte, hat er sich dennoch verrechnet. Der Feldzug im Osten ist heute ebensowenig entschieden wie er es vielleicht im Juli, August, September oder am 3. Oktober war.

Es ist schon ein schweres Stück Arbeit für Goebbels und seine Nazi-Propagandisten[,] diese Tatsache zu bemänteln und den Anspruch Hitlers als nie-gesagt hinzustellen. […]

Wohl liegt nun überall Eis und Schnee, aber der d[eu]tsche Vormarsch oder besser gesagt, die »letzte endgültige Vernichtungsschlacht« hat noch keine w[e]iteren Fortschritte gemacht. Im Gegenteil! Ueberall dort, wo im Herbst die deutschen Soldaten unter Verschleiss [vo]n Menschen und Material örtliche Gewinne erzielten, wehen heute schon wieder die

Siegeszeichen der Russen. Die deutschen Soldaten sind geschlagen! Das
Reichspropagandaministerium aber noch lange nicht. […]
    Dieses ist ein … Kettenbrief … und darum weitergeben!
Zitiert nach der Abbildung in »Was konnten Sie tun?«, http://www.was-konnten-sie-
tun.de/uploads/tx_iobio/h_huebener_flugblatt_8535_12_09.pdf (01.07.2013)

Hübener wollte auch französischsprachige Fassungen der Schriften herstellen und Kriegsgefangenen zuleiten, was aber zu seiner
Entdeckung und Denunziation führte. Daher wurde Hübener
im Februar 1942 festgenommen und vor dem Volksgerichtshof
angeklagt. Sein Todesurteil wurde am 11. August verkündet,
seine Hinrichtung als jüngster Verurteilter des Volksgerichts-
hofes (mit 17 Jahren) fand am 27. Oktober desselben Jahres in
Plötzensee statt. Seine ebenfalls verhafteten Freunde Gerhard
Düwer, Heinz Schnibbe und Rudolf Wobbe wurden zu hohen
Freiheitsstrafen verurteilt.

Literatur: Wolfgang Benz/Walter H. Pehle: Lexikon des deutschen Widerstandes. Frankfurt 1994, S. 111, 236ff. und 361; Detlef Garbe: Institutionen
des Terrors und der Widerstand der Wenigen. In: Forschungsstelle für
Zeitgeschichte in Hamburg (Hrsg.): Hamburg im Dritten Reich. Göttingen
2005, Seite 568 und 569; Ulrich Sander: Helmuth Hübener. Jugendwiderstand im Krieg. Die Helmut-Hübener-Gruppe. Bonn 2002; Was konnten sie
tun? Widerstand gegen den Nationalsozialismus 1939–1945. Hrsg. von der
Stiftung 20. Juli und der Gedenkstätte Deutscher Widerstand. http://www.
was-konnten-sie-tun.de/ (01.07.2013)

Widerstandsgruppen verschiedener Weltanschauungen

Protest in der Berliner Rosenstraße 1943

Unter dem Gesichtspunkt der Rettung von Menschenleben ist
der Protest in der Berliner Rosenstraße von 1943 zu sehen, der
auch selbst für Historiker eher unerwartete Handlungsspielräume nach zehn Jahren der NS-Herrschaft deutlich macht.

    Im Februar 1943 sollten die letzten behördlich bekannten in
Berlin lebenden Juden und Menschen jüdischer Abstammung
in Konzentrationslager deportiert werden. Zu diesem Zweck

wurden 8000 Personen festgenommen, unter denen sich auch 2000 befanden, die mit Partnern verheiratet waren, die nach den damaligen Gesetzen als »deutsch« galten. Diese wurden in einem früher der jüdischen Gemeinde gehörenden Gebäude in der Rosenstraße versammelt. In den folgenden Tagen versammelten sich vor diesem Gebäude unaufhörlich Menschen, vorwiegend Angehörige der Gefangenen, und protestierten gegen diese Maßnahme. Den Versuchen der Polizei, die Versammlung auseinanderzutreiben, widersetzten sich die vorwiegend weiblichen Demonstranten. Von den 2000 Personen, die aufgrund ihrer Abstammung bzw. ihrer Ehe einen speziellen Status hatten, wurden fast alle im Laufe der nächsten Wochen behördlich überprüft und wieder freigelassen, da sie zur Deportation eigentlich noch gar nicht vorgesehen gewesen waren. Jedoch wurden sie anschließend zur Zwangsarbeit verpflichtet.

Ob die Unruhen der Demonstranten oder das Eingreifen einer hochgestellten Persönlichkeit die Zurückstellung von der Deportation bewirkt hat, ist ungeklärt.

Literatur: Nathan Stoltzfus: Widerstand des Herzens. Der Aufstand der Berliner Frauen in der Rosenstraße 1943. München 1999; Gernot Jochheim: Frauenprotest in der Rosenstraße Berlin 1943. Berichte, Dokumente, Hintergründe. Berlin 2002; Wolfgang Benz: Kitsch, Klamotte, Klitterei. Die Legende von der »Rosenstraße«. In: Süddeutsche Zeitung, 59. Jg. vom 18. September 2003; Wolf Gruner: Widerstand in der Rosenstraße. Die Fabrik-Aktion und die Verfolgung der »Mischehen« 1943. Frankfurt 2005; Antonia Leugers (Hrsg.): Berlin: Rosenstraße 2–4. Protest in der NS-Diktatur. Neue Forschungen zum Frauenprotest in der Rosenstraße 1943. Annweiler 2005

Rettung von Juden und Zwangsarbeitern

Den Ehrentitel »Gerechte unter den Völkern« verleiht der Staat Israel seit 1948 an Nichtjuden, die in der Zeit der NS-Herrschaft Juden das Leben retteten, ohne dafür eine Gegenleistung zu verlangen. Dies geschah meistens unter Gefahr für das eigene Leben durch die Gewährung von Unterschlupf oder Fluchthilfe, die Vermittlung eines Arbeitsplatzes oder einer neuen Identität und die Versorgung mit Nahrungsmitteln, was besonders nach Einführung von Lebensmittelkarten schwierig war, zuvor aber auch schon in kleinen Orten, wo möglicherweise regelmäßige Einkäufe, der den Bedarf der Familie überschritten, hätte auffallen können. Manche Personen hatten auch aufgrund ihrer herausgehobenen Position die Möglichkeit, z. B. Verfolgte als unabkömmliche Mitarbeiter einzustufen, wie es der Unternehmer Oskar Schindler aus Zwittau (1908–1974) tat, der so 1200 in seinem Betrieb tätigen Zwangsarbeiter, darunter vielen Juden, das Leben rettete. Der Titel wurde bisher an etwa 24 000 Menschen vergeben, auch posthum. Viele hierher gehörende Fälle wurden erst sehr spät bekannt, so z. B. die des späteren Kölner Erzbischofs Joseph Kardinal Höffner, der ein jüdisches Mädchen in seinem Pfarrhaus und dessen Schwester längere Zeit ein Ehepaar in ihrem Elternhaus aufgenommen hatten.

Literatur: Alexander Bronowski: Es waren so wenige. Retter im Holocaust. Holzgerlingen [2]2002; Wolfram Wette: (Hrsg.): Retter in Uniform. Handlungsspielräume im Vernichtungskrieg der Wehrmacht. Frankfurt 2002; ders. (Hrsg.): Zivilcourage. Empörte, Helfer und Retter aus Wehrmacht, Polizei und SS. Frankfurt 2004; ders. (Hrsg.): Stille Helden. Judenretter im Dreiländereck während des Zweiten Weltkrieges. Freiburg 2005; Israel Gutman u. a. (Hrsg.): Lexikon der Gerechten unter den Völkern: Deutsche und Österreicher. Göttingen 2005

Die Weiße Rose

Eine der bekanntesten Widerstandsgruppen in der Zeit des Zweiten Weltkrieges war die »Weiße Rose«, deren Kern eine Gruppe Münchner Studenten und ein Professor bildeten. Dieser nicht organisierte Freundeskreis umfasste Hans (1918–1943) und Sophie Scholl (1921–1943), Alexander Schmorell (1917–1943), Christoph Probst (1919–1943), Willi Graf (1918–1943) und der Professor Kurt Huber (1893–1943).

In den Monaten Juni/Juli 1942 verbreitete die Gruppe ihre ersten vier Flugblätter, von denen jedes etwa hundert Mal kopiert worden war, indem sie diese an ausgesuchte, meist Münchner Adressen schickten. Gegenüber den gebildeten Adressaten führten die jungen Menschen die gesamte Weltkultur, die von den Nationalsozialisten verleugnet wurde, gegen diese ins Feld und riefen zum passiven Widerstand gegen den Krieg auf. Wie aus den Flugblättern hervorgeht, empörten sie sich am meisten über die Unterdrückung der Freiheit, die Behandlung der Juden, die Primitivität der Personen, die im Zuge der NS-Herrschaft in bedeutende Positionen gelangt waren, sowie über die Kriegsführung. Die Studenten waren durch christliche und liberale Elternhäuser sowie die Jugendbewegungen der Weimarer Republik geprägt, hatten zum Teil dem Nationalsozialismus aber nicht von Anfang an rundweg ablehnend gegenübergestanden. Hans Scholl hatte bei der Hitlerjugend Bekanntschaft mit Hans Koebels Bewegung »Deutsche Jungenschaft dj.1.11« gemacht.

Bestärkt durch die Erfahrungen des Kriegsdienstes von Hans Scholl, Willi Graf und Alexander Schmorell an der Ostfront 1942 verfasste die Gruppe im Januar 1943 das fünfte Flugblatt, das in einigen Tausend Exemplaren in Süddeutschland und Österreich verbreitet wurde. Entsprechend dem größeren Adressatenkreis »An alle Deutschen« war es in der Sprache einfacher gehalten als die vorigen. Im nächsten Monat folgte nach einigen nächtlichen Wandbeschriftungen mit Anti-Hitler-Parolen das sechste und letzte Flugblatt:

Kommilitoninnen! Kommilitonen!
Erschüttert steht unser Volk vor dem Untergang der Männer von Stalingrad. Dreihundertdreissigtausend deutsche Männer hat die geniale Strategie des Weltkriegsgefreiten sinn- und verantwortungslos in Tod und Verderben gehetzt. Führer, wir danken dir!

Es gärt im deutschen Volk: Wollen wir weiter einem Dilettanten das Schicksal unserer Armeen anvertrauen? Wollen wir den niedrigsten Machtinstinkten einer Parteiclique den Rest unserer deutschen Jugend opfern? Nimmermehr! Der Tag der Abrechnung ist gekommen, der Abrechnung der deutschen Jugend mit der verabscheuungswürdigsten Tyrannis, die unser Volk je erduldet hat. Im Namen des ganzen deutschen Volkes fordern wir vom Staat Adolf Hitlers die persönliche Freiheit, das kostbarste Gut der Deutschen zurück, um das er uns in der erbärmlichsten Weise betrogen.

In einem Staat rücksichtsloser Knebelung jeder freien Meinungsäußerung sind wir aufgewachsen. HJ, SA und SS haben uns in den fruchtbarsten Bildungsjahren unseres Lebens zu uniformieren, zu revolutionieren, zu narkotisieren versucht. »Weltanschauliche Schulung« hieß die verächtliche Methode, das aufkeimende Selbstdenken und Selbstwerten in einem Nebel leerer Phrasen zu ersticken. Eine Führerauslese, wie sie teuflischer und zugleich borniert nicht gedacht werden kann, zieht ihre künftigen Parteibonzen auf Ordensburgen zu gottlosen, schamlosen und gewissenlosen Ausbeutern und Mordbuben heran, zur blinden, stupiden Führergefolgschaft. [...]

Es gibt für uns nur eine Parole: Kampf gegen die Partei! Heraus aus den Parteigliederungen, in denen man uns politisch weiter mundtot halten will! Heraus aus den Hörsälen der SS-Unter- und -Oberführer und Parteikriecher! Es geht uns um wahre Wissenschaft und echte Geistesfreiheit! Kein Drehmittel kann uns schrecken, auch nicht die Schließung unserer Hochschulen. Es gilt den Kampf jedes einzelnen von uns um unsere Zukunft, unsere Freiheit und Ehre in einem seiner sittlichen Verantwortung bewussten Staatswesen.

Freiheit und Ehre! Zehn lange Jahre haben Hitler und seine Genossen die beiden herrlichen deutschen Worte bis zum Ekel ausgequetscht, abgedroschen, verdreht, wie es nur Dilettanten vermögen, die die höchsten Werte einer Nation vor die Säue werfen. Was ihnen Freiheit und Ehre gilt, das haben sie in zehn Jahren der Zerstörung aller materiellen und geistigen Freiheit, aller sittlichen Substanz im deutschen Volk genugsam gezeigt. Auch dem dümmsten Deutschen hat das furchtbare Blutbad die Augen geöffnet, das sie im Namen von Freiheit und Ehre der deutschen Nation in ganz Europa angerichtet haben und täglich neu anrichten. Der deutsche Name bleibt für immer geschändet, wenn nicht die deutsche Jugend endlich aufsteht, rächt und sühnt zugleich, ihre Peiniger zerschmettert und ein neues geistiges Europa aufrichtet.[...]

Unser Volk steht im Aufbruch gegen die Verknechtung Europas durch den Nationalsozialismus, im neuen gläubigen Durchbruch von Freiheit und Ehre.

Zitiert nach: Inge Scholl: Die Weiße Rose. Frankfurt (erweiterte Neuausgabe) 1982, S. 96–121; [13]2009

Als sie die letzten Exemplare dieses Flugblattes im Lichthof der Münchner Universität auslegten, wurden Hans und Sophie Scholl vom Hausmeister entdeckt und der Gestapo ausgeliefert. Sie wurden verhaftet, zusammen mit Christoph Probst beim Volksgerichtshof angeklagt und von Roland Freisler am 22. Februar 1943 wegen Hochverrats, Wehrkraftzersetzung und Feindbegünstigung zum Tode verurteilt. Die Hinrichtung erfolgte noch am selben Tag.

Der Prozess gegen Peter Graf, Alexander Schmorell und Professor Kurt Huber wurde im April geführt. Auch sie wurden zum Tode verurteilt und am 13. Juli hingerichtet. Weitere Mitglieder der Gruppe wurden zu Gefängnisstrafen verurteilt.

Das sechste Flugblatt wurde nichtsdestoweniger von der britischen Luftwaffe in riesiger Auflage über ganz Deutschland abgeworfen unter dem Titel: »Ein deutsches Flugblatt – Manifest der Münchner Studenten.« Die Medizinstudentin Traute Lafrenz hatte Flugblätter mit nach Hamburg und zusammen mit ihrem Freund Heinz Kucharski verteilt. Auch diese beiden wurden verhaftet, überlebten aber die NS-Herrschaft.

Literatur: Inge Scholl: Die Weiße Rose. Frankfurt (erweiterte Neuausgabe) 1982; Michael Kißener/Bernhard Schäfers (Hrsg.): »Weitertragen«. Studien zur »Weißen Rose«. Festschrift für Anneliese Knoop-Graf zum 80. Geburtstag. Konstanz 2000; Michael Jaeger: Lektüre und »Hochverrat«. Literaturgeschichtliche Anmerkungen zur »Weißen Rose«. In: Jahrbuch der Deutschen Schillergesellschaft 47 (2003), S. 303–328; Sönke Zankel: Die »Weisse Rose« war nur der Anfang. Geschichte eines Widerstandskreises. Köln u. a. 2006; ders.: Mit Flugblättern gegen Hitler. Der Widerstandskreis um Hans Scholl und Alexander Schmorell. Köln u. a. 2008; Christiane Moll (Hrsg.): Alexander Schmorell – Christoph Probst. Gesammelte Briefe. Berlin 2011; Detlef Bald, Jakob Knab (Hrsg.): Die Stärkeren im Geiste. Zum christlichen Widerstand der Weißen Rose. Essen 2012; Frank Sturms: Die Weiße Rose. Die Geschwister Scholl und der studentische Widerstand. Wiesbaden 2013

Andere Jugend- und Studentengruppen

Die Gruppe um Walter Klingenbeck

Der 1924 in München geborene Walter Klingenbeck engagierte sich früh in der katholischen »Jungschar St. Ludwig« in seiner Heimatstadt. Als diese verboten wurde, war es für den Zwölfjährigen 1936 eine Ungeheuerlichkeit, die seine Einstellung zum NS-Regime belastete. Mit seinem Vater, einem überzeugten Katholiken, hörte er regelmäßig Nachrichten in Radio Vatikan, bis mit dem Ausbruch des Zweiten Weltkrieges das Hören von Feindsendern verboten wurde. Walter hörte deren Sendungen

jetzt alleine. Nach dem Schulabschluss lernte er bei der Firma
Rohde und Schwarz den Beruf des Mechanikers. 1941 tat er sich
mit drei ebenfalls gegen den Nationalsozialismus gesinnten
Lehrlingskollegen Erwin Eidel, Hans Haberl und Daniel von
Recklinghausen zusammen, mit denen er gemeinsam Radiosen-
dungen aus Großbritannien und dem Vatikan hörte.

Nachdem sie zuerst Flugblätter mit Bildern und kurzen
Parolen hatten, kamen sie auf die Idee, einen eigenen Radiosender einzurichten, den sie als Reminiszenz an die zerstörte
niederländische Stadt »Radio Rotterdam« nennen wollten. Sie
brachten es sogar so weit, einige französische Lieder zu senden
und zum Sturz der NS-Diktatur aufzurufen.

Nach einer Aufforderung der BBC, das Victory-Zeichen
überall öffentlich anzubringen, setzten Klingenbeck und Recklinghausen dies an vielen Hauswänden in München in die
Tat um. Berauscht vom eigenen Erfolg erzählte Klingenbeck
von seiner Tat und wurde umgehend denunziert. Er wurde
verhaftet, später auch seine Freunde. Nach achtmonatiger Untersuchungshaft begann im September 1942 sein Prozess vor
dem Volksgerichtshof in Berlin. Klingenbeck, der sich selbst
als den Hauptschuldigen präsentierte, wurde mit Daniel von
Recklinghausen und Hans Haberl nach einem Verhandlungstag
zum Tode verurteilt; Erwin Eidel erhielt eine Zuchthausstrafe
von acht Jahren. Die beiden Freunde wurden ein Jahr später zu
ebenfalls acht Jahren Zuchthaus begnadigt. Walter Klingenbeck
dagegen wurde am 5. August 1943 im Gefängnis München Sta-
delheim mit 19 Jahren hingerichtet. Seine Freunde wurden von
den Amerikanern befreit.

Literatur: Karl-Heinz Jahnke: Jugend im Widerstand 1933–1945. Frank-
furt am Main 1985; Jürgen Zarusky: »… nur eine Wachstumskrankheit«?
Jugendwiderstand in Hamburg und München. In: Dachauer Hefte Nr. 7:
Solidarität und Widerstand. 1991, S. 210–229; Ruth-Maria Gleißner: »Der
Hitler soll das Maul nicht so voll nehmen.« Das kurze Leben des Walter
Klingenbeck. München 2004; Biografie auf der Homepage der nach ihm
benannten Realschule in Taufkirchen: http://www.walter-klingenbeck-re-
alschule.de/walter-klingenbeck.html (01.06.2013).

Die Gruppe um Josef Landgraf

Ebenfalls aus christlicher Gesinnung und demokratischer Überzeugung lehnte der 1924 in Wien geborene Josef Landgraf den Nationalsozialismus ab. Er informierte sich, selbst noch Gymnasiast, vor allem über die BBC und dem sozialistischen »Sender der europäischen Revolution« über die Wahrheit des Kriegs und die Vorgänge in Deutschland. Auch ihm genügte das Zuhören nicht mehr, und er begann im September 1941, die Nachrichten in Flugblätter umzusetzen, und zwar mit enormer Effizienz. Mehr als 70 Texte stellte er mit der Schreibmaschine und 50 weitere mit einem Stempelkasten in wenigen Wochen her. Bei der Verteilung halfen ihm seine Freunde Anton Brunner, Friedrich Fexer und Ludwig Igalffy. Landgraf korrigierte die gefälschten Meldungen der Wehrmacht über die Frontsituation und die deutschen Verluste, er wandte sich gegen die antichristliche Politik der NS-Regierung und beteiligte sich ebenfalls an der von der BBC propagierten V-Zeichen-Aktion.

Allerdings wurde er schon nach wenigen Wochen, am 23. August verraten und verhaftet. Vom Volksgerichtshof wurden Landgraf und Brunner zum Tode verurteilt, die beiden Freunde zu acht bzw. sechs Jahren Zuchthaus. Dass es sich bei ihnen um Widerstand im engsten Sinne der Definition handelte, bestätigte ihnen ihr Urteil, das ihnen vorwarf, die deutsche Regierung stürzen zu wollen. Landgraf wurde nach einem Jahr zu sieben Jahren Freiheitsstrafe begnadigt, Brunner zu fünf Jahren.

Quellen: Dr. Franz Weisz / Joachim Neurieser / Eva Knollmüller (Red.): Ausstellung Widerstandsgruppe Landgraf. http://www.juna.at/ausstellunglandgraf/index.html (30.06.2013)

Weltanschaulich gemischte Gruppen

Der Kreisauer Kreis

Auf dem Gut Kreisau in Niederschlesien traf sich vom 22. bis zum 25. Mai 1942, vom 16. bis zum 18. Oktober 1942 und noch einmal vom 12. bis zum 14. Juni 1943 eine nicht immer ganz identische Gruppe von Personen höchst unterschiedlicher Herkunft und Weltanschauung, die sich aber darin einig war, dass die Beseitigung der NS-Regierung notwendig war, und daher Pläne für eine Neuordnung Deutschlands nach Hitler aufstellte. Von ihren nationalsozialistischen Verfolgern erhielt sie nach dem Treffpunkt den Namen Kreisauer Kreis. Die Tagungen mündeten jeweils in eine Grundsatzerklärung, außerdem gab es Denkschriften zu einzelnen Themen und schriftliche Erklärungen einzelner Mitglieder. Kleinere Einheiten des Kreises trafen sich darüber hinaus auch weitere Male.

Herr auf Kreisau und Zentrum der Gruppe war der Jurist Helmuth James Graf von Moltke. 1907 auf dem elterlichen Gut geboren, hatte er Jura studiert. Wieder zu Hause gründete er die »Löwenberger Arbeitsgemeinschaft«, die ein Diskussionsforum darstellte, an dem sich Menschen verschiedenster sozialer Herkunft beteiligen sollten. Auch berühmte Persönlichkeiten konnte er für die Sache gewinnen, so z. B. Paul Löbe und Heinrich Brüning, aber auch Gerhart Hauptmann. Dabei lernte er auch einige Männer kennen, die später an den Beratungen des Kreisauer Kreises teilnahmen, z. B. Peter Graf Yorck von Wartenburg und Adolf Reichwein.

Die Weltwirtschaftskrise 1929 zwang ihn zur Konzentration seiner Bemühungen auf das väterliche Gut Kreisau, das in finanzielle Schwierigkeiten geraten war, das er aber in den folgenden Jahren retten konnte. Dennoch begab er sich 1929 auf eine mehrjährige Reise nach Südafrika, die Heimat seiner Frau, und nach England. Erst 1934 kehrte er zurück. Schon damals war ihm klar, dass die NS-Herrschaft in einen Krieg münden würde. Moltke selbst traf sich bereits Mitte der 30er-Jahre mit dem früheren Reichsjustizminister Eugen Schiffer, dem früheren Reichswehrminister Otto Geßler und Theodor Heuss und hoffte wie diese auf einen Putsch der Wehrmacht zur Beseitigung Hitlers aus der Regierung. Da dies ausblieb, bereitete Moltke seine endgültige Emigration vor, doch dann brach der Krieg aus, und er wurde als Kriegsverwaltungsrat beim Oberkommando der Wehrmacht eingezogen, wo er Admiral Wilhelm Canaris und Hans Oster kennenlernte. In seiner Funktion in der Abteilung Völkerrecht wurden ihm auch die Verbrechen hinter der Front bekannt.

Daher entschloss er sich, zusammen mit Peter Graf Yorck von Wartenburg ein Netz von Menschen aufzubauen, die ihrerseits das Ende der NS-Herrschaft wünschten – das aber durch andere, am besten die Reichswehr, herbeigeführt werden sollte – und Überlegungen für die Zeit danach anstellen wollten.

Unter den Tagungsteilnehmern befanden sich:

Peter Graf Yorck von Wartenburg (1904–1944), wie Moltke Jurist und aus einer bedeutenden preußischen Adelsfamilie, die Diplomaten Hans Bernd von Haeften (1905–1944) und Adam von Trott zu Solz (1909–1944), der Verwaltungsjurist Fritz-Dietlof von der Schulenburg (1902–1944), die drei Jesuiten Augustin Rösch, Alfred Delp und Lothar König (1906–1946), der evangelische Theologe Eugen Gerstenmaier (1906–1986), die Sozialdemokraten Gustav Dahrendorf (1901–1960), Theodor Haubach (1896–1945), Julius Leber (1891–1945), Wilhelm Leuschner und Carlo Mierendorff sowie Adolf Reichwein (1898–1944), Lehrer aus Bad Ems, der Schriftsteller Albrecht Haushofer (1903–1945) und der Jurist Hans Lukaschek (1885–1960).

Das erste Treffen galt den Themen Staat, Kirche und Bildung, das zweite der Verfassung. Die in Kreisau erarbeiteten Pläne waren bei den Mitgliedern durchaus umstritten, da aus dem Untergang der Weimarer Republik unterschiedliche Lehren gezogen wurden. Während Moltke ein System vorschwebte, das ausgehend von kleinen Einheiten organisiert war und die Macht durch Delegation nach oben übertrug, wünschten freilich Wilhelm Leuschner und andere Sozialdemokraten und christliche Gewerkschafter starke Gewerkschaften und Parteien. Manche Vorstellungen wurden später im Grundgesetz verwirklicht, andere waren dagegen abwegig, wie z. B. der Ausschluss von Frauen vom passiven Wahlrecht.

Uneinigkeit in manchen Fragen war die logische Folge aus der Unterschiedlichkeit der Teilnehmer hinsichtlich der früheren

Parteienzugehörigkeit, der Konfession und der Berufe. Einig war man sich aber in der Notwendigkeit, die Untaten des NS-Regimes mit rechtsstaatlichen Mitteln zu bestrafen. Dazu hieß es in einer Erklärung:

Als Rechtsschänder ist zu bestrafen, wer wesentliche Grundsätze des göttlichen oder natürlichen Rechts, des Völkerrechts oder des in der Gemeinschaft der Völker überwiegend übereinstimmenden positiven Rechts in einer Art bricht, die erkennen läßt, daß er die bindende Kraft dieser Rechtssätze freventlich mißachtet.

Rechtsschänder ist auch, wer den Befehl zu einer rechtsschänden-den Handlung gibt, in verantwortlicher Stellung dazu auffordert oder allgemeine Lehren oder Weisungen rechtsschändender Art erteilt. Mittä-terschaft, Beihilfe und Anstiftung beurteilen sich nach dem allgemeinen Strafrecht.

Bei einer auf Befehl begangenen Rechtsschändung ist der Befehl kein Strafausschließungsgrund es sei denn, daß es sich um eine unmittelbare Bedrohung von Leib oder Leben des Täters handelt oder ein sonstiger Zwang vorliegt, der nach den näheren Umständen die Befolgung des Befehls nicht als offenkundig unsittlich erscheinen läßt. Insbesondere ist der Befehl kein Strafausschließungsgrund, wenn der Täter durch sein Ver-halten vor, bei oder nach der Tat erwiesen hat, daß er den Befehl billigt. Sind Rechtsschändungen vor Erlaß dieses Gesetzes begangen worden, so ist das Verfahren mit einem feststellenden Urteil abzuschließen, daß der Angeklagte der Rechtsschändung schuldig ist.

Wer der Rechtsschändung hinreichend verdächtig ist, kann durch öffentlich bekanntzugebende Entscheidung des Gerichts, der Staatsan-waltschaft oder der höheren Verwaltungsbehörde in die Acht erklärt werden. Der Geächtete kann von jedermann ergriffen werden. Er ist der Polizei zu übergeben und von dieser alsbald dem zuständigen Gericht vorzuführen. Alle sonstigen Schutzbestimmungen betreffend vorläufige Festnahme und Haft entfallen gegenüber dem Geächteten. Die Acht endet mit der Verurteilung oder Freisprechung des in die Acht Erklärten oder mit der Einstellung des Verfahrens. [...]
Zitiert nach: Ger van Roon: Neuordnung im Widerstand. München 1967, S. 556–558

Auch eine Ämterliste für den Tag des Umsturzes wurde fest-gelegt. Als Mitarbeiter der Abwehr wurde Helmut James von

Moltke im Januar 1944 verhaftet und im Konzentrationslager Ravensbrück inhaftiert. Nach dem gescheiterten Attentat vom 20. Juli fiel sein Name in mehreren Verhören. Moltke wurde beim Volksgerichtshof angeklagt und zum Tode verurteilt. Im Januar 1945 wurde er in Plötzensee hingerichtet. Den Kreisauer Kreis gab es nach Moltkes Verhaftung nicht mehr, einige Mitglieder schlossen sich der Goerdeler-Gruppe an.

Quellen und Literatur: Helmut von Moltke: Letzte Briefe aus dem Gefängnis Tegel. Berlin 1957; Ger van Roon: Der Kreisauer Kreis zwischen Widerstand und Umbruch. München 1967; Ger van Roon: Neuordnung im Widerstand. Der Kreisauer Kreis innerhalb der deutschen Widerstandsbewegung. München 1967. Marion Gräfin Dönhoff: »Um der Ehre willen.« Erinnerungen an die Freunde vom 20. Juli. Berlin 1994; Clarita von Trott zu Solz: Adam von Trott zu Solz. Eine Lebensbeschreibung. Berlin 1994; Karl Otmar Freiherr von Aretin: Moltke, Helmuth James Graf. In: Neue Deutsche Biographie (NDB) 18 (1997), S. 18–21; Franz von Schwerin: Helmuth James Graf von Moltke: Im Widerstand die Zukunft denken. Zielvorstellungen für ein neues Deutschland. Paderborn; München; Wien; Zürich 1999; Karl Heinz Roth, Angelika Ebbinghaus: Rote Kapellen, Kreisauer Kreise, Schwarze Kapellen. Neue Sichtweisen auf den deutschen Widerstand gegen die NS-Diktatur. Hamburg 2004; Ulrich Karpen (Hrsg.): Europas Zukunft. Vorstellungen des Kreisauer Kreises um Helmuth James Graf von Moltke. Heidelberg 2005; Volker Ulrich: Der Kreisauer Kreis. Reinbek 2008

Der Kreis um Carl Friedrich Goerdeler

Carl Friedrich Goerdeler wurde 1884 in Schneidemühl (Posen) geboren und stammte aus einer preußischen Beamtenfamilie. Nach dem Abitur versuchte er sich in einer Offiziersausbildung bei der Marine, wurde dann aber doch lieber Jurist und studierte ab 1902 in Tübingen, ab 1905 in Königsberg. Nach dem zweiten Staatsexamen wählte er die politische Laufbahn, zuerst in Solingen als Gerichtsassessor. Dort wurde er 1912 für zwölf Jahre zum Beigeordneten gewählt. Als Offizier nahm er am Ersten Weltkrieg im Osten teil, unter anderem bei der Schlacht von Tannenberg. 1919 kämpfte er in einem Freikorps in Berlin und trat noch im selben Jahr in die DNVP ein. Das politische System der Weimarer Republik lehnte er zunächst ab. 1920 wurde er Zweiter Bürgermeister von Königsberg, 1930 bis 1937 war er Oberbürgermeister von Leipzig. Goerdeler profilierte sich besonders auf dem Deutschen Städtetag und arbeitete nicht nur mit anderen konservativen Parteien, sondern auch mit Sozialdemokraten gut zusammen. So kam es, dass er in der Weimarer Republik auch als Reichskanzler gehandelt wurde. 1931/1932, gleich nach Einsetzen der Weltwirtschaftskrise, und 1934/1935 war er Reichskommissar für Preisüberwachung. 1931 trat er aus der DNVP aus.

Als konservativer Politiker stand er der NSDAP ambivalent gegenüber, trat nicht in die Partei ein, behielt aber sein Amt als Oberbürgermeister. Allmählich aber distanzierte er sich zunehmend von der NS-Regierung: Die von ihr eingeführte reichsweite Gemeindeordnung bedeutete das Ende der kommunalen Selbstverwaltung, für die sich Goerdeler immer starkgemacht hatte. Obgleich kein ausgesprochener Judenfreund, versuchte er, die Beseitigung jüdischer Beamter und Kulturschaffender zu verhindern, und als 1936 in Leipzig das Denkmal des jüdischen Komponisten Felix Mendelssohn Bartholdy entfernt wurde, trat er von seinem Amt zurück. Goerdeler reiste in den nächsten Jahren viel und warnte das westliche Ausland vor dem NS-Regime, wurde aber nicht gehört.

Nach Kriegsbeginn sammelte er konservative Politiker um sich, welche das Ende der NS-Regierung wünschten. Ausgangspunkt dafür war die Mittwochsgesellschaft, ein wöchentliches Treffen von Wissenschaftlern in Berlin seit 1863 zur Besprechung verschiedener Themen auf hohem Niveau.

Zu Goerdelers Kreis gehörten: Ludwig Beck, der deutsche Botschafter in Rom Ulrich von Hassel (1881–1944), der ehemalige preußische Finanzminister Johannes Popitz (1884–1945), später auch Jakob Kaiser und Wilhelm Leuschner,

Josef Wirmer und der ehemalige württembergische Justiz- und Innenminister Eugen Bolz (1881–1945), Kontakt bestand zu dem DNVP-Politiker Paul Lejeune-Jung (1882–1944).

In den ersten Jahren hatte der Goerdeler-Kreis durchaus ambitionierte außenpolitische Vorstellungen: Deutschland in den Grenzen von 1938, dazu Elsass-Lothringen, Österreich, das Sudetenland und Teile Polens.

Die Vorstellungen von der Verfassung waren konservativ, weder demokratisch noch pluralistisch, auch gab es z. B. betreffend die Stellung der Juden Ideen, die nicht als rechtsstaatlich eingestuft werden können. Die Denkschrift »Das Ziel« von 1941 sah die Wiedereinführung der Monarchie vor.

Konkreter wurden die Umsturzpläne 1942/43, dabei waren Ludwig Beck als Reichspräsident, Goerdeler als Reichskanzler und Erwin von Witzleben als Oberbefehlshaber des Heeres vorgesehen. 1944 entstand ein Regierungsprogramm. Gegen Ende der Zusammenkünfte, als sich die deutsche Niederlage schon deutlich abzeichnete, wurden die außenpolitischen Forderungen zum Ziel des geordneten Rückzuges und der Beendigung des Kriegs zurückgeschraubt.

Eine Woche vor dem 20. Juli 1944 wurde die Verhaftung Goerdelers angeordnet, die er durch Flucht in seine Heimat für einen Monat hinauszögern konnte. Dann allerdings wurde er denunziert, vor dem Volksgerichtshof angeklagt und am 8. September 1944 zum Tode verurteilt. Seine Hinrichtung fand am 2. Februar 1945 in Plötzensee statt.

Quellen und Literatur: Carl Friedrich Goerdeler: Politisches Testament. Hrsg. von Friedrich Krause, New York 1945; Ines Reich: Carl Friedrich Goerdeler. Ein Oberbürgermeister gegen den NS-Staat. Köln 1997; Daniela Rüther: Der Widerstand des 20. Juli auf dem Weg in die Soziale Marktwirtschaft. Die wirtschaftspolitischen Vorstellungen der bürgerlichen Opposition gegen Hitler. Paderborn u.a. 2002; Sabine Gillmann/Hans Mommsen (Hrsg.): Politische Schriften und Briefe Carl Friedrich Goerdelers. München 2003

Der Solf-Kreis

Stärker liberal geprägt als der Goerdeler-Kreis aber ebenfalls mit zahlreichen Kontakten zu anderen Widerstandsgruppen ausgestattet war der sogenannte Solf-Kreis. Hanna Solf (geb. 1908), die Witwe des deutschen Diplomaten Wilhelm Solf, die auch durch die Beschaffung falscher Pässe schon Juden zur Flucht in die Schweiz verholfen hatte, verfügte über Kontakte zur Reichswehr und zum Auswärtigen Amt. Ihr Hauptziel war es, den NS-Gegnern ein Forum des Austauschs zu bieten, aus dem sich Weiteres entwickeln konnte.

Mitglieder des engeren Kreises waren neben der Initiatorin selbst Lagi Gräfin von Ballestrem geb. Solf, ihre Tochter (1909–1955), Elisabeth von Thadden (1890–1944), die Diplomaten Albrecht Graf von Bernstorff (1890–1945) und Herbert Mumm von Schwarzenstein (1898–1945), Ernst Ludwig Heuss (1910–1967), der Sohn des späteren Bundespräsidenten und weitere Personen.

Bei einem Treffen im Hause von Elisabeth von Thadden wurden die anwesenden Mitglieder des Kreises aufgrund der Anzeige eines Spitzels festgenommen. Die nicht anwesende Hanna Solf und ihre Tochter, ebenso die Gastgeberin etwas später. Hanna Solf kam in das Konzentrationslager Sachsenhausen, im März 1944 nach Ravensbrück, später in Gefängnisse in Berlin-Moabit und Cottbus. Trotz Verhören unter Folter nannte sie keine weiteren Namen. Ihr Prozess, der am 8. Februar 1945 stattfinden sollte, wurde verschoben, da Roland Freisler fünf Tage zuvor bei einem Bombenangriff getötet worden war. Dank des Einsatzes von Ernst Ludwig Heuss wurden ihr und ihrer Tochter Entlassungspapiere ausgestellt.

Nach dem Krieg wohnte Hanna Solf in Starnberg, wo sie 1954 starb.

Literatur: Martha Schad: Frauen gegen Hitler. Schicksale im Nationalsozialismus. München 2002

Die Wehrmacht

Nach Beginn des Kriegs, als bereits viele Anlässe und Chancen eines Schlages gegen Hitler vorbei waren, tat sich die Wehrmacht umso schwerer, etwas gegen die Reichsregierung zu unternehmen, da keine Grundlagen für eine zweite Dolchstoßlegende gelegt werden sollten. Als 1940 der Überfall auf Frankreich bevorstand, kamen noch einmal kurzfristig Überlegungen zu einem Putsch auf, da eine Westoffensive für nicht erfolgversprechend gehalten wurde. Halder, Stülpnagel und Großcurth sollten die Pläne vom September 1938 wieder hervorholen und aktualisieren. Die verschiedenen Hitler-Gegner in der Leitung der Wehrmacht wurden noch einmal kurzgeschlossen. Die Tatsache, dass nur Erwin von Witzleben ernsthaft bereit war, einen Umsturz zu leiten, und Befürchtungen, die Umsturzpläne seien schon bekannt, führten jedoch auch dieses Mal zum Abblasen aller Pläne.

Hitlers anfängliche militärische Erfolge ließen weitere Überlegungen zur Beseitigung der Regierung für viele Offiziere auch
nicht mehr opportun erscheinen, da sie bei Soldaten und in der
Zivilbevölkerung viel Zustimmung hervorriefen. Die Überfälle
auf neutrale Staaten und die Vorgänge an der Ostfront nahmen
aber doch wiederum manche gegen Hitler ein, z. B. Großcurth.
Informationen darüber sammelten Wilhelm Canaris und Hans
Oster, Denkschriften gegen die Behandlung der Juden und
der Zivilbevölkerung verfassten die Generäle Walter Petzel
(1883–1965) sowie General Wilhelm Ulex (1880–1959) und
Generaloberst Johannes Blaskowitz (1883–1948), die bei Hitler
als unzuverlässig galten. Aber sogar Generalfeldmarschall von
Mackensen sorgte sich angesichts der Verbrechen 1940 um den
Ruf des Heeres. Von Brauchitsch allerdings verteidigte die
Maßnahmen der SS, und die öffentliche Propaganda namentlich
gegen die Völker im Osten führten dazu, dass die Verbrechen
gegen sie in den Augen vieler wohl eher leicht wogen.

In dieser Zeit entstanden auch zunehmend Kontakte zwischen
den NS-Gegnern in der Wehrmacht und den zivilen Widerstandskreisen. Die maßgeblichen Personen wie Brauchitsch und
Halder waren aber nicht bereit, die ihnen z. B. von einem Josef
Müller erschlossenen Möglichkeiten zu nutzen. Die Hinweise
von Hans Oster auf die deutschen Angriffspläne, die er nach
Frankreich, in die Niederlande, nach Dänemark und Norwegen
sandte, führten zu keiner erkennbaren Reaktion.

Erneut unternahmen Erwin von Witzleben und der Leutnant
im Generalstab Hans-Alexander von Voss (1907–1944) im Jahr
1941 einen Vorstoß, ein Attentat auf Hitler zu verüben, und zwar
bei dessen Besuch in Paris.

Ebenfalls waren General Friedrich Olbricht (1888–1944), dem
Leiter des Allgemeinen Heeresamtes beim Befehlshaber des
Ersatzheeres, General Carl Heinrich von Stülpnagel (1886–1944),
Militärbefehlshaber im besetzten Frankreich, und Henning von
Tresckow bei der Heeresgruppe Mitte in Russland wurden zu
zentralen Figuren des militärischen Widerstands. Sie bewogen
militärische, politische und moralische Motive.

Dann traf den militärischen Widerstand und seine Verbin-
dungsleute ein herber Schlag. Der Honorarkonsul für Portugal

Wilhelm Schmidthuber, der wegen Devisenvergehens vom SD verhört wurde, verriet seine Tätigkeit für die Abwehr. Dies führte zur Verhaftung Dietrich Bonhoeffers, Hans von Dohnanyis und Joseph Müllers; Hans Oster geriet erstmals unter Verdacht; Wilhelm Canaris wurde später abgelöst.

An der Ostfront hatte inzwischen Henning von Tresckow, der Erste Generalstabsoffizier der Heeresgruppe Mitte, durch gezielte Personalpolitik ein Widerstandszentrum geschaffen, doch mehrere Attentatsversuche kamen nicht zur Durchführung:

– Bei Hitlers Besuch der Heeresgruppe Mitte im März 1943 in Smolensk trat man von dem Versuch zurück aus Bedenken, unbeteiligte junge Offiziere mit in Gefahr zu bringen.
– Auf dem Heimflug versagte der Zünder einer Bombe, die Tresckow an Bord gebracht hatte.
– Das Berliner Zeughaus, wo Hitler Kriegsbeute besichtigte, verließ er, bevor eine dort deponierte Bombe hochging.
– Eine Vorführung neuer Uniformen, bei der ebenfalls ein Anschlag geplant war, sagte Hitler ab.
– Ein Attentäter, Rittmeister Breitenbach, kam nicht zum Zug, da er zu der Besprechung, bei der er Hitler erschießen wollte, keinen Zutritt erhielt.

Henning von Tresckow hielt sich ab Juli 1943 für längere Zeit in Berlin auf und baute währenddessen einen vorhandenen Notfallplan für den Fall von Unruhen namens »Walküre« so um, dass er für ein Attentat auf Hitler taugte.

Quellen und Literatur: Fabian von Schlabrendorff: Offiziere gegen Hitler. Zürich 1946; Wolfgang Benz/Walter H. Pehle (Hrsg.): Lexikon des deutschen Widerstandes. Frankfurt ²1994; Joachim Fest: Staatsstreich. Der lange Weg zum 20. Juli. Berlin 1994; Gerd R. Ueberschär (Hrsg.): NS-Verbrechen und der militärische Widerstand gegen Hitler. Darmstadt 2000; Peter Steinbach: Der 20. Juli 1944. Gesichter des Widerstands. München 2004; Hans Mommsen: Der Widerstand im Dritten Reich. In: ders.: Zur Geschichte Deutschlands im 20. Jahrhundert. Demokratie, Diktatur, Widerstand. München 2010; Gerd R. Ueberschär (Hrsg.): Handbuch zum Widerstand gegen Nationalsozialismus und Faschismus in Europa 1933/1939 bis 1945. Berlin – New York 2011; Friedrich-Christian Stahl: Generaloberst Johannes Blaskowitz. In: Gerd R. Ueberschär (Hrsg.): Hitlers militärische Elite. 68 Lebensläufe. Darmstadt 2011

5. Widerstand im Exil

Oppositionspolitiker

Außer den 1933 im Ausland gegründeten Parteizentralen der Kommunisten und der SPD, die bei den jeweiligen Parteien erwähnt wurden, gab es weitere deutsche Personengruppen, die mit verschiedenen Methoden versuchten, vom Ausland aus Aufklärung zu betreiben und dem NS-Regime zu schaden. Besonders in Frankreich und der Tschechoslowakei wurde aus Deutschland geflohenen Personen nicht nur großzügig Asyl gewährt, sondern auch die Möglichkeit der politischen und schriftstellerischen Tätigkeit eingeräumt, in Paris entstanden auch Exilverlage und sogar deutsche Tageszeitungen.

Wer vom Ausland aus deutsche Oppositions- und Widerstandsarbeit unterstützte, konnte sich zwar dem unmittelbaren Zugriff der deutschen Staatsmacht entziehen, war aber im Extremfall auch dort vor gedungenen Mördern nicht sicher, wie das Beispiel Theodor Lessings zeigt.

Der Kontakt nach Deutschland und der Einfluss auf die Bevölkerung erwiesen sich als schwierig. Wahrgenommen wurden Schriften und Appelle in der Heimat am ehesten von Gleichgesinnten – wo sie aber keineswegs unnütz, sondern als Bestärkung oft hilfreich waren – und in den Gastländern – was allerdings selten mehr als eine Kenntnisnahme bewirkte. Kontakte zu deutschen Auslandsreisenden konnten für diese zur Gefahr werden. So brachte das Treffen der Spieler des FC Bayern mit ihrem ehemaligen Präsidenten Kurt Landauer anlässlich eines Freundschaftsspiels in der Schweiz 1943 diese in Schwierigkeiten.

Auf eine Exilregierung, die den Anspruch erheben konnte, ganz Deutschland vom Ausland aus zu vertreten, konnten sich die deutschen Politiker nicht einigen. Vielleicht waren dazu die Auseinandersetzungen der Weimarer Republik zu scharf und die sich daraus ergebenden Gräben zu tief. Auch sonst gab es im Ausland – anders als in Deutschland selbst – keinen überparteilichen Zusammenschluss. Selbst Heinrich Mann, der in Paris mit

Vertretern mehrerer deutscher Parteien einen Gesprächskreis unterhielt, kam über diese Art gemeinsamer Aktivität nicht hinaus. Im Spanischen Bürgerkrieg (1936–1939) engagierten sich deutsche Sozialdemokraten und Kommunisten, die davon ausgingen, dass Hitler diesen Krieg veranlasst habe und sie dort gegen Hitler kämpfen könnten. In der Tat unterstützte er Franco massiv militärisch, und die Niederlage der Republik und der Sieg Francos entmutigte deutsche Exilanten überall. Doch statt zu einem engeren Zusammenschluss gegen die faschistische Übermacht in Europa kam es in der Folgezeit sogar zu Spaltungen von Gruppen, so auch zu Parteiaustritten bei den Kommunisten, wie z. B. von Manes Sperber, Gustav Regler, Arthur Koestler und Willi Münzenberg. Speziell auf die Kommunisten wirkte auch der Hitler-Stalin-Pakt verwirrend, aber auch für ihre möglichen Bündnispartner.

Aus den im Laufe des Kriegs besetzten Ländern in Ost- und Westeuropa mussten deutsche Exilanten entweder erneut fliehen, oder ihnen blieb nur übrig, sich den Partisanentruppen der Gastländer anzuschließen. Die Neutralen Staaten Schweiz und Schweden ließen keine ausgeprägte politische Agitation deutscher Flüchtlinge zu. Immerhin entstand in Stockholm der überparteiliche »Freie Deutsche Kulturbund« als Exilantenvereinigung.

Deutsche Widerstandsarbeit in Frankreich fand unter den Namen »Travail Anti-Alemand« und »Front National de la Libération« statt. Dabei spionierten Deutsche für französische Widerstandsgruppen und versuchten, deutsche Soldaten auf ihre Seite zu ziehen. Hier wurde auch das »Komitee Freies Deutschland« für den Westen gegründet.

In Griechenland entstand 1944 ein »Antifaschistisches Komitee Freies Deutschland« (AKFD) im Einvernehmen mit griechischen Partisanen und der Sowjetunion. Es wurde von Mitgliedern einer deutschen Strafdivision gegründet und stand ganz auf der Seite der griechischen Partisanen, auch gegen Britannien und innergriechische Gegner.

In Südamerika entstanden in mehreren Ländern Organisationen namens »Das andere Deutschland«, die allerdings keine Handlungsmöglichkeiten hatten als eventuell Flüchtlinge aufzunehmen und über eine Nachkriegsordnung nachzudenken. In Mexiko entstand ein deutschsprachiger Exilverlag.

Literatur: Patrick von zur Mühlen: Exil und Widerstand. In: Wolfgang Benz / Walter H. Pehle (Hrsg.): Lexikon des deutschen Widerstandes. Frankfurt 1994, S. 128–140; Helmut Mehringer: Widerstand und Emigration. Das NS-Regime und seine Gegner. München ²1998

Das Nationalkomitee »Freies Deutschland« und BDO

Ein Zusammenschluss eigener Art war das Nationalkomitee Freies Deutschland (NKFD), in welchem sowohl deutsche Offiziere und Soldaten als auch emigrierte Kommunisten vereint waren. Auf Veranlassung der Regierung der Sowjetunion bemühte sich die Exil-KPD in Russland 1942 um die Vereinigung aller in der Sowjetunion befindlichen Deutschen gegen das nationalsozialistische Deutschland. Dazu wurde auch in den Kriegsgefangenenlagern geworben, in mehreren zeichnete sich Erfolg ab, so in Jelabuga und Lunjowo. Vorsitzender des vorbereitenden Ausschusses wurde Erich Weinert (1890–1953), ihm zur Seite standen der Dichter Johannes R. Becher (1891–1958), der Journalist Bernt von Kügelgen (1914–2002), Wilhelm Pieck und Walter Ulbricht. Ein Gründungsdokument enthielt keine Hinweise auf den kommunistischen Ursprung des Komitees.

In einer Versammlung von 300 Mitgliedern vom 12./13. Juli 1943 fand die Gründung statt. Präsident des Komitees wurde Erich Weinert; seinem jetzigen Vorstand gehörten an: Anton Ackermann (1905–1973), Wilhelm Florin (1894–1944), Wilhelm Pieck und Walter Ulbricht. Dem NKFD schloss sich der nur wenige Wochen später gegründete »Bund deutscher Offiziere« an. Ihnen wurde das Bündnis mit dem Verweis auf die deutsch-russische Waffenbrüderschaft gegen Napoleon nahegebracht. Sitz des Komitees wurde Lunjowo nahe Moskau, sein Symbol die schwarz-weiß-rote Fahne. Das Komitee gab eine Wochenzeitung mit dem Namen »Freies Deutschland« heraus, dessen erste Ausgabe den Gründungstext »Manifest an die Wehrmacht und das deutsche Volk« von dem Journalisten Rudolf Herrnstadt und dem Schriftsteller Alfred Kurella enthielt. Darin heißt es unter anderem:

[...] Die Ereignisse fordern von uns Deutschen unverzügliche Entscheidung.

In dieser Stunde höchster Gefahr für Deutschlands Bestand und Zukunft hat sich das Nationalkomitee »Freies Deutschland« gebildet.

Dem Nationalkomitee gehören an: Arbeiter und Schriftsteller, Soldaten und Offiziere, Gewerkschafter und Politiker, Menschen aller politischen und weltanschaulichen Richtungen, die noch vor einem Jahre einen solchen Zusammenschluß nicht für möglich gehalten hätten.

Das Nationalkomitee bringt die Gedanken und den Willen von Millionen Deutschen an der Front und in der Heimat zum Ausdruck, denen das Schicksal ihres Vaterlandes am Herzen liegt.

Das Nationalkomitee erachtet sich als berechtigt und verpflichtet, in dieser Schicksalsstunde im Namen des deutschen Volkes zu sprechen, klar und schonungslos, wie die Lage es erfordert.

Hitler führt Deutschland in den Untergang. [...]

Seit Jahren hat Hitler, ohne Willensbefragung des Volkes, diesen Eroberungskrieg vorbereitet. Hitler hat Deutschland politisch isoliert. Er hat die drei größten Mächte der Welt gewissenlos herausgefordert und zum unerbittlichen Kampf gegen die Hitlerherrschaft zusammengeschlossen. Er hat ganz Europa zum Feind des deutschen Volkes gemacht und dessen Ehre besudelt. So ist er verantwortlich für den Haß, der Deutschland heute umgibt.

Kein äußerer Feind hat uns Deutsche jemals so tief ins Unglück gestürzt wie Hitler. [...]

Wenn das deutsche Volk sich weiter willenlos und widerstandslos ins Verderben führen läßt, dann wird es mit jedem Tag des Krieges nicht nur schwächer, ohnmächtiger, sondern auch schuldiger. Dann wird Hitler nur durch die Waffen der Koalition gestürzt. Das wäre das Ende unserer nationalen Freiheit und unseres Staates, das wäre die Zerstückelung unseres Vaterlandes. Und gegen niemanden könnten wir dann Anklage erheben als gegen uns selbst. [...]

Das Ziel heißt: Freies Deutschland.

Das bedeutet:

Eine starke demokratische Staatsmacht, die nichts gemein hat mit der Ohnmacht des Weimarer Regimes, eine Demokratie, die jeden Versuch des

Wiederauflebens von Verschwörungen gegen die Freiheitsrechte des Volkes oder gegen den Frieden Europas rücksichtslos schon im Keim erstickt.

Restlose Beseitigung aller auf Völker- und Rassenhass beruhenden Gesetze, aller unser Volk entehrenden Einrichtungen des Hitlerregimes. Aufhebung aller gegen die Freiheit und Menschenwürde gerichteten Zwangsgesetze der Hitlerzeit.

Wiederherstellung und Erweiterung aller politischen Rechte und sozialen Errungenschaften der Schaffenden, Freiheit des Wortes, der Presse, der Organisation, des Gewissens und der Religion.

Freiheit der Wirtschaft, des Handels und des Gewerbes. Sicherung des Rechtes auf Arbeit und des rechtmäßig erworbenen Eigentums, Rückgabe des durch die nationalsozialistischen Machthaber geraubten Hab und Guts an die Eigentümer, Beschlagnahme des Vermögens der Kriegsschuldigen und der Kriegsgewinnler, Güteraustausch mit anderen Ländern als gesunde Grundlage eines gesicherten nationalen Wohlstandes.

Sofortige Befreiung und Entschädigung aller Opfer des Hitlerregimes.

Gerechtes, schonungsloses Gericht über die Kriegsverbrecher, über die Anführer, ihre Hintermänner und Helfer, die Deutschland ins Verderben, in Schuld und Schande stürzten. Amnestie jedoch für alle Hitleranhänger, die sich rechtzeitig durch ihre Taten von Hitler lossagten und der Bewegung für ein freies Deutschland anschließen.

Vorwärts, Deutsche, zum Kampf für ein freies Deutschland!

Wir wissen: Opfer sind unvermeidlich. Aber sie werden um so geringer sein, je entschlossener der Kampf gegen Hitler geführt wird. Die Opfer im Kampf um Deutschlands Befreiung werden tausendfach geringer sein als die sinnlosen Opfer, die eine Fortsetzung des Krieges erfordert. […]

Wir haben in unserer Geschichte ein großes Vorbild. Vor hundertdreißig Jahren wandten sich, als noch deutsche Truppen als Feinde auf russischem Boden standen, die besten Deutschen, vom Stein, Arndt, Clausewitz, Yorck und andere, von Rußland aus über die Köpfe verräterischer Machthaber hinweg an das Gewissen des deutschen Volkes und riefen es auf zum Freiheitskampf. Gleich ihnen werden wir all unsere Kraft und auch unser Leben einsetzen, alles zu unternehmen, was den Freiheitskampf unseres Volkes entfaltet und den Sturz Hitlers beschleunigt.

Der Kampf für ein freies Deutschland erfordert Mut, Tatkraft und Entschlossenheit. Vor allem Mut. Die Zeit drängt, rasches Handeln tut not. Wer aus Furcht, Kleinmut oder blindem Gehorsam weiter mit Hitler geht, handelt feige und hilft, Deutschland in die nationale Katastrophe treiben. Wer aber das Gebot der Nation höherstellt als den Befehl des »Führers« und Leben und Ehre für sein Volk einsetzt, handelt mutig und hilft das Vaterland vor seiner tiefsten Schmach erretten.

Für Volk und Vaterland! Gegen Hitler und seinen Krieg!

Für sofortigen Frieden!

Für die Rettung des deutschen Volkes!

Für ein freies unabhängiges Deutschland!

Freies Deutschland, 1. Jg. Nr. 1, 19. Juli 1943

Die Mitglieder versammelten sich einmal im Monat. Hatte die sowjetische Regierung bei der Abfassung des Gründungsmanifests noch auf Neutralität geachtet, so versuchte sie, Personen an wichtige Stellen des NKFD zu setzen, die eine Politik in ihrem Sine vertraten.

Neben der Zeitung gab es einen deutschsprachigen Radiosender. Besonders deutsche Frontsoldaten sollten so erreicht werden, damit sie entweder in strategische Fallen tappten oder damit sie überliefen. Gefangene oder übergelaufene Soldaten mit Interesse an der Mitarbeit im NKFD nahmen in Lagern an kommunistischen Umschulungen teil. Die Soldaten traten entweder aus Überzeugung bei oder sahen hier eine Möglichkeit, der Härte der sowjetischen Kriegsgefangenschaft zu entgehen. Im Juli 1944 traten 17 gefangene Generäle dem NKFD bei, im August 1844 auch der ehemalige Befehlshaber der 6. Armee, Feldmarschall Friedrich Paulus. Die Offiziere sahen sich selbst von Hitler verraten und wussten um die unvorstellbare Zahl der Opfer der sinnlosen Durchhalteparolen. So konnte eine Dezemberausgabe von »Freies Deutschland« eine von 50 hohen Offizieren unterzeichnete Erklärung veröffentlichen, in der es heißt:

Deutsche!

Aus tiefer Sorge um die Zukunft unseres Volkes, um unsere heißgeliebte Heimat und um den Fortbestand Deutschlands wenden wir deutschen Generale zusammen mit vielen hunderttausenden Soldaten und Offizieren aus russischer Kriegsgefangenschaft uns in letzter Stunde an Euch, deutsche Männer und Frauen. [...]

Unser ganzes Volk ist jetzt restlos in den zerstörenden Kampf hineingeworfen: An allen Fronten verbluten die Männer vom Greis bis zum

Knaben, in der Heimat leiden Frauen und Kinder unter der zunehmenden Wucht feindlicher Luftangriffe im härtesten Arbeitseinsatz. Noch nie hat ein Krieg so unsagbares Unglück über unser Vaterland gebracht! Die Stunde des Zusammenbruchs unter der erdrückenden Übermacht der vereinigten Gegner rückt immer näher! In diese Lage hat Adolf Hitler Deutschland geführt! […]

Im Taumel der ersten Erfolge erkannten wir nicht die schwere Gefahr der maßlosen Pläne Hitlers, die uns in diesen unheilvollen Krieg hineinführten. Wir sind getäuscht und mißbraucht worden. Wir waren seine blinden Werkzeuge und wurden schließlich seine Opfer.

Der Staatsmann Hitler hat in der Heimat eine schrankenlose Willkürherrschaft errichtet. Er hat jeden mit anderen Ländern geschlossenen Vertrag gebrochen und die deutsche Wehrmacht, auf ihre Gehorsamstreue bauend, für seine Eroberungspläne und zur Unterdrückung anderer Völker eingesetzt. Auf seinen Befehl haben Himmlers Henker in den besetzten Ländern unmenschliche Grausamkeiten verübt und damit die Ehre des deutschen Namens vor der Welt mit Schande bedeckt. […]

Der Krieg ist verloren! Das Ergebnis dieser Staats- und Kriegführung Adolf Hitlers für Deutschland sind Millionen von Toten, Krüppeln und Obdachlosen! […]

Unser Volk aber darf nicht untergehen! Deshalb muß dieser Krieg sofort beendet werden! […]

Deutsches Volk, steh auf zur rettenden Tat gegen Hitler und Himmler, gegen ihr unheilbringendes System! Einig in allen Schichten, hast Du die Macht! Die Waffen zur Tat hast Du auch! Befreie dich selbst von dieser pflichtvergessenen und verbrecherischen Staatsführung, die Deutschland in den sicheren Untergang treibt!

Freies Deutschland, 2. Jg. Nr. 50, vom 10.12.1944

Langfristig wurden aber auch im NKFD die Gegensätze zwischen den Offizieren und den Kommunisten nicht überwunden.

Literatur: Birgit Petrick: »Freies Deutschland«, die Zeitung des Nationalkomitees »Freies Deutschland« (1943–1945). [Kommunikation und Politik, Bd. XII] Stuttgart 1979; Bodo Scheurig: Verräter oder Patrioten: das Nationalkomitee »Freies Deutschland« und der Bund Deutscher Offiziere in der Sowjetunion 1943–1945. Berlin – Frankfurt 1993 Gerd R. Ueberschär (Hrsg.): Das Nationalkomitee ›Freies Deutschland‹ und der Bund Deutscher Offiziere. Frankfurt 1996

Schriftsteller

Unter den Emigranten, die Deutschland im Zusammenhang mit der NS-Herrschaft verließen, waren neben den Politikern einige Schriftsteller die bekanntesten. Ihre Sprachkunst aber auch ihre Autorität setzten sie auf jeweils eigene Weise gegen die deutsche Unrechtsregierung ein. Von ihnen hier nur einige wenige Beispiele.

Thomas Mann

Der 1875 in Lübeck geborene Kaufmannssohn Thomas Mann, der 1929 für sein Werk »Die Buddenbrooks« den Literaturnobelpreis erhalten hatte, stand den Nationalsozialisten von Anfang an kritisch gegenüber. Der Erfolg der NSDAP bei der Reichstagswahl 1930 veranlasste ihn zu einem Appell an das Volk, der unter dem Namen »*Appell an die Vernunft*« bekannt wurde. Er hielt die Rede im Berliner Beethoven-Saal und konnte dabei von einem gleichgesinnten Publikum ausgehen und beklagte vor allem die Propaganda der Nationalsozialisten. Die Veranstaltung wurde von SA-Leuten gestört.

Im Februar 1933 kehrten Thomas Mann und seine Frau Katja von einer Vortragsreise in mehrere europäische Länder nicht mehr zurück. Zuerst ließ sich das Ehepaar in Frankreich nieder, dann begaben sie sich nach Küsnacht nahe Zürich. In der Neuen Züricher Zeitung erklärte er in einem offenen Brief an den Schweizer Journalisten Eduard Korrodi seine Abneigung gegen die deutsche Regierung. Sein in Deutschland verbliebenes Vermögen wurde beschlagnahmt, sein Pass ohne zwischenzeitliche Heimkehr nicht verlängert, dafür wurde er 1936 tschechischer Staatbürger. Er wurde – übrigens auf Anraten des Diplomaten Ernst von Weizsäcker – ausgebürgert, und ihm wurde die Ehrendoktorwürde der Universität Bonn aberkannt.

1938 zog Familie Mann in die USA um. Er nahm eine Gastprofessur wahr, erteilte Interviews und traf wichtige Persönlichkeiten. Er nutzte seine weiterhin guten Einkünfte, um Emigranten zu unterstützen, und als er sich während des Ausbruchs des

Zweiten Weltkrieges gerade in Schweden aufhielt, brachte
er über die BBC eine monatliche Sendung mit dem Namen
»Deutsche Hörer«, in der er sowohl tagespolitische Themen wir
allgemeine moralische Fragen behandelte und zum Widerstand
gegen Adolf Hitler aufrief. Die Sendungen liefen bis Ende 1945.
Auch schrieb er Texte für Flugblätter.

Nach Kriegsende kehrte Thomas Mann nicht nach Deutschland zurück, sondern zog in die Schweiz. Deutschland stattete
er nur noch regelmäßige Besuche ab bis zu seinem Tod 1955.

Quellen und Literatur: Thomas Mann: Deutsche Ansprache. Berlin 1930;
Kurt Sontheimer: Thomas Mann und die Deutschen. München 2002;
Hermann Kurzke: Thomas Mann. Das Leben als Kunstwerk. München
1999; Manfred Görtemaker: Thomas Mann und die Politik. Frankfurt 2005;
Martina Hoffschulte: »Deutsche Hörer!« Thomas Manns Rundfunkreden
(1940 bis 1945) im Werkkontext. Münster 2003; Tobias Temming: »Bruder
Hitler«? Zur politischen Bedeutung Thomas Manns. Essays und Reden aus
dem Exil. Berlin 2008

Anna Seghers

Anna Seghers wurde 1900 in Mainz als Tochter eines Kunst-
händlers geboren. Noch vor ihrem Abitur 1920 leistete sie
freiwillige Dienste im Ersten Weltkrieg. Sie studierte in Köln
und Heidelberg Geschichte, Kunstgeschichte und Sinologie und
promovierte 1924 über »*Jude und Judentum im Werk Rembrandts*«.
Mit ihrem Ehemann László Radványi zog sie nach Berlin. 1928
wurde Anna Seghers Mitglied der KPD und gründete 1929 den
Bund proletarisch-revolutionärer Schriftsteller.

Deswegen wurde sie nach Hitlers Machtübernahme 1933
erstmals vorübergehend verhaftet, ihre Bücher verboten. Diese
kamen am 10. Mai auch mit auf die Scheiterhaufen.

Anna Seghers floh zunächst in die Schweiz, dann weiter
nach Frankreich, wo sie für die Zeitung »Neue Deutsche Blätter« schrieb und den »Schutzverband Deutscher Schriftsteller«
mitbegründete.

Als ihr Mann nach dem deutschen Einmarsch in Frankreich
1940 in das Lager Le Vernet im unbesetzten Teil Frankreichs
verschleppt wurde, begab sie sich mit den Kindern ebenfalls

in das Gebiet des Vichy-Regimes und erreichte für die ganze
Familie eine Einreisegenehmigung nach Mexiko. 1941 dort
angekommen, gründete sie den »Heinrich-Heine-Club« und
die »Bewegung Freies Deutschland« sowie eine gleichnamige
Zeitschrift. Hier entstand 1942 ihr berühmtester Roman »Das
siebte Kreuz«, das sich mit den Vorgängen in Konzentrationslagern auseinandersetzt. Die 1943 verfasste und 1946 veröffentlichte Erzählung »Der Ausflug der toten Mädchen« erzählt vom
Ausflug einer Schulklasse und davon, was die NS-Zeit später
aus den Mitfahrenden gemacht hat; »Transit« aus dem Jahr 1944
enthält die Erfahrungen des Exils. 1947 kehrte Anna Seghers
nach Deutschland zurück und trat in die SED ein. Bis zu ihrem
Tod 1983 lebte sie in Berlin.

Quellen und Literatur: Anna Seghers: Das siebte Kreuz. Mexiko 1942;
dies.: Transit. Boston 1944; dies.: Der Ausflug der toten Mädchen. New York
1946; Christiane Zehl Romero: Anna Seghers. Eine Biographie 1900–1947.
Berlin 2000; Walter Fähnders, Helga Karrenbrock (Hrsg.): Autorinnen der
Weimarer Republik. [Aisthesis Studienbuch Nr. V] Bielefeld 2003; Anita
Wünschmann: Anna Seghers. Jüdin, Kommunistin, Weltbürgerin – die gro-
ße Erzählerin des 20. Jahrhunderts. Berlin 2004; Christiane Zehl Romero/
Almut Giesecke (Hrsg.): Anna Seghers. Briefe 1924–1952. Berlin 2008

Stefan Heym

Helmut Flieg wurde 1913 in Chemnitz geboren und entstammte
einer jüdischen Familie. Schon vor Hitlers Machtübernahme
geriet er, selbst noch Schüler, in Konflikt mit den Nationalsozialisten, als er ein Anti-Kriegs-Gedicht mit dem Titel »Exportge-
schäft« in der Tageszeitung »Volksstimme« veröffentlichte. Die
Vertreter der NSDAP erreichten, dass er seine Schule nicht lange
vor dem Abitur verlassen musste. Nachdem er dieses an einem
anderen Gymnasium abgelegt hatte, studierte er Journalismus.
    1933 floh Flieg in die Tschechoslowakei und nannte sich von
nun an Stefan Heym. 1935 erhielt er ein Stipendium, das ihm
die Fortsetzung seines Studiums in Chicago ermöglichte. Nach
dessen Abschluss wurde er 1937 Chefredakteur der kommunistisch orientierten Zeitung »Deutsches Volksecho«. Diese wurde
1939 eingestellt. Daraufhin wurde Heym englischsprachiger

Schriftsteller. 1942 erschien sein erster Roman »Hostages«. Auch
nahm er die amerikanische Staatsbürgerschaft an. In einer Einheit der US-Army für Immigranten nahm er an der Invasion der
Alliierten in der Normandie teil. Dabei war seine Aufgabe die
Abfassung von Flugblättern, Zeitungstexten und Rundfunkan-
sprachen, die sich an die deutsche Wehrmacht richteten.

Nach dem Krieg wurde Heym Chefredakteur einer Essener,
dann einer Münchner Zeitung und kehrte 1945 in die USA zurück, zog aber 1953 in die DDR. Allerdings verstand er sich auch
mit dem SED-Regime nicht, zuletzt gehörte er dort der Bürger-
rechtsbewegung an. Obgleich er den Beitritt zur Bundesrepublik
1990 ablehnte, wurde er 1994 Alterspräsident des Deutschen
Bundestages. Stefan Heym starb 2001 in Israel.

Quellen und Literatur: Stefan Heym: Nazis in U.S.A. New York 1938;
ders.: Hostages. New York 1942; dt.: Der Fall Glasenapp. Leipzig 1958; Otto
Ernst: Stefan Heyms Auseinandersetzung mit Faschismus, Militarismus
und Kapitalismus: dargestellt an den Gestalten seiner Romane. Jena (Diss.)
1965; Peter Hutchinson: Stefan Heym – Dissident auf Lebenszeit. Würzburg
1999; Doris Lindner: Schreiben für ein besseres Deutschland. Würzburg
2002; Stiftung Jüdisches Museum Berlin / Stiftung Haus der Geschichte der
Bundesrepublik Deutschland (Hrsg.): Heimat und Exil. Emigration der
deutschen Juden nach 1933. Frankfurt (Ausstellungskatalog) 2006; Therese
Hörnigk (Hrsg.): Ich habe mich immer eingemischt. Erinnerungen an Stefan
Heym. Berlin 2013

Lion Feuchtwanger

Der 1884 in München geborene Lion Feuchtwanger, der aus einer
jüdischen Familie stammte, entschied sich nach dem Abitur 1903
für das Studium der Fächer Geschichte, Philosophie und Germanistik in München und Berlin und promovierte schließlich über
Heinrich Heine. In dieser Zeit entstanden seine ersten Dramen
und Theaterkritiken. Ab 1908 schrieb er für die Zeitschrift »Die
Schaubühne«, später wurden historische Romane sein Schwerpunkt: »Die häßliche Herzogin. Margarethe Maultasch.« (1923)
und »Jud Süß« (1925).

Mit den völkischen Verbänden und der NSDAP setzte er sich
schon früh auseinander und schrieb 1920 »Gespräche mit dem
ewigen Juden«, in denen er den Rassenwahn kritisierte. Zehn

Jahre später veröffentlichte er den Roman »Erfolg. Drei Jahre
Geschichte einer Provinz« (gemeint ist Bayern), in welchem der
Putschist Hitler als Rupert Kutzner karikiert wird.

Von einer Vortragsreise nach London und in die USA Ende
1932 kehrte er nach Hitlers Machtübernahme nicht mehr nach
Deutschland zurück. Seine Bücher wurden verboten und verbrannt, seine Ausbürgerung folgte umgehend. In dieser Zeit
entstand der Roman »Die Geschwister Oppermann«.

Feuchtwanger nahm seinen Sitz in Südfrankreich, wo er enge
Kontakte zu anderen Exilschriftstellern pflegte. 1936 erschien
»Der falsche Nero«, eine Satire auf Hitler. 1936/37 unternahm er
eine Reise in die Sowjetunion, die er in dem Werk »Moskau 1937.
Ein Reisebericht für meine Freunde.« beschönigend darstellte.
Sein Buch »Exil« kritisiert die in Deutschland verbliebenen
Gegner des NS-Regimes.

Nach dem deutschen Einmarsch in Frankreich und dem
Abkommen mit dem Vichy-Regime wurde Feuchtwanger in
Les Milles im unbesetzten Teil Frankreichs interniert. Von dort
gelang ihm die Flucht nach Marseilles und über Spanien und
Portugal in die USA. Über diese Zeit berichtet der Roman »Der
Teufel in Frankreich« von 1942. Feuchtwanger zog nach Kali-
fornien und begründete mit anderen Schriftstellern 1944 den
Exilverlag Aurora. Er starb 1958.

Literatur: Reinhold Jaretzky: Lion Feuchtwanger. Reinbek 1984; Joseph
Pischel: Lion Feuchtwanger. Versuch über Leben und Werk. Frankfurt 1984;
Martin Mauthner: German Writers in French Exile, 1933–1940. London 2007

6. Widerstand in den besetzten Staaten

Der Zweite Weltkrieg begann am 1. September 1939 mit dem deutschen Überfall auf Polen. Es folgten weitere Angriffe auf westeuropäische Staaten 1940, auf die Sowjetunion 1941 sowie – teilweise zusammen mit Italien – auf Staaten im Süden. In allen Ländern, die von der Wehrmacht und ihren Verbündeten erobert wurden, wie z. B. die BeNeLux-Staaten oder Jugoslawien, bzw. deren Regierungen sich mit Hitler zusammentaten, wie z. B. in Frankreich, Norwegen oder Bulgarien, oder die zunächst verbündet waren und dann Kriegsgegner wurden wie Italien, entstanden Widerstandsgruppen, die diese Fremdherrschaft beseitigen wollten. An fünf Beispielen (Polen, Jugoslawien, Griechenland, Italien und Frankreich) sollen diese Formen des Freiheitskampfes dargestellt werden. In den besetzten Ländern fielen der Widerstand gegen das Unrecht und der Widerstand gegen den äußeren Feind zusammen – anders als beim deutschen Widerstand. Doch auch hier waren die Motive vielfältig.

Literatur: Mark Mazower: Hitlers Imperium. Europa unter der Herrschaft des Nationalsozialismus. München 2009; Gerd R. Überschaer: Handbuch zum Widerstand gegen Nationalsozialismus und Faschismus in Europa 1933/39 bis 1945. Berlin – New York 2011

Polen

Der Überfall auf Polen und der schnelle militärische Sieg Deutschlands, aber auch die Grausamkeit der Sieger, mit denen man noch zur Zeit vor einigen Jahren ein Bündnis geschlossen hatte, führte bei der Bevölkerung zu einem Schock. Doch schon in den ersten Wochen der Besatzung bildeten sich in Polen Organisationen mit dem Ziel der Vertreibung des Feindes. Polnische Soldaten, die nicht in Kriegsgefangenschaft geraten waren, bildeten oft den Kern dieser Gruppen, die die größten Erfolge in Łódź und Oberschlesien verzeichnen konnten. Sie mussten jedoch bis Juni 1941 einen Zweifrontenkrieg gegen die Gestapo und den sowjetischen Geheimdienst führen.

Als bedeutendste Organisation erwies sich der noch im September 1939 gegründete »Dienst am Sieg Polens« (SZP), der sich bis zum Ende des Jahres über das ganze sogenannte Generalgouvernement ausbreiten konnte. Den Oberbefehl über die SZP übernahm die Exilregierung, die in Frankreich unter Premierminister Władysław Sikorski zusammengetreten war und 1940 nach London flüchtete. Der Kontakt wurde über Funk und durch Kuriere gehalten. General Stefan Rowecki baute den SZP in eine militärische Organisation unter dem Namen »Verband für den bewaffneten Kampf« (ZWZ) um und gliederte ihn so in die Armee ein. Spätestens, wenn die deutsche Niederlage absehbar wäre, sollte die Armee – zwar in Zusammenarbeit mit der alliierten Luftwaffe, aber letztlich doch aus eigener Kraft – Polen befreien. Der ZWZ bildete Männer zu Soldaten aus, legte Waffenlager an und richtete ein Netz von lokalen Posten ein. 1942 benannte er sich um in »Heimatarmee« (Armia Krajowa, kurz: AK). Vergrößert wurde die Armee durch die Aufnahme von Bauerneinheiten (Bataliony Chłopskie), durch den Beitritt der Armee der Nationaldemokraten, der Milizen der Sozialisten sowie weiterer militärischer Verbindungen, sodass sie bis Sommer 1944 380 000 Mann umfasste, von denen 100 000 Waffen trugen. Nicht an der Heimatarmee beteiligten sich die Kommunisten und die Nationalisten, die eigene, unabhängige Aktivitäten entfalteten, da sie auch eigene Ziele verfolgten. Nach dem Tod des Exilpremiers Sikorski gerieten sie sogar untereinander in Konflikt. Auch zwischen ukrainischen Untergrundkämpfern und der AK kam es zu kriegerischen Auseinandersetzungen.

Die Heimatarmee jedenfalls verübte Sabotageakte zur Schädigung der deutschen Besatzer, indem sie Eisenbahnlinien unterbrach (über 700 Züge wurden zum Entgleisen gebracht), Brücken sprengte, Verkehrsmittel wie Lokomotiven (fast 7000), Waggons (fast 20 000) und Autos außer Betrieb setzte, Vorratshallen anzündete, Maschinen zerstörte und funktionsunfähige Waffen herstellte; sie befreite Gefangene. Sie richtete auch eigene Untergrundgerichte ein, die Verräter aus den eigenen Reihen bestraften, und wo sie konnten, auch Feinde aus Deutschland. 1944

gelang ein Attentat auf den SS- und Polizeiführer im Bezirk Warschau, Franz Kutschera, auch erreichte die Heimatarmee, dass die
polnische Bevölkerung in Zamość nicht umgesiedelt wurde. Für
die polnischen Zivilisten wurde auch moralische Unterstützung
geleistet, vor allem durch Berichtigung deutscher Nachrichten.
Dafür gab es das »Biuro Informacji i Propagandy« (BIP).

Ebenso wurden aber Nachrichten an die Alliierten, besonders
Britannien, vermittelt, die den Sieg über Deutschland beschleunigen sollten.

Im Untergrund bildeten sich auch neue Parteien in Polen, die
Sozialisten, die Nationaldemokraten, die Bauernpartei und die
Arbeitspartei, die sich auf die Zeit nach dem Zusammenbruch
der Besatzungsmacht vorbereiteten. Die Arbeiterpartei richtete
mit der »Volksgarde« eine eigene Armee ein und wurde nach
dem Angriff Deutschlands auf die Sowjetunion von dort unterstützt.

Den politischen Rahmen der AK bildete der polnische Untergrundstaat, der auch innerhalb Polens eine Regierung hatte und
sich als legitime Fortsetzung der Republik verstand. Mit den
zivilen und militärischen Institutionen, die damit umfasst waren
und in der europäischen Geschichte ihresgleichen nicht kennen,
knüpfte Polen an die inzwischen lange Tradition der Selbstbehauptung gegenüber fremden Besatzern an. Die Regierung
des Untergrundstaates war in Abteilungen mit jeweils eigenen
Aufgabenbereichen gegliedert. Zu dieser Regierung gehörte
auch der »Rat der Hilfe für Juden« (Żegota), der Hilfsgelder
weiterleitete, Pässe beschaffte und Denunzianten und Erpresser
bestrafte. Die Regierung dokumentierte auch die Verbrechen
der Besatzer und richtete ein geheimes Schulwesen, bestehend
aus illegalen Lerngruppen in Privathäusern, die polnische
Geographie, Geschichte und Literatur lernten, und einen kultu-
rellen Unterstützungsfond für bedürftige Wissenschaftler und
Schriftsteller ein. Ja sogar Untergrund-Hochschulen mit 12 000
Studierenden gab es in Warschau, Krakau, Lemberg und Wilna.
Es wurden 250 verschiedene Zeitungen und kleine Bücher gedruckt, unter anderem von Krzysztof Kamil Baczyński, Wacław
Bojarski und Tadeusz Gajcy. Auch ein Sozialfürsorgewesen
gehörte dazu. Postmitarbeiter hielten Denunziationen zurück.

Gerichte dieser Institution bestraften nicht nur Kollaboration und Verrat, sondern auch Beziehungen zwischen Polinnen und Deutschen.

Aus der Pfadfinder-Organisation »Graue Reihen«, die für Jugendliche eingerichtet wurde, gingen die Warschauer Bataillone »Zośka«, »Parasol« und »Wigry« hervor. Als General Rowecki im Juni 1943 von der Gestapo verhaftet wurde, folgte ihm General Komorowski nach.

Die Kommunisten der Arbeiterpartei, die einen parallelen Widerstand organisierten und sich weder dem Untergrundstaat noch der AK angliederten, verfassten 1943 unter der Leitung von Władysław Gomułka ein »Manifest«, in dem sie ein Programm für die Nachkriegszeit entwarfen. Sie gründeten auch Ende des Jahres einen »Landesnationalrat« und nannten ihr Militär jetzt »Volksgarde«.

Als sich die Rote Armee der polnischen Vorkriegsgrenze näherte, verkündete der »Rat der nationalen Einheit« des Untergrundstaates das Manifest »Wofür das polnische Volk kämpft«, Polen sollte demnach ein demokratischer Rechts- und Sozialstaat werden.

Da mit Beginn des Jahres 1944 die Angriffe der Partisanen der Volksgarde stark zunahmen, stellte die Wehrmacht eine Division von 6000 Mann auf und ging in der »Aktion Sturmwind« gegen die Partisanen vor. Eine gewaltige Schlacht zwischen polnischen Truppen (AK und Volksgarden) und deutschen fand in den Wäldern von Janów Lubelski statt, in der die Wehrmacht trotz ihrer zahlenmäßigen Überlegenheit massive Verluste hinnehmen musste.

Die AK startete im selben Jahr die »Aktion Burza« (dt.: Gewitter), um den Abzug der Wehrmacht durch die Schwächung der nach Westen fliehenden Soldaten zu beschleunigen und durch die Mobilisierung sämtlicher polnischer Institutionen die Macht in Polen zurückzugewinnen und als »Hausherren« die Russen empfangen zu können, bevor Stalin eine prosowjetische Regierung einrichten konnte. Erfolgreich war das Unternehmen, das praktisch vor der Front nach Westen rücken sollte, aber nur in Wilna und Lemberg sowie in einigen kleineren Städten, die von den Polen, nicht von der Roten Armee erobert wurden.

Obwohl die polnischen Soldaten nichtsdestoweniger die Rote Armee eifrig unterstützten, wurden die Offiziere des demokratisch gesinnten Heeres der Polen von der Sowjetunion in großer Zahl verhaftet und nach Russland deportiert. Am Ende des Kriegs setzte Stalin eine kommunistische Regierung ein, nachdem das kommunistische Komitee in Lublin die russischen Gebietsansprüche gegenüber Polen anerkannt hatte. Zur Sicherung der polnischen Forderungen initiierte die AK 1944 den Warschauer Aufstand. Kommandeur der polnischen Truppen war Władysław Komorowski; der Aufstand begann am 1. August, als die sowjetische Armee schon in den Vorstädten an der Weichsel stand. Die Aufständischen befanden sich zunächst, obwohl sie ohne große Vorbereitung gehandelt hatten und schlecht bewaffnet waren, in der Offensive und eroberten das Zentrum, die Altstadt und einige Stadtteile. Da Stalin jedoch keine demokratische Regierung wünschte, verweigerte er die Unterstützung und überließ die Polen der immer noch übermächtigen Wehrmacht. Der Aufstand brach nach zwei Monaten zusammen. Die deutschen Besatzer rächten sich nach ihrem letzten Sieg in Polen grausam und verübten noch einmal schreckliche Massaker. Die Hauptstadt wurde komplett zerstört, einschließlich aller bis dahin nicht existierenden Kultureinrichtungen. 150 000 Zivilisten starben. Die Niederlage der Aufständischen, deren Überlebende mit General Komorowski in deutsche Kriegsgefangenschaft gingen, von denen viele aber auch verschollen blieben, bedeutete auch das Ende der AK und der demokratischen Exilregierung. Die AK wurde offiziell im Januar 1945 aufgelöst, die Strukturen des Untergrundstaates fanden ihr endgültiges Ende im Juli. Einmal mehr wurde der tapfere Einsatz der Polen für ihren Staat, für Demokratie und Rechtsstaatlichkeit nicht belohnt.

Literatur: Stefan Korbónski: The Polish Underground State: A Guide to the Underground 1939–1945. Boulder 1979; Marek Ney-Krawawicz: The Polish Home Army 1939–1945. London 2001; Wolfgang Jacobmeyer: Heimat und Exil. Die Anfänge der polnischen Untergrundbewegung im Zweiten Weltkrieg. Hamburg 1973; Krzysztof Ruchniewicz: Polen. Der nationale Widerstandskampf 1939–1945. In: Gerd R. Überschaer: Handbuch zum Widerstand gegen Nationalsozialismus und Faschismus in Europa 1933/39 bis 1945. Berlin – New York 2011, S. 167–181; Włodzimierz Borodziej: Der Warschauer Aufstand 1944. Frankfurt 2001; Bernhard Chiari (Hrsg.): Die

polnische Heimatarmee. Geschichte und Mythos der Armia Krajowa seit
dem Zweiten Weltkrieg. [Beiträge zur Militärgeschichte Bd. LVII]. München
2003; Norman Davies: Rising '44. The Battle for Warsaw. London 2004; Włodzimierz Borodziej: Geschichte Polens im 20. Jahrhundert. München 2010

Jugoslawien

Jugoslawien hatte Hitler eigentlich als Verbündeten gewinnen
wollen, doch was in Deutschland vor dem Krieg nicht geschah,
geschah in Jugoslawien vor dem Bündnis mit Deutschland: Die
Generäle putschten. Das Platzen des Dreimächtepakts (Deutsch-
land-Italien-Jugoslawien) erzürnte Hitler zutiefst.

Nachdem die Wehrmacht im April 1941 in Jugoslawien ein-
marschiert war und das Land in elf Tagen erobert hatte, teilte
sie das Land in verschiedene Zonen auf, die annektiert, besetzt
oder scheinsouverän waren und zum Teil unter deutscher, zum
Teil unter italienischer Kontrolle standen. Der Vielvölkerstaat,
ohnehin ein unsicheres Konstrukt, zerfiel. Widerstandsgruppen
bildeten sich in den Territorien getrennt.

Der Norden und Osten von Slowenien wurden zum Deutschen Reich geschlagen, der Süden und Dalmatien zu Italien.
Kroatien und Bosnien-Herzegowina bildeten das sogenannte
Unabhängige Kroatien. Montenegro wurde ein eigener Staat
unter italienischem Schutz. Das Kosovo und Westmakedonien
wurden Teil des italienisch beherrschten Groß-Albanien. Der
Rest Makedoniens kam zu Bulgarien, Serbien und Banat unter
deutsche Militärverwaltung. Die Batschka und Baranja wurden
Teil Ungarns.

Die Handlungsspielräume der Jugoslawen wurden somit von
drei Bedingungen bestimmt: von der Politik der Besatzungsmacht, von ihrer Rolle als Mehrheit oder Minderheit in dem
Staatsgebilde, in dem sie jetzt lebten und von den herrschenden
politischen Gegensätzen.

Die größte und mächtigste Volksgruppe waren die Serben, die
bisher die Vorherrschaft ausgeübt hatten, nun aber auf mehrere
Staaten (Serbien, Kroatien, Ungarn) verteilt waren und außerhalb Serbiens sogar verfolgt wurden. Allein 200 000 wurden in
Kroatien ermordet. Der Kampf der Serben gegen die deutsche

Besatzung gestaltete sich von Anfang an erbittert: Am 21. April 1941 durchsuchten Wehrmachtssoldaten den Ort Dobric, dabei wurden ein Offizier und zwei Soldaten getötet, was die Deutschen mit der Niederbrennung des Ortes beantworteten, die wehrfähigen Männer wurden erschossen und ihre Leichen für längere Zeit aufgehängt. Bis September nahmen die bewaffneten Überfälle von Banden stetig zu. Die Täter wurden von den Deutschen als Kommunisten eingestuft. Deren Partisanen umfassten zu dieser Zeit 15 000 Mann, denen nur die schlecht ausgerüsteten Kollaborateure und drei unerfahrene deutsche Divisionen gegenüberstanden. Daher gelang ihnen die Einnahme der Stadt Užice mit einer intakten Waffenfabrik. Dorthin verlegte die KPJ unter Leitung von Josip Broz Tito ihren Sitz und machte den Ort zum Stützpunkt, von dem aus weitere Teile Westserbiens erobert wurden. Das Ziel dieser Gruppe war ein kommunistischer Staat Jugoslawien nach dem Abzug der Deutschen. Unter der ländlichen Bevölkerung fand dies allerdings nur wenig Zustimmung.

Außer den Kommunisten gab es noch den serbisch-nationalen Widerstand. Dabei handelte es sich um einige Offiziere und Truppen unter General Dragoljub Mihailović, die sich an der Kapitulation nicht beteiligt, sondern in die Bergregion Ravna Gora zurückgezogen hatten. Sie bildeten die sogenannten Četnik-Verbände der Jugoslawischen Armee, die einen Guerillakrieg gegen die Besatzungsmacht führten und im Gegensatz zu den Kommunisten auf den Rückhalt in der ländlichen Bevölkerung rechnen durften. Sie strebten die Wiedererrichtung der Monarchie und eines großserbischen Staates unter Vertreibung der Nicht-Serben an. In der Frage, ob man Anschläge verüben und die Rache an der Bevölkerung in Kauf nehmen sollte oder lieber Zurückhaltung üben und so Repressalien vermeiden sollte, entschieden sie sich zuerst für Letzteres.

Eine Zusammenarbeit der kommunistischen und der nationalen Widerstandsorganisation war vor diesem Hintergrund ausgeschlossen. Die Besatzungsmacht dagegen unterstützte nicht einmal die kooperationswilligen Serben.

Den Deutschen gelang die Rückeroberung der Stadt Užice. Tito musste fliehen, der Widerstand der Kommunisten ließ danach deutlich nach und konzentrierte sich mehr auf Bosnien-Herzegowina und Montenegro, wo sie viele ethnische Gruppen ansprechen konnten und Unterstützung erhielten, zumal sie auch Nicht-Kommunisten offenstanden. Mihailović wurde dafür 1942 von der jugoslawischen Exilregierung in London zum Kriegsminister ernannt und durch die Alliierten anerkannt.

Die italienische Armee arbeitete in Kroatien mit (national gesinnten) Četniks gegen (kommunistische) Partisanen zusammen. Titos Hauptarmee schlug sich nach der »Operation Weiß« der deutschen Besatzer gegen seine Truppen und die Četniks durch italienische Posten zum Fluss Neretva durch und schlug dort entscheidend die Četniks. Auch bei der »Operation Schwarz« der italienischen Armee in Montenegro wehrte sich Titos Truppe erfolgreich gegen die Četniks. Als Italien mit den Alliierten einen Waffenstillstand schloss, eroberte Tito große Waffenvorräte und gründete eine provisorische jugoslawische Regierung. Dies wurde von Stalin mit Zorn aufgenommen, da er wie in Polen eine eigene Regierung zu installieren beabsichtigte. Die Alliierten nahmen den Schritt Titos zuerst nur zur Kenntnis, erkannten seine Regierung aber dann auf den Rat englischer Jugoslawien-Beobachter hin an. Damit begann die Zusammenarbeit der deutschen Besatzer mit den Antikommunisten. Der so in Jugoslawien geführte Bürgerkrieg forderte eine Million Opfer.

Slowenien war im April 1941 dreigeteilt worden: Oberkrain fiel an Deutschland, die slowenischen Teile Kärntens und der Steiermark zu den gleichnamigen Reichsgauen, der Süden mit Ljubljana an Italien, ein kleines Stück wurde Ungarn zugeschlagen. Auch die italienischen Teile wurden später vom Deutschen Reich übernommen. Dort fand eine radikale Germanisierungspolitik statt, und wer nicht in das Programm passte, wurde deportiert: Zuerst Intellektuelle, Vertreter der katholischen Kirche, Nationale und Exilanten, dann folgten rassistisch motivierte Deportationen, schließlich wurden Angehörige von Partisanen und erschossenen Geiseln verschleppt. Etwa 80 000 Menschen wurden damals umgesiedelt. Als weniger rigoros erwiesen sich die italienischen Besatzer; ihr Gebiet war zuerst auch Zufluchtsort für aus anderen Teilen Sloweniens geflohenen Geistliche und Intellektuelle. Als am 5. Juli ein Deportationszug aus deutschem Besatzungsgebiet durch Ljubljana im italienischen Teil fuhr, demonstrierten die Slowenen so heftig, dass die italienische Besatzungsmacht keine Durchfuhr solcher Züge mehr erlaubte.

In Slowenien war gleich im April 1941 die »Antiimperialistische Front« aus Kommunisten (KPS), Christlichen Sozialisten und dem nationalen Sportverein (Sokol) gegründet worden. Nach dem deutschen Überfall auf die Sowjetunion wurde sie in »Befreiungsfront des Slowenischen Volkes« umbenannt. Weitere Organisationen schlossen sich ihr an. Im Juli wurde der bewaffnete Kampf gegen die Besatzer beschlossen. Nach wenigen Wochen waren 31 bewaffnete Abteilungen mit 1500 Kämpfern entstanden.

Die Kommunisten dagegen unterhielten einen eigenen Sicherheitsdienst, der auch innenpolitische Gegner beseitigte. Der Slowenische Volksbefreiungsausschuss allerdings beschloss im September die Eingliederung in Titos Truppen. Dieser ließ eine eigene Polizei errichten, die sogenannte Volksverteidigung, mit dem Ziel, Slowenien zu befreien und die Vertreibungspolitik zu beenden.

Die Italiener und die Deutschen gingen gemeinsam gegen die Partisanen vor und vernichteten etwa die Hälfte der Einheiten. In Ljubljana erzielte Untergrundarbeit mit spektakulären Attentaten einige Erfolge: im Mai 1942 auf den Theologieprofessor Lampert Ehrlich, Leiter der katholischen Studentenorganisation, sowie danach auf weitere deutsche katholische Geistliche, im Oktober 1942 auf den Chef der Drau-Banschaft Marko Natlacen. Die Slowenen schlossen sich mit kroatischen Partisanen zusammen und konzentrierten sich darauf, die wirtschaftliche Ausbeutung der Gebiete zu sabotieren. Im Juni 1943 kam es dabei zu so vielen Überfällen und Zerstörungen, dass das Gebiet von Himmler zum Bandenkampfgebiet erklärt wurde. Damit wurde verstärkt die SS zur Bekämpfung eingesetzt, und die Opfer unter der Zivilbevölkerung stiegen massiv an. Eine gemeinsame Gegenoffensive der deutschen und der italienischen Besatzungsmacht, die jetzt auch härter zuschlug, fand im November 1942 statt.

Da die kommunistischen Partisanen in Slowenien so erfolgreich waren, dass sie die Oberhand zu gewinnen drohten, verstärkte auch die Befreiungsfront ihre Aktivitäten. Sie richtete

Dorfwehren ein (Bela Garda), die aber sofort von den Partisanen bekämpft wurden, dafür erfuhren sie von den Italienern Unterstützung, da sie gegen die Kommunisten kämpften. Bis 1943 brachten sie es auf 6000 Mitglieder.

In der »Dolomiten-Erklärung« vom 1. März 43 erkannten alle Parteien, auch die Christsozialen den Führungsanspruch der Kommunisten an. Auf sie versuchten zwar die italienischen Kommunisten Einfluss zu nehmen, diese mussten sich aber mit dem Rückzug Italiens aus dem Küstengebiet ebenfalls zurückziehen. Die deutsch-italienischen Offensiven im Januar und Mai 1943 schwächten wiederum vor allem die Četniks und bewirkten so die Dominanz Titos, der von den Alliierten anerkannt wurde. Als die italienische Armee kapitulierte, übernahm der Gauleiter von Kärnten die Kontrolle über ganz Slowenien. Den Einmarsch der Deutschen in den bisher italienischen Gebieten wollten italienische Werftarbeiter aus Monfalcone gemeinsam mit slowenischen Partisanen aufhalten, doch erreichten sie nur unter schweren Verlusten eine Verzögerung. Damit gab es hier die erste italienische Partisaneneinheit. In den von italienischer Besatzung befreiten Gebieten kam es zur Staatsgründung durch die Kommunisten. Im September 1943 wurden Wahlen durchgeführt. Tito schloss im Juni 1944 ein Abkommen mit der jugoslawischen Exilregierung, die daraufhin keine Unterstützung mehr für die antikommunistischen Kämpfer leistete, obgleich diese ausdrücklich erklärten, dass sie nur die Kommunisten bekämpfen und nicht die Besatzer unterstützen wollten. Nach Kriegsende rechneten die Kommunisten scharf mit ihren innerjugoslawischen Gegnern ab.

Makedonien war nach dem deutschen Einmarsch zum größten Teil an Bulgarien gefallen, der Westen wurde italienisch und mit dem seit 1939 italienisch besetzten Albanien vereinigt. Nach der Kapitulation Italiens und 1944 auch Bulgariens kamen alle Gebiete unter deutsche Besatzung. 70 % der Landbevölkerung waren Analphabeten und lebten noch in gleichsam vormodernen Verhältnissen. Ihre Erfahrungswelt bestand seit Generationen in Besatzung und Entrechtung. Sie hatten sich daher auf eine Mischung aus Anpassung an die Macht des Faktischen und partielle Auflehnung gegen Einmischung eingerichtet. Bulgarische

Herrschaft richtete sich auch vor allem gegen andere Gruppen als die makedonische Landbevölkerung: Intellektuelle, Juden, Türken. In der städtischen Bevölkerung kam es eher zur Identifikation mit Bulgarien, wenigstens aber bestand Bereitschaft zur Zusammenarbeit. Zu bewaffnetem Widerstand kam es erst mit dem Einmarsch der Deutschen. Die Kommunisten waren in Makedonien unter der Diktatur König Alexander Karađorđevićs seit 1921 fast völlig verschwunden. Nur ein kleines Häuflein fand sich zunächst zusammen, das keine Verbindung zu Tito unterhielt. Ab Juli 1941 kam es zu Sabotageakten und Guerillatätigkeit. Nach gescheiterten Anschlägen auf Einrichtungen der Besatzungsmacht in Prilep und Kumanovo wurden zahlreiche Funktionäre verhaftet. Als interne Streitigkeiten aufkamen, wurde zwar die Propagandaarbeit fortgesetzt, doch der bewaffnete Widerstand wurde zurückgestellt. Vor allem sollte die alte Diktatur in einem jugoslawischen Gesamtstaat nicht wieder zurückkehren. Da die makedonischen Kommunisten ihre Kommandozentrale im Zentrum der Feinde hatten, kam es zu vielen Gefangennahmen und Hinrichtungen. Klüger gingen die Kommunisten erst nach der Ankunft des Montenegriners Svetozar Vukmanović-Tempo im Februar 1943 vor, der nach den Erfahrungen in Bosnien die Zentrale nach Kičevo in eine ländliche Region in der italienischen Zone verlegte. Dort waren vor allem Albaner die Helfer der Italiener und arbeiteten gegen die slawischen Makedonen. Nach der Kapitulation Italiens gelang der Aufbau einer projugoslawischen Partisanenarmee, gestützt auf Bauern. Da dabei viele Waffen erbeutet wurden, konnte auch ein größeres erobertes Gebiet verteidigt werden. Doch im Dezember mussten die makedonischen Partisanen vor deutschen Truppen nach Nordgriechenland ausweichen. Im folgenden Jahr kehrten sie allmählich zurück, und erhielten ab dem Sommer großen Zulauf, sodass sie auf 60 000 Mann anwuchsen. Diese führten ein Gefecht mit der aus Griechenland zurückziehenden Heeresgruppe E, bis im November die letzten Besatzer Makedonien verlassen hatten. Die Bewegung wurde im Frühjahr 1943 in die Kommunistische Partei Makedoniens umgewandelt und traf enge Absprachen mit Tito. Durch diese Entwicklung wurde Makedonien eine eigene Teilrepublik im späteren Jugoslawien. Der

Bürgerkrieg endete mit dem Abzug der Deutschen noch nicht. Die siegreichen Kommunisten rächten sich allerorts an ihren inneren Gegnern. General Mihailović wurde 1946, nachdem er von Österreich an Jugoslawien ausgeliefert worden war, wegen Kollaboration mit den Deutschen erschossen.

Literatur: Ahmet Đonlagić/Žarko Atanacković/Dušan Plenča: Jugoslawien im Zweiten Weltkrieg. Belgrad 1967; Klaus Schmider. Partisanenkrieg in Jugoslawien 1941–1944. Hamburg u. a. 2002; Vlado Strugar: Der jugoslawische Volksbefreiungskrieg 1941–1945. 2 Bde., Berlin (Ost) 1969; Marie-Janine Calic: Geschichte Jugoslawiens im 20. Jahrhundert. München 2010; Holm Sundhausen: Besetzte jugoslawische Gebiete Kroatien, Serbien, Montenegro und Bosnien-Herzegowina. In: Gerd R. Überschaer: Handbuch zum Widerstand gegen Nationalsozialismus und Faschismus in Europa 1933/39 bis 1945. Berlin – New York 2011, S. 255–267; ders.: Okkupation, Kollaboration und Widerstand in den Ländern Jugoslawiens 1941–1945. In: Werner Röhr (Hrsg.): Okkupation und Kollaboration (1938–1945). Berlin – Heidelberg 1994, S. 349–365; Sabine Rutar: Besetztes jugoslawisches Gebiet Slowenien. In: Gerd R. Überschaer: Handbuch zum Widerstand gegen Nationalsozialismus und Faschismus in Europa 1933/39 bis 1945. Berlin – New York 2011, S. 269–279; Tamara Griesser-Pecar: Das zerrissene Volk. Slowenien 1941–1946. Okkupation, Kollaboration, Bürgerkrieg, Revolution. Wien u. a. 2003; Heinz Willemsen: Besetztes Jugoslawisches Gebiet Makedonien. In: Gerd R. Überschaer: Handbuch zum Widerstand gegen Nationalsozialismus und Faschismus in Europa 1933/39 bis 1945. Berlin – New York 2011, S. 281–287

Griechenland

In Griechenland, das seit 1936 von der nationalistischen Metaxas-Diktatur beherrscht wurde, marschierten im Herbst 1940 italienische Truppen ein, die jedoch nach Albanien zurückgeschlagen werden konnten. Als deutsche Truppen 1941 Italien unterstützten, gelang der Überfall, und Ende Mai wurde auch Kreta, Griechenlands größte Insel, durch die Luftwaffe erobert. Ostmakedonien und Thrakien waren bulgarisch, der Rest italienisch, nur einige wenige strategisch wichtige Gebiete wurden von Deutschen gehalten. Auf Kreta leistete die Zivilbevölkerung heftigen Widerstand, der zum Vorbild für das Festland wurde. Am 31. Mai holten zwei Studenten in Athen die Hakenkreuzfahne vom Akropolis-Felsen, es wurden verbotene Flugblätter und

Untergrundzeitungen verbreitet. Unter britischer Anleitung übten die Griechen Spionage, Sabotage und Fluchthilfe. Überall bildeten sich sogenannte Andarten-Formationen (Aufständische)
mit regionalen Unterschieden. Bandenbildung und Überfälle
auf Wehrmachtsangehörige gab es um Saloniki.

Die Vergeltung der deutschen Besatzer war grausam, ebenso
die brutale Niederschlagung einer Revolte im bulgarischen
Machtbereich. Im italienischen Machtbereich dagegen stärkten
unkluge Maßnahmen der Besatzer die Partisanenbewegung.

Gleich eine ganze Reihe von Organisationen wollten Griechenland befreien: die griechische Volksbefreiungsarmee ELAS,
der bewaffnete Arm der »Nationalen Befreiungsfront« (EAM),
die Kommunistische Partei (KKE) und die Nationale Republikanischen Griechischen Liga (EDES). Die bekannteste Aktion
war die Sprengung des Gorgopotamos-Viadukts zur Unterbrechung der einzigen Nord-Süd-Bahnlinie durch Zusammenarbeit
von ELAS und EDES, die sich sonst nicht verstanden. Erst im
Sommer 1943 gelang der Zusammenschluss der Organisationen
unter britischer Leitung im »National Bands Agreement«. Es
wurden Sabotageaktionen gegen Verkehrs- und Nachrichtenan-
lagen zur Täuschung der Besatzer über die Invasionsziele der
Alliierten durchgeführt. Ein Streik des öffentlichen Dienstes
1942 in Athen brachte die Stadt zum Stillstand. Durch einen
Generalstreik im Juni 1943 wurde die Hinrichtung von 50
Straßenbahnbediensteten verhindert. Nach der italienischen
Kapitulation im September 1943 kam es zum Bürgerkrieg unter
den Widerstandskämpfern EAM und EDES im Kampf um die
bessere Ausgangsposition nach der Vertreibung der Deutschen;
die innere Auseinandersetzung nützte vor allem der Wehrmacht. Napoleon Zervas, Chef der EDES traf eine Vereinbarung
mit deutschen Besatzern, um sich dem Bürgerkrieg widmen zu
können, nicht ohne sich dabei aber die Neigung der Briten zu
erhalten, die ein Ende der Kämpfe vermittelten.

Im März 1944 wurde das »Politische Komitee der nationalen
Befreiung« (PEEA) durch die EAM gegründet, aber ohne bürgerliche Beteiligung. Eine von einer Million Griechen gewählte
Nationalversammlung trat im Mai 1944 im Pindusmassiv zusammen und proklamierte eine neue Gesetzgebung und kom-

munale Selbstverwaltung, ein »Freies Hellas« mit Zentrum in Karpenisi in der Provinz auf dem Festland unter Führung der Kommunisten, diese Regierung konnte zwar zur Verbesserung des Lebens der Bevölkerung viel erreichen, verfolgte aber umso rücksichtsloser ihre inneren Gegner.

Im Sommer 1944 existierten daher drei griechische Regierungen: das Exilkabinett unter britischer Dominanz, Regierung in den Bergen und Kollaborationsregierung in Athen, von denen die Letztere aber aufgrund der deutschen Besatzung völlig machtlos war. Schließlich entstand im Sommer 1944 unter britischem Druck und mit Stalins Einverständnis eine Exilregierung in Kairo aus nahezu allen politischen Richtungen, die nach dem deutschen Abzug im Oktober einen geordneten Neuanfang ohne Bürgerkrieg gewährleistete.

Literatur: Hagen Fleischer: Im Kreuzschatten der Mächte. Griechenland 1941–1944. 2 Bde., Frankfurt u. a. 1986; ders.: Griechenland: Das Land der »Versklavten Sieger«. In: Gerd R. Überschaer: Handbuch zum Widerstand gegen Nationalsozialismus und Faschismus in Europa 1933/39 bis 1945. Berlin – New York 2011, S. 299–308

Italien

In Italien begann 1924 die Emigration der Oppositionellen, der Antifaschisten, aber auch der Arbeiter nach Frankreich, in die Schweiz und nach Belgien. Ausländische Sektionen hatten die italienischen Parteien schon vor dem Ersten Weltkrieg gegründet. 1926 wurden die Oppositionsparteien in Italien verboten, wer von ihren Vertretern noch im Lande war, musste in den Untergrund gehen, da scharfe Repressionen wie Inhaftierung oder Verbannung drohten.

Der Kriegseintritt 1940 wirkte sich für Italien verheerend aus: Die Armee musste viele Niederlagen hinnehmen und war dem Luftkrieg schutzlos ausgeliefert. So wurden nach langem Leidensdruck die Oppositionsparteien 1942 wieder aktiv.

Nach der Landung der Alliierten in Sizilien 1943 entmachteten Offiziere Mussolini in der Absicht, das Bündnis mit Deutschland aufzukündigen und günstige Friedensbedingungen von den

Alliierten zu erlangen. Den Faschismus zu beseitigen, war nicht ihr Ziel. Der neue Regierungschef Pietro Badoglio kündigte zwar an, an der Seite Deutschlands weiterzukämpfen, doch Hitler richtete sich auf den Abfall des bisherigen Partners ein und besetzte Oberitalien, ohne auf Gegenwehr Badoglios zu stoßen. Italienische Soldaten auf dem Balkan und in Norditalien, die nicht weiter auf deutscher Seite kämpfen wollten, kamen in deutsche Kriegsgefangenschaft.

Im September schloss Badoglio einen Waffenstillstand mit den Alliierten, die in Salerno landeten. Dennoch rückte die Wehrmacht weiter nach Süden vor, und Badoglio floh in den von den Alliierten besetzten Süden. Hitler setzte in dem von der Wehrmacht gehaltenen Gebiet Mussolini wieder als Staatschef ein. Nach Abzug Badoglios und vor Einmarsch der Deutschen in Rom gründeten die Kommunistische Partei (PCI), die Sozialisten (PSIUP), die Christdemokraten und die Liberalen, die Radikal-Demokraten (Pd'A) und die »Democrazia del Lavoro« gemeinsam das »Comitato de la Liberazione Nazionale« (CLN), das aber zunächst keinen Handlungsspielraum auf größerem Gebiet entfalten konnte. Die meiste Energie sogen die Kompromisse auf, die geschlossen werden mussten, um den Alliierten bei Verhandlungen als geschlossene Gruppe gegenüberzutreten. Die aber sahen in Badoglio ihren Ansprechpartner.

Dem Mailänder Comitato di Liberazione Nazionale Alto Italia (CLNAI) gelang es dagegen, den bewaffneten Widerstand in Norditalien organisieren. Dort und in Mittelitalien waren in dieser Zeit sowohl italienische Soldaten unterwegs, die unter keinem Kommando mehr standen und versuchten, nach Hause zu gelangen, als auch Gefangene, die aus italienischen Lagern entkommen waren, außerdem die aus Frankreich zurückkehrende 4. Armee – allerdings wussten diese Soldaten nichts voneinander, sondern wurden erst durch die Pd'A und die PCI organisiert und koordiniert, und zwar in Brigaden und Divisionen. Zu diesen Truppen stießen noch ein Teil derer, die sich dem deutschen Arbeitsdienst entzogen.

Es wurden Untergrundzeitungen gedruckt und Streiks organisiert, besonders in den Industriestädten Mailand, Turin und Genua, die allerdings wohl ebenso der schlechten Wirtschaftslage geschuldet waren wie dem Kampf gegen die Besatzer. An einem von der PCI organisierten Generalstreik 1944 nahmen hunderttausend Arbeiter teil, besonders in Mailand und Turin. Die Rüstungsindustrie schwächte das durchaus. Die PCI baute auch eine Untergrundorganisation auf, die Gruppi d'Azione Patriottica (GAP), die aus vier bis fünf Mann starken Zellen bestanden, die unabhängig voneinander operierten. Höchstens 40 von ihnen gab es dabei in einer Stadt. Ab November 1943 verübten sie gezielte Attentate auf deutsche Besatzer und italienische faschistische Funktionäre. Im März 1944 gelang ihnen ein Anschlag, bei dem 33 deutsche Polizisten in der Via Rasella Rom getötet wurden. Die deutsche Vergeltung war maßlos: 335 Personen wurden erschossen, darunter Unbeteiligte und 75 Juden. Dies löste bei PCI und Pd'A eine Debatte aus, die eher den Guerillakrieg fortsetzen wollten, und den Christdemokraten und Liberalen andererseits, die nur passiven Widerstand wie Sabotage und Aufklärung anstrebten. Der Meinung der zweiten Gruppe schlossen sich der Vatikan und das Rote Kreuz an. Ein weiterer Streitpunkt war die Frage, wie sich das CLN gegen Badoglio verhalten sollte.

Nach der Rückkehr des PCI-Chefs Palmiro Togliatti aus dem Exil in Moskau einigte man sich darauf, alle Streitigkeiten auf Zeit nach dem Krieg zu verschieben und sich nun auf die Vertreibung der Deutschen zu konzentrieren. Im April trat Togliatti in die Regierung Badoglios ein.

Inzwischen gründete in Mailand Feruccio Parri das »Freiwillige Befreiungscorps« (CVL) und beginnt, die Partisanen stärker zu koordinieren. Im Juli 1944 wurde Rom befreit, und die Alliierten marschierten weiter nach Florenz; da sie außerdem in der Normandie gelandet waren, erhielt die Resistenza, an der übrigens auch viele Frauen teilnahmen, nun enormen Zulauf. Im August wurden 18 Partisanenrepubliken gegründet, bei deren Bekämpfung durch wieder vorgerückte deutsche Truppen schlimmste Gräueltaten verübt wurden, die vorwiegend Zivilisten trafen, so in Sant'Anna di Stazzema und Marzabotto bei Bologna.

Bei der Räumung der Rückzugsgebiete durch die Partisanen wurden viele von ihnen festgenommen und getötet. Auch wur-

den die Partisanen jetzt nur noch ungern in den Orten gesehen,
da sie ein dauerndes Risiko für Vergeltungsaktionen darstellten.
Im November wurden sie vom britischen Kommandanten der
alliierten Truppen in Italien, Sir Harold Alexander, aufgerufen,
nach Hause zu gehen. Kurz darauf traf der Kommandant ein
Abkommen mit dem CLNAI. Die Italiener mussten versichern,
ihre Leute nach dem Krieg zu entwaffnen und keine Gegenre-
gierung zu bilden, dafür erhielten sie massive finanzielle und
militärische Unterstützung.

Im Frühjahr setzten die Alliierten ihren Vormarsch nach
Norden weiter fort, und die CLNAI rief zum Volksaufstand auf.
In den meisten Städten wurden »Volksregierungen« installiert.
Dabei übten die bisher Unterdrückten Linken und Demokraten
allerdings massive Rache an den Faschisten: Mindestens 10 000
wurden ohne Prozess getötet.

Am 29. April kapitulierten die deutschen Truppen in Italien.
Die italienische Resistenza wird von der Geschichtswissenschaft
inzwischen differenziert bewertet.

Literatur: Santo Peli: La Resistenza in Italia. Turin 2004; Steffen Prauser:
Italien: »Resistenza« gegen Faschismus und Nationalsozialismus 1943–1945.
In: Gerd R. Ueberschär (Hrsg.): Handbuch zum Widerstand gegen den
Nationalsozialismus und Faschismus in Europa 1933/39 bis 1945. Berlin
– New York 2011, S. 21–30; Carlo Gentile: Wehrmacht und Waffen-SS im
Partisanenkrieg 1943–1945. Paderborn 2012

Frankreich

Der deutsche Überfall auf Frankreich im Mai 1940 löste die
größte Flüchtlingswelle in der französischen Geschichte aus, in
der sich acht Millionen Franzosen und Belgier nach Südwesten
aufmachten. Bis zum Waffenstillstand, den Hitler schon am
22. Juni mit Marschall Henri Philippe Pétain, dem Sieger von
Verdun, schloss, waren 90 000 Franzosen gefallen. Eine Nationalversammlung in Vichy ernannte Pétain zum Staatschef
des nicht besetzten südlichen Landesteils, der etwa 40 % des
Gebietes und die Kolonien umfasste. Dies bedeutete das Ende
der Republik. Unter dem Deckmantel einer Revolution betrieb
er eine despotische Politik, in der es weder Opposition noch

eine freie Presse geben durfte. Ohne von Deutschland genötigt zu werden, grenzte er Kommunisten, Freimaurer und Juden aus und verfolgte sie. Über 70 000 Juden lieferte er an Deutschland aus, vor allem solche, die von den Nationalsozialisten nach Frankreich geflohen waren. Auch wirtschaftlich kooperierte das Vichy-Regime. In Frankreich erntete Pétain zunächst wenig Kritik, was auf seine enorme Autorität nach dem Ersten Weltkrieg zurückzuführen ist.

In London aber startete General Charles de Gaulle am 18. und 22. Juni Radioaufrufe, den Kampf gegen die Besatzer fortzusetzen. Er verwendete zuerst den Begriff »Résistance«. De Gaulle kam es darauf an, Frankreich unter den kriegführenden Mächten zu halten, auch in Afrika. Zu Widerstandsgruppen in Frankreich selbst hatte er zu diesem Zeitpunkt noch keinen Kontakt. Dafür gelang es ihm, in England als Vertreter des freien Frankreich anerkannt zu werden. Er erhielt daher für sein »Bureau central de reseignement et d'action militaire« (BCRA) und konnte einen französischen Nachrichtendienst unterhalten und ein Spionagenetz »Confrérie Notre-Dame« aufbauen, auch wenn dies zunächst noch mangelhaft ausgestattet war.

In Frankreich bildeten sich zuerst nur kleine Gruppen, die ab Herbst Flugblätter und Untergrundzeitungen verbreiteten und zum passiven Widerstand aufriefen. Sie wussten noch nichts voneinander, und die Teilung des Landes teilte natürlich auch die alten Strukturen. Fluchthilfe gab es nur in wenigen Fällen. Die größte Widerstandsgruppe hieß »Combat« und verfügte über die beste Logistik. Sie konnte falsche Papiere beschaffen, unterstützte Familien von Inhaftierten. In »Combat« hatten sich 1941 die Gruppen »Vérité« und »Liberté« zusammengeschlossen und wurde von Henri Frenay von Lyon aus geführt. Die gleichnamige Tageszeitung, die »Combat« herausgab, erreichte zuletzt eine Auflage von 300 000 Exemplaren. Zu den Abteilungen von »Combat« gehörten die »Groupes Francs«, die die Verfolgung von Kollaborateuren betrieben. Mit »Combat« in Verbindung stand die Armée secrète, die bei Landung der Alliierten hinter den deutschen Truppen operieren sollte. Die Abteilung »Noyautage des adminstrations publiques« unterwanderte die Vichy-Regierung und deren Verwaltung. Die ursprünglich wohlwollend bis neutrale Haltung gegen Pétain nahm ab, je mehr Pétain seine Zusammenarbeit mit den Deutschen verstärkte.

Schon immer gegen Pétain waren linke Gruppen wie »Libération Sud« und Kommunisten, die aber zwischen Zustimmung und Ablehnung gegenüber der deutschen Besatzungsmacht hin- und hergerissen waren, bis Hitler 1941 die Sowjetunion angriff. Bald darauf stieg die Zahl der Sabotageakte, und die »Bataillons de la jeunesse« verübten Anschläge auf deutsche Soldaten, die von der Wehrmacht mit Geiselnahmen, Deportationen und Massenerschießungen ohne Maß beantwortet wurden.

De Gaulle sandte daher aus London den Aufruf, auf die Anschläge aus taktischen Gründen zu verzichten.

1942 besetzte Deutschland auch das übrige Frankreich, was die Oppositionsgruppen zwar enger zusammenrücken ließ, ihre Grundkonflikte aber nicht beseitigte: War Sabotage und Vorbereitung auf den Tag der alliierten Invasion ratsamer oder weiter eigene militärische Tätigkeit mit riesigen Opferzahlen? Auch die Zusammenarbeit mit den Kommunisten gestaltete sich schwierig, da sie sich nicht sofort entschieden eingebracht hatten und die geringe Anerkennung der Bevölkerung für die andere von Mitarbeit abhalten könnte. Rivalität bestand ferner zwischen der größten Oppositionsgruppe »Combat« unter Henri Frenay und der zweitgrößten »Libération Sud« unter Emmanuel d'Astiers de la Vigerie.

Vor diesem Hintergrund schickte Charles de Gaulle seinen Vertrauten Jean Moulin mit 1,5 Millionen Francs und dem Auftrag der Einigung aller Gruppen nach Süd-Frankreich. Seinem »Freien Frankreich« schlossen sich nacheinander die »Libération Sud«, »France-Tireur« unter Jean-Pierre Lévy und »Combat« an – alle freilich unter Wahrung ihrer Unabhängigkeit. In der Südzone vereinigte Moulin alle Gruppen im »Mouvements unis de Résistance« (MUR).

Da de Gaulle und den US-Präsidenten Roosevelt eine persönliche Antipathie verband und zwischen ihnen Streit um einige vor Kanada liegende Inseln herrschte, wurde der Waffenstillstand nach der Landung der Alliierten in Nordafrika im November 1942 nicht mit de Gaulle, sondern mit dem ehemaligen Vichy-Ministerpräsidenten Admiral François Darlan verhandelt, und nach dessen Ermordung betrachteten die USA General Henri Giraud als Verhandlungspartner. Doch wurde de Gaulle dafür von der Sowjetunion als maßgeblicher französischer Politiker anerkannt, da sich hinter seine nunmehr »France combattante« genannte Gruppe auch die Kommunisten (PCF) gestellt hatten. Anfang 1943 traten die Sozialisten dem Bündnis bei.

Als im Februar 1943 von der Vichy-Regierung für die Franzosen Arbeitsdienst eingeführt wurde, weigerten sich viele und traten stattdessen in Partisanengruppen ein, die sich Maquis nannten, was ursprünglich einen dichten Wald und davon abgeleitet illegale Banden bezeichnet. 25 000 Mann kamen zusammen, die aber am Anfang noch unbewaffnet waren. Allmählich steigerte sich auch das Bedürfnis, spektakuläre Aktionen zu verüben.

Die Rivalen Moulin und Frenay stritten sich derweil um das Kommando über die »Armée secrète« sowie um die Gelder aus England. Dennoch war es im Mai 1943 möglich, die fünf größten Widerstandsgruppen der Nordzone sowie die drei größten der Südzone mit sechs Parteivertretern und zwei Gewerkschaftsbossen als »Conseil Natonial de la Résistance« (CNR) zu vereinigen. Vorsitzender dieses Rates wurde de Gaulle. Für ihn war der Bund eigentlich wichtig, da er seinen Sieg im Machtkampf mit Giraud bedeutete. Die Widerstandsarbeit wurde weiter von den Untergruppen geleistet. Moulin wurde wenige Monate später von einem Mitarbeiter Frenays an die Gestapo verraten und zu Tode gefoltert.

Eine Konferenz von Vertretern des Widerstands plante in Algier Maßnahmen für die Übergangszeit zwischen Befreiung und Wiedererrichtung einer Republik.

Die Maquisards griffen ab der zweiten Jahreshälfte 1943 kleine Militärkonvois und Polizeikasernen an, um sich Waffen, Kleidung, Nahrung und Baumaterial zu beschaffen. Ihre Operationsgebiete waren das Zentralmassiv, Hochsavoyen und Teile der Bretagne. Im Gebirge musste sich daher die Wehrmacht in Städte und größere Ortschaften zurückziehen. Zulauf enthielten diese Truppen ab 1943 zunehmend aus der Miliz der Vichy-Regierung. Die Besatzer reagierten mit »Strafexpeditionen«, die von massiven Übergriffen auf die Zivilbevölkerung begleitet waren. Auf der Seite der Partisanen kam es aber auch zu erfolglosen Unternehmungen, so fielen im März 1944 auf dem Plateau des Glière südlich des Genfer Sees in offener Feldschlacht mit den Deutschen 149 Partisanen und Zivilisten. Eine Ende Juli gegründete Partisanenrepublik mit 4000 Mann im Vercors südlich von Grenoble wurde von den Deutschen besiegt.

Aber die Partisanen lernten. Anfang 1944 verübten sie mehr Attentate auf Soldaten und Kollaborateure sowie mehr und bessere Sabotageakte. Bereits im September 1943 hatten die kommunistischen »Main d'Oevre Immigré« (MOI) Julius Ritter, den Gesandten des Generalbevollmächtigten für den Arbeitseinsatz, getötet.

Anfang 1944 schlossen sich auch die militärischen Einheiten zusammen, und zwar die von de Gaulle geführte »Armée secrète«, die »Francs-Tireurs et Partisans« der Kommunisten und die »Organisation de résistance de l'armée«, die zuletzt vor allem von enttäuschten Vichy-Anhängern Zulauf erhalten hatte.

Bei der Landung der Alliierten im Juni 1944 störten die Résistance den Zug- und Schiffsverkehr der Deutschen und behinderte Nachschub und Nachrichtenübermittlung. Die nun einsetzenden Selbstbefreiungen französischer Ortschaften und Landstriche blieben zum Teil erfolgreich, waren aber manchmal auch Ausgangspunkt für letzte Racheakte der sich zurückziehenden deutschen Armee. Die Waffen-SS-Division »Das Reich« eroberte die befreite Stadt Tulle zurück und hängte als Sühne für die dabei gefallenen deutschen Soldaten 99 Männer öffentlich auf. Ohne wirklichen Grund zerstörte dieselbe Division am 10. Juni den Ort Oradour-sur-Glane und ermordete 642 Männer, Frauen und Kinder.

Inzwischen befreite die Résistance aber ganze Départements und verhinderte die Zerstörung der Infrastruktur durch die auf dem Rückzug befindlichen Deutschen. Die Erhaltung der Stadt Paris allerdings war der Befehlsverweigerung des deutschen Kommandanten Dietrich von Choltitz zu verdanken.

Die Kommunisten begingen in zurückeroberten Gebieten sogenannte wilde Säuberungen und rächten sich vor allem an Vichy-Beamten und alten Feinden, sogar an ehemaligen sozialistischen Parteifunktionären. Es gab etwa 10 000 Tote.

Die Résistance, in der übrigens sehr viele Frauen, aber auch
Ausländer, darunter Deutsche, gekämpft hatten, bestimmte die
französische Nachkriegspolitik wesentlich mit, vor allem in der
Gestalt Charles de Gaulles.

Literatur: Alain Guérin: La Résistance Chronique illustrée 1930–1950. 5 Bde.,
Paris 1972; Serge Klarsfeld: Vichy-Auschwitz. Le rôle de Vichy dans la So-
lution finale de la question juive en France. 2 Bde. Paris 1983; Dominique
Peillon, Olivier Wieviorka: La Résistance in La France des années noires.
Paris 1993; René Rémond: Frankreich im 20. Jahrhundert. Erster Teil: 1918–
1958. [Geschichte Frankreichs, hrsg. von Jean Favier, Bd. 6] Stuttgart 1994,
S. 390–393; Walther Flekl: Résistance. In: Frankreich-Lexikon. Berlin 2005;
Ulla Plener: Frauen aus Deutschland in der französischen Resistance. Berlin
²2006; dies.: Frauenalltag in der französischen Résistance. In: Jahrbuch für
Forschungen zur Geschichte der Arbeiterbewegung, Heft III/2007; Steffen
Prauser: Frankreich: Résistance gegen Kollaboration und Besatzungsmacht
1940–1944. In: Gerd R. Überschaer: Handbuch zum Widerstand gegen Na-
tionalsozialismus und Faschismus in Europa 1933/39 bis 1945. Berlin – New
York 2011, S. 97–110

7. Widerstand in Deutschland 1944/45

Der Staatsstreich vom 20. Juli 1944

Zahlreiche Überlegungen und Versuche in den Reihen der Wehrmacht, das NS-Regime mit oder ohne Tötung Hitlers zu beseitigen, waren aufgeschoben worden, ausgefallen oder gescheitert. Angesichts militärischer Erfolge hatte man phasenweise von den Überlegungen Abstand genommen, und manche wiederum fühlten sich durch die Kriegssituation noch mehr als sonst schon an ihren Eid gebunden und sahen sich gehindert, die eigene Regierung zu stürzen. Die Warnungen und Mahnungen deutscher Widerstandskreise an ausländische Stellen hatten zu keiner maßgeblichen Reaktion geführt, ja sie scheinen oftmals entweder nicht ernst genommen oder aus anderen Motiven heraus vernachlässigt worden zu sein. Inzwischen aber rollte andererseits die Verbrechensmaschinerie des NS-Systems auf ihren entsetzlichen Höhepunkt zu, gleichzeitig zeichnete sich die militärische Niederlage ab: Die Ostfront war in der Mitte zusammengebrochen, deutsche Truppen befanden sich schon an vielen Stellen auf dem Rückzug und im Juni landeten die Alliierten in der Normandie; der Luftkrieg war schon verloren. Angesichts des zu erwartenden Kriegsausgangs konnte mit Friedensverhandlungen auf Augenhöhe nicht mehr gerechnet werden.

Innerhalb der Wehrmacht hatten 1941 drei Gruppen engere Kontakte geknüpft, und zwar Vertreter des Allgemeinen Heeresamtes beim Befehlshaber des Ersatzheeres unter General Friedrich Olbricht, der Militärbefehlshaber in Frankreich, General Carl-Heinrich von Stülpnagel, mit einigen Vertrauten und an der Ostfront in der Heeresgruppe Mitte unter dem Ersten Generalstabsoffizier Henning von Tresckow. Der militärische Widerstandskreis hatte einerseits schon schwere Verluste durch Verhaftungen hinnehmen müssen, war aber andererseits inzwischen stark mit anderen noch bestehenden Widerstandskreisen vernetzt und konnte im Falle eines Putsches auf die Unterstützung zahlreicher fähiger und zuverlässiger Personen rechnen.

Die erforderlichen Pläne und Überlegungen für die Regierung und Verwaltung Deutschlands nach einem Umsturz lagen vor, der Operationsplan Walküre wurde noch einmal aktualisiert.

Schließlich wurde der Zugang ihrer Gruppe zu Hitler so sehr eingeschränkt, dass sie glaubten, keine weitere Gelegenheit ausschlagen zu können. Claus Schenk Graf von Stauffenberg durfte noch an Treffen mit Hitler teilnehmen und erklärte sich bereit, ihn am 20. Juli 1944 im Hauptquartier Wolfsschanze in Ostpreußen mit einer Bombe zu töten.

Claus Schenk Graf von Stauffenberg

Claus Schenk Graf von Stauffenberg wurde 1907 in Jettingen im bayerischen Schwaben geboren und stammte aus einer Familie, aus der schon mehrere Offiziere hervorgegangen waren. In jungen Jahren begegnete er dem Schriftsteller Stefan George, den er verehrte. Nach dem Abitur 1926 in Stuttgart schlug auch er die Offizierslaufbahn ein und begann seine Ausbildung als Fahnenjunker im 17. Reiterregiment in Bamberg. Dann besuchte er die Infanterieschule in Dresden. 1933 wurde er zum Leutnant befördert. Den Nationalsozialisten stand er nicht von vornehe-rein ablehnend gegenüber. Vielmehr bildete er sogar SA-Leute aus und organisierte die Abgabe verbotenen Waffenbesitzes an die Reichswehr. Auch soll er bei der Reichspräsidentenwahl 1932 Hitler vor Hindenburg bevorzugt haben. Er stimmte dem Füh-rergedanken ebenso zu wie der Verherrlichung von Bauerntum und Volksgemeinschaft, wenngleich er die primitive Art und das Auftreten vieler Nationalsozialisten verachtete.

1936 nahm Stauffenberg das Studium an der Kriegsakademie in Berlin-Moabit auf. Dort lernte er Albrecht Ritter Merz von Quirnheim (1905–1944) kennen. Bei seiner Ausbildung für den Generalstab war sein Vorgesetzter Erich Hoepner (1886–1944). Zu Beginn des Zweiten Weltkrieges nahm Stauffenberg in einer Panzerdivision am Polenfeldzug teil, ebenso 1940 am Überfall auf Frankreich. In einem Brief aus Polen in die Heimat äußerte er sich über das eroberte Volk und insbesondere die Juden sehr verächtlich.

Erst 1942 empörten Stauffenberg die NS-Verbrechen an der Front und im Reich sowie die dilettantische Kriegsführung in solchem Maße, dass er sich dem militärischen Widerstand anschloss und Kontakte zu anderen Gruppen wie dem Kreisauer Kreis pflegte. Nach drei Jahren Tätigkeit im Generalstab begab sich Stauffenberg 1943 wieder an die Front, und zwar nach Nordafrika, wo sich General Erwin Rommel auf dem Rückzug befand. Bei einem Luftangriff der Alliierten in Tunesien verlor Stauffenberg das linke Auge, die rechte Hand und zwei Finger der linken. Nach seiner Genesung – in Berlin wurde er von Ferdinand Sauerbruch behandelt – wurde er wieder in Berlin eingesetzt als Chefs des Stabes im allgemeinen Heeresamt des Oberkommandos des Heeres. Sein Vorgesetzter war General Friedrich Olbricht (1888–1944). Durch ihn lernte er Carl Goerdeler und Ludwig Beck kennen, ebenso Julius Leber und Wilhelm Leuschner. Die Ämterlisten der Verschwörer sahen Stauffenberg als Staatssekretär im Reichskriegsministerium vor. Ab Oktober 1943 war Stauffenberg als Stabschef des Allgemeinen Heeresamts an den Lagebesprechungen im Führerhauptquartier beteiligt.

Als Anfang 1944 nach der Gefangennahme von Helmut von Moltke und anderen wichtigen Personen aus dem Kreis des Widerstands die Lage immer drängender wurde, stellte sich Stauffenberg selbst als Attentäter zur Verfügung. Nach der Verhaftung von Adolf Reichwein und Julius Leber war Stauffenberg zur Tatdurchführung fest entschlossen. Am 11. Juli verschob er auf dem Obersalzberg noch einmal das Attentat, da er Himmler und Göring auf einen Schlag mit Hitler erwischen wollte, Letzteren aber alleine antraf. Am 15. Juli informierte er General Olbricht von der Wolfsschanze aus, dass er die Bombe nun zünden wolle, doch bei seiner Rückkehr zur Besprechung war Hitler bereits gegangen. Der Plan Walküre, der in Berlin bereits ausgelöst worden und offiziell zur Unterdrückung von Unruhen deklariert war, wurde zur Übung erklärt. Nach diesem Plan sollte die Tötung Hitlers einigen Parteifunktionären angelastet werden, um einen Grund zu haben, diese zu verhaften. Während Stauffenberg durchaus bereit gewesen wäre, bei einem Attentat auf Hitler selbst zu sterben, war im Walküre-Plan die

Leitung der Operation in Berlin vorgesehen, was ihn dort unab-
kömmlich machte.

Ein neuer Termin für das Attentat ergab sich am 20. Juli 1944.

Das Attentat vom 20. Juli

An diesem Morgen flog Stauffenberg zusammen mit seinem
Adjutanten Werner von Haeften (1908–1944) von Berlin in das
Führerhauptquartier Wolfsschanze in Rastenburg in Ostpreußen. Im Besprechungsraum herrscht viel Betrieb. Die Akten-
tasche, in der Stauffenberg den Sprengstoff mitbrachte, stellte
er so nah an Hitler ab, wie es ihm möglich war, bevor er den
Besprechungsraum wieder verließ. Gegen 12:45 Uhr explodierte
die Sprengladung. Vier Menschen starben bei der Detonation,
20 überlebten, darunter Hitler. Erich Fellgiebel (1886–1944) meldete, während Stauffenberg bereits dabei war, die Wolfsschanze
zu verlassen, an die Mitverschwörer in Berlin: »Es ist etwas
Furchtbares geschehen: Der Führer lebt!« Mangels eindeutiger
Nachricht aus dem Führerhauptquartier löste Friedrich Olbricht
nur fünf Tage nach dem letzten Fehlalarm die Operation Walküre zunächst nicht aus.

Trotz hermetischer Abriegelung der Wolfsschanze gelang es
Stauffenberg und Haeften, zum Flughafen zu kommen und nach
Berlin zu fliegen. In tiefster Überzeugung melden sie nach ihrer
Landung auf dem Flughafen Rangsdorf bei Berlin an die Bendlerstraße, den Sitz des Oberkommandos des Heeres, dass Hitler
tot sei. Mertz von Quirnheim veranlasste daraufhin Olbricht,
die Operation Walküre zu starten. Joseph Goebbels hatte schon
gegen 13:00 Uhr vom Scheitern des Attentats erfahren und die
Verhaftung der Attentäter angeordnet.

Als Stauffenberg und Haeften in der Bendlerstraße eintra-
fen, wurden von den Verschwörern an alle Kommandostellen
die Anweisungen für den Fall des Staatsstreichs ausgegeben.
Gleichzeitig ließ Joseph Goebbels im Radio melden, dass Hitler
den Anschlag überlebt habe. Aufgrund der widersprüchlichen
Meldungen verhielten sich die angewiesenen Offiziere erst
einmal abwartend.

Folgenden Aufruf an die Bevölkerung hatte Stauffenberg geplant:

Aufruf an das deutsche Volk
Deutsche!
Ungeheuerliches hat sich in den letzten Jahren vor unseren Augen abgespielt. Hitler hat ganze Armeen gewissenlos wider den Rat der Sachverständigen seiner Ruhmsucht, seinem Machtdünkel, seiner gotteslästerlichen Wahnidee geopfert, berufenes und begnadetes Werkzeug der »Vorsehung« zu sein!

Nicht vom deutschen Volk gerufen, sondern durch Intrigen schlimmster Art an die Spitze der Regierung gekommen, hat er durch dämonische Künste und Lügen, durch ungeheuerliche Verschwendung, die allen Vorteile zu bringen schien, in Wahrheit aber das deutsche Volk in gewaltige Schulden gestürzt haben, Verwirrung angerichtet. Um sich in der Macht zu halten, hat er damit eine zügellose Schreckensherrschaft verbunden, das Recht zerstört, den Anstand in Acht erklärt, die göttlichen Gebote reinen Menschentums verhöhnt und das Glück von Millionen von Menschen vernichtet.

Mit tödlicher Sicherheit mußte seine wahnwitzige Verachtung aller Menschen unser Volk ins Unglück stürzen, mußte sein angemaßtes Feldherrntum unsere tapferen Söhne, Väter, Männer und Brüder ins Verderben führen, sein blutiger Terror gegen Wehrlose den deutschen Namen der Schande überantworten. Rechtlosigkeit, Vergewaltigung der Gewissen, Verbrechen und Korruption hat er in unserem Vaterlande, das von jeher stolz auf seine Rechtlichkeit und Redlichkeit war, auf den Thron gesetzt. Wahrheit und Wahrhaftigkeit, zu denen selbst das kleinste Volk seine Kinder zu erziehen für seine größte Aufgabe hält, werden bestraft und verfolgt. So droht dem öffentlichen Wirken und dem Leben des einzelnen tödliche Vergiftung.

Das aber darf nicht sein, so geht es nicht weiter! Dafür dürfen Leben und Streben unserer Männer, Frauen und Kinder nicht fernerhin mißbraucht werden. Unserer Väter wären wir nicht würdig, von unseren Kindern müßten wir verachtet werden, wenn wir nicht den Mut hätten, alles, aber auch alles zu tun, um diese furchtbare Gefahr von uns abzuwenden und wieder Achtung vor uns selbst zu erringen.

Zu diesem Zweck haben wir, nachdem wir unser Gewissen vor Gott geprüft haben, die Staatsgewalt übernommen. Unsere tapfere Wehrmacht ist Bürge für Sicherheit und Ordnung. Die Polizei wird ihre Pflicht erfüllen. Jeder Beamte soll nur dem Gesetz und seinem Gewissen gehorchen und seiner Sachkunde folgend sein Amt ausüben. Helfe jeder durch Disziplin und Vertrauen mit. Erfüllt euer Tagewerk mit neuer Hoffnung. Helft einander! Eure gepeinigten Seelen sollen wieder ruhig und getrost werden.

Fern jeden Hasses werden wir der inneren, in Würde der äußeren Versöhnung zustreben. Unsere erste Aufgabe wird sein, den Krieg von seinen Entartungen zu reinigen und die verheerenden Vernichtungen von Menschenleben, Kultur- und Wirtschaftswerten hinter den Fronten zu beenden. Wir wissen alle, daß wir nicht Herren über Krieg und Frieden sind. Im festen Vertrauen auf unsere unvergleichliche Wehrmacht und im zuversichtlichen Glauben an die von Gott der Menschheit gestellten Aufgaben wollen wir alles zur Verteidigung des Vaterlandes und zur Wiederherstellung einer gerechten feierlichen Ordnung opfern, wieder in Achtung vor den göttlichen Geboten, in Sauberkeit und Wahrheit, für Ehre und Freiheit leben!

Deutsche!
Hitlers Gewaltherrschaft ist gebrochen.
Ungeheuerliches hat sich in den letzten Jahren vor unseren Augen abgespielt. Nicht vom deutschen Volke gerufen, sondern durch Intrigen schlimmster Art an die Spitze der Regierung gekommen, hat Hitler durch dämonische Künste und Lügen, durch ungeheuerliche Verschwendung, die allen Vorteile zu bringen schien, in Wahrheit uns aber in Schulden und Mangel stürzte, in unserem Volke Geister und Seelen verwirrt, ja selbst außerhalb Deutschlands verhängnisvolle Täuschungen erzeugt. Um sich in der Macht zu halten, hat er eine Schreckensherrschaft errichtet. Unser Volk durfte einst stolz auf seine Redlichkeit und Rechtlichkeit sein. Hitler aber hat die göttlichen Gebote verhöhnt, das Recht zerstört, den Anstand verfemt, das Glück von Millionen vernichtet. Er hat Ehre und Würde, Freiheit und Leben anderer für nichts erachtet. Zahllose Deutsche, aber auch Angehörige anderer Völker, schmachten seit Jahren in Konzentrationslagern, den größten Qualen ausgesetzt und häufig schrecklichen Foltern unterworfen. Viele von ihnen sind zu Grunde gegangen. Durch grausame Massenmorde ist unser guter Name besudelt. Mit blutbefleckten Händen ist Hitler seinen Irrweg gewandelt, Tränen, Leid und Elend hinter sich lassend.

Mit tödlicher Sicherheit hat seine wahnwitzige Verachtung aller menschlichen Regungen unser Volk ins Unglück gestürzt, hat sein angemaßtes Feldherrngenie unsere tapferen Soldaten ins Verderben geführt. In diesem Kriege haben Machtrausch, Selbstüberheblichkeit und Eroberungswahn ihren letzten Ausdruck gefunden. Tapferkeit und Hingabe unserer Soldaten sind schmählich mißbraucht, ungeheure Opfer des ganzen Volkes sinnlos vergeudet. Wider den Rat der Sachverständigen hat Hitler ganze Armeen seiner Ruhmsucht, seinem Machtdünkel, seiner gotteslästerlichen Wahnidee geopfert, berufenes und begnadetes Werkzeug der Vorsehung zu sein. Wir werden die Beweise für den ungeheuerlichen Verrat am deutschen Volke und an seiner Seele, für die totale Beugung des Rechts, für die Verhöhnung der edlen Forderung, daß Gemeinnutz vor Eigennutz zu gehen habe, für schamlose Korruption offen darlegen.

Wer an diesen furchtbaren Wahrheiten noch zweifeln sollte, weil er als anständiger Mensch es für unmöglich hält, daß hinter hochtönenden Worten sich eine solche Ruchlosigkeit verbergen könnte, wird durch Tatsachen belehrt werden.

So durfte es nicht weitergehen!

Unserer Väter wären wir nicht würdig, von unseren Kindern müßten wir verachtet werden, wenn wir nicht den Mut hätten, alles, aber auch alles zu tun, um die furchtbare Gefahr von uns abzuwenden und wieder Achtung vor uns selbst zu erringen. Hitler hat seinen vor zehn Jahren dem Volke geleisteten Eid durch Verletzung göttlichen und menschlichen Rechts unzählige Male gebrochen. Daher ist kein Soldat, kein Beamter, überhaupt kein Bürger ihm mehr durch Eid verpflichtet.

In höchster Not habe ich zusammen mit Männern aus allen Ständen des Volkes, aus allen Teilen des Vaterlandes gehandelt. Ich habe die einstweilige Führung des deutschen Reichs übernommen und die Bildung einer Regierung unter Führung des Reichskanzlers [Carl Goerdeler] angeordnet. Sie hat die Arbeit aufgenommen. Den Oberbefehl über die Wehrmacht führt [Erwin von Witzleben], dem sich die Oberbefehlshaber an allen Fronten unterstellt haben. Diese Männer haben sich mit mir zusammengefunden, um den Zusammenbruch zu verhüten.

In ernster Stunde treten wir vor Euch. Die Verantwortung vor Gott, vor unserem Volke und vor seiner Geschichte, die kostbaren Blutopfer zweier Weltkriege, die ständig wachsende Not der Heimat, das Elend auch der anderen Völker, die Sorge um die Zukunft der Jugend verpflichten uns.

Die Grundsätze und Ziele der Regierung werden bekanntgegeben werden. Sie sind bindend, bis die Möglichkeit gegeben ist, das deutsche Volk darüber entscheiden zu lassen. Unser Ziel ist die wahre, auf Achtung, Hilfsbereitschaft und soziale Gerechtigkeit gegründete Gemeinschaft des Volkes. Wir wollen Gottesfurcht anstelle von Selbstvergottung, Recht und Freiheit anstelle von Gewalt und Terror, Wahrheit und Sauberkeit anstelle von Lüge und Eigennutz. Wir wollen unsere Ehre und damit unser Ansehen in der Gemeinschaft der Völker wiederherstellen. Wir wollen mit besten Kräften dazu beitragen, die Wunden zu heilen, die dieser Krieg allen Völkern geschlagen hat, und das Vertrauen zwischen ihnen wieder neu zu beleben. Die Schuldigen, die den guten Ruf unseres Volkes geschändet und soviel Unglück über uns und andere Völker gebracht haben, werden bestraft werden.

Wir wollen der Hoffnungslosigkeit, daß dieser Krieg noch unendlich weitergehen müsse, ein Ende machen. Wir erstreben einen gerechten Frieden, der an die Stelle der Selbstzerfleischung und Vernichtung der Völker friedliche Zusammenarbeit setzt. Ein solcher Friede kann sich nur auf Achtung vor der Freiheit und der Gleichberechtigung aller Völker gründen. Ich rufe alle anständigen Deutschen, Männer und Frauen aller Stämme und Stände, ich rufe auch die deutsche Jugend. Ich baue auf die freudige Mitarbeit der christlichen Kirchen. Habt Mut und Vertrauen! Die Aufgabe ist ungeheuer schwer. Ich kann und will Euch keine leeren Versprechungen machen. Wir werden in harter Arbeit ringen müssen, um langsam wieder vorwärts und aufwärts zu kommen. Aber wir werden diesen Weg als freie Menschen in Anstand gehen und wieder die Ruhe des Gewissens finden.

Erfülle jeder seine Pflicht! Helfe jeder mit, das Vaterland zu retten!

Zitiert nach: Gedenkstätte Deutscher Widerstand: 13 Regierungspläne, 13.4 Entwurf, Sommer 1944: http://www.gdw-berlin.de/fileadmin/themen/b13/pdf/13_4_Faksimi-le_d.pdf (01.06.2013)

Auf der Seite der Verschwörer standen der Berliner Stadtkommandant Paul von Hase und der Berliner Polizeipräsident Graf Helldorf. Gegen 19:00 Uhr aber holte sich Major Otto-Ernst Remer, der Kommandeur des Wachbataillons in Berlin vor Ausführung der Befehle aus der Bendlerstraße, eine Rückversicherung bei Goebbels und erfuhr, dass Hitler noch am Leben sei. Daraufhin wandte er sich gegen die Verschwörer und half bei der Niederschlagung des Staatsstreichs. Um 22:00 Uhr meldete sich Hitler, der inzwischen Mussolini empfangen hatte, selbst im Radio. Eine halbe Stunde danach wurden die Verschwörer verhaftet und auf Befehl von Generaloberst Fromm, der die Verschwörung zunächst gedeckt hatte, im Hof des Bendlerblocks standrechtlich erschossen: Claus Schenk Graf von Stauffenberg, Werner von Haeften, Albrecht Ritter Merz von Quirnheim und Friedrich Olbricht. Ludwig Beck und Erich Hoepner erhielten die Gelegenheit, sich selbst das Leben zu nehmen, Hoepner verzichtete, und da Becks Schüsse allerdings fehlgingen, wurde auch er erschossen.

Kurzfristig erfolgreicher waren die Verschwörer in Prag, Paris und Wien, wo SS-Leute bereits festgenommen worden waren und der Staatsstreich konsequent durchgezogen wurde. Aber nachdem er in Berlin gescheitert war, mussten auch sie aufgeben.

Die Alliierten übernahmen in ihren Radiomeldungen Hitlers Darstellung von einer »kleinen Clique« von Offizieren, die einen Umsturz versucht hätten.

Die Rache der Nationalsozialisten

Die zunächst auf einem Berliner Friedhof bestatteten Leichen der Offiziere ließ Himmler ausgraben und verbrennen. Für ihre Familien wurde Sippenhaft angeordnet; zum Teil erhielten sie andere Nachnamen. Ein »Ehrenhof des Heeres« schloss die beteiligten Offiziere aus der Wehrmacht aus, sodass sie vor dem Volksgerichtshof angeklagt werden konnten.

In den Tagen nach dem Attentat wurden Hunderte Oppositionelle festgenommen, die zum Teil auch schon zuvor beobachtet worden waren. In Prozessen vor dem Volksgerichtshof, die von einer Kamera bei der Hakenkreuzfahne im Gerichtssaal gefilmt wurden und jeder Rechtsstaatlichkeit spotteten, wurden ab August viele echte und manche vermeintliche Mitwisser des Staatsstreichs und damit zusammenhängender Handlungen auf primitivste Weise gedemütigt und dann zum Tode verurteilt. Die Hinrichtungen wurden meist innerhalb von Stunden vollstreckt und ebenfalls gefilmt. Hitler ließ sich die Filme persönlich vorführen.

Literatur: Fabian von Schlabrendorff: Offiziere gegen Hitler. Zürich 1946; Peter Hoffmann: Claus Schenk Graf von Stauffenberg und seine Brüder. Stuttgart 1992; Marion Gräfin Dönhoff: Um der Ehre willen. Erinnerungen an die Freunde vom 20. Juli. Berlin 1994; Joachim Fest: Staatsstreich. Der lange Weg zum 20. Juli. Berlin 1994; Peter Steinbach: Der 20. Juli 1944. Gesichter des Widerstands. München 2004; Gerd R. Ueberschär: Für ein anderes Deutschland. Der deutsche Widerstand gegen den NS-Staat 1933–1945. Frankfurt 2005; Manfred Riedel: Geheimes Deutschland. Stefan George und die Brüder Stauffenberg. Köln 2006; Peter Hoffmann: Stauffenberg und der 20. Juli 1944. München ²2007; Tobias Baur: Das ungeliebte Erbe. Ein Vergleich der zivilen und militärischen Rezeption des 20. Juli 1944 im Westdeutschland der Nachkriegszeit. Frankfurt 2007; Arnim Ramm: Der 20. Juli vor dem Volksgerichtshof. Berlin 2007

8. Nach 1945

Umgang mit dem Thema
»Widerstand« nach 1945

Das Ausland

Die Siegermächte, die schon vor dem Krieg und während des Kriegs die Mahnungen des deutschen Widerstands weitgehend ungehört verhallen ließen und keine wirksame Unterstützung brachten, die auch in der Darstellung des Attentats vom 20. Juli 1944 zunächst Hitlers Sichtweise übernahmen, waren auch nach dem Krieg mehrheitlich nicht an einem differenzierten Bild der deutschen Bevölkerung interessiert – zumindest nicht in der öffentlichen Darstellung. Widerstand vermochten sie vor allem bei den ins Exil gegangenen Politikern, Schriftstellern und sonstigen Oppositionellen zu entdecken. Als Erstes wirkte dagegen das Buch »Opposition gegen Hitler« von Hans Rothfels, einem jüdischen Philosophieprofessor, das 1948 in erster und später in vielen weiteren Auflagen erschien. Rothfels zeigt darin unter anderem die Schwierigkeit des Widerstands gegen die eigene Regierung im Gegensatz zum Widerstand gegen eine Besatzungsmacht auf. Rothfels' Wort hat Gewicht, besonders vor dem Hintergrund, dass er seinen Lehrstuhl in Königsberg 1934 verlor. In den gebildeteren Kreisen des Auslands hat sich die Einsicht in die Leistung vieler einzelner Menschen für die Rettung von Menschenleben und ihr wenngleich vergeblicher und manchmal später Einsatz zur Beseitigung des verbrecherischen Regimes allmählich durchgesetzt. Einen wichtigen Beitrag dazu hat nicht zuletzt ausgerechnet der Staat Israel mit der Anerkennung von über 500 Deutschen als »Gerechte unter den Völkern« geleistet.

In den im Zweiten Weltkrieg besetzten Ländern ist weniger die Frage nach einem deutschen Widerstand als die Frage nach der eigenen Opposition bis heute ein bisweilen umstrittenes, manchmal sogar schmerzliches Thema. Wo der Widerstand – wie in vielen Staaten – in mehrere Parteien gespalten war, die schon während der Besatzung durch die Wehrmacht um die Macht in der Zeit nach dem deutschen Zusammenbruch kämpften, wo es gegenseitige Racheakte gab und danach kein demokratischer Rechtsstaat entstanden ist, der eine ehrliche, differenzierte Geschichtsbetrachtung gestattet hätte, wie z. B. in Polen oder Jugoslawien, konnten alte Feindschaften nach Jahrzehnten wiederaufbrechen. Aber auch die westlichen Demokratien wie Italien und Frankreich taten sich nicht immer leicht mit der Bewertung ihrer eigenen Resistenza bzw. Résistance. In Polen wurde ein Denkmal für den Warschauer Aufstand der AK erst 1994, nach Entmachtung des Kommunismus aufgestellt.

In den meisten Staaten setzt sich aber im 21. Jahrhundert der Blick auf die Stärken und Schwächen des eigenen Widerstands im Zweiten Weltkrieg durch.

Literatur: Gerd R. Ueberschär (Hrsg.): Der deutsche Widerstand gegen Hitler. Wahrnehmungen und Wertungen in Europa und den USA. Darmstadt 2002

Deutschland

Widerstand von Deutschen konnte manchmal nicht ohne vordergründige Schwächung Deutschlands geleistet werden, zumal nach Kriegsbeginn. Gleichzeitig gingen mehr als zwölf Jahre NS-Propaganda trotz aller Unzufriedenheit, die es auch gab, nicht spurlos an der Bevölkerung vorüber, und ihre Wirkung endete nicht am 8. Mai 1945. Darüber hinaus erinnerte die Hervorhebung des Widerstands viele auch an eigene Versäumnisse. Dies mag dazu beigetragen haben, dass die Mitglieder und Hinterbliebenen des Widerstands auch nach 1945 von weiten Teilen der Bevölkerung noch lange als Verräter eingestuft wurden, bei manchen, etwa den Kriegsdienstverweigerern und Deserteuren, dauerte es gar bis in das 21. Jahrhundert, bis sich eine Sichtweise durchsetzte, die auch für ihre Entscheidung Anerkennung fand.

Die offizielle Bundesrepublik sah im Widerstand die geistig-moralische Grundlage für einen neuen deutschen Staat. Hier wurde zuerst der militärische und der bürgerlich-konservative gewürdigt, zumal aus ihm auch am ehesten die führenden Politiker der jungen Bundesrepublik kamen. Er wurde in den ersten Jahrzehnten eher unkritisch betrachtet und zum Teil heroisch überhöht. Das viele Widerstandskämpfer gerade in diesen Kreisen keine freiheitliche Demokratie herstellen wollten und extrem lange selbst Anhänger des Nationalsozialismus waren bzw. in manchen Teilen bis zuletzt mit ihm übereinstimmten, wurde nicht thematisiert. Immerhin fanden einzelne andere Gruppen und Personen wie die Weiße Rose oder die Kirchen Berücksichtigung im öffentlichen Bewusstsein. Der sozialistische und kommunistische Widerstand wurde im Kalten Krieg aber gering geschätzt. Das unter Historikern zunehmende Interesse an Sozialgeschichte brachte später auch die Untersuchung anderer Gruppen und Formen des Widerstands mit sich.

In der DDR dagegen wurde fast nur der Widerstand von links anerkannt und stark überhöht, da man den Widerstand der KPD als geistige Grundlage der DDR sah und einige Mitglieder im ostdeutschen Staat der politischen Führung angehörten. So war die dortige Sichtweise extrem verengt. Immerhin wurde auch Sophie Scholl auf einer Briefmarke abgebildet.

Die Wiedervereinigung eröffnete durch Zugänglichkeit bisher verschlossenen Archivmaterials völlig neue Forschungsmöglichkeiten. Auch die Tatsache, dass die Frontstellung der politischen Systeme wegfiel, befreite den Blick auf die Quellen, die jetzt weniger ideologisch interpretiert wurden. Zuletzt führte die Debatte um die Rehabilitierung von Kriegsdienstverweigerern und Deserteuren, die in den besetzten Ländern schon von Anfang an als Widerstandskämpfer betrachtet wurden, zu erneuter ernsthafter Betrachtung von Motiven der Verweigerung gegenüber dem NS-System.

Gerade in der Behandlung der Unrechtsurteile der NS-Zeit wurde bisweilen die herrschende, aber nicht immer veröffentlichte Meinung sichtbar. Neben der eigentlichen Gesinnung von Juristen stand nicht selten auch die Unfähigkeit, systemimmanentes Denken zu überwinden, einer angemessenen Behandlung von Fällen im Weg. Einzelfallprüfungen scheiterten am Fehlen von Zeugen, namentlich der hingerichteten Opfer, an fehlenden Akten, die bei Luftangriffen verbrannt waren und an der Notwendigkeit, dass der Anstoß zur Wiederaufnahme von

den Opfern ausgehen musste. Erst in den 90er-Jahren wurden
z. B. die Urteile des Volksgerichtshofs und der Standgerichte
pauschal aufgehoben, 2009 die Urteile wegen Kriegsverrats.

Literatur: Hans Wüllenweber: Sondergerichte im Dritten Reich. Vergessene
Verbrechen der Justiz. Frankfurt am Main 1990; Peter Steinbach: Widerstand im Widerstreit. Der Widerstand gegen den Nationalsozialismus in
der Erinnerung der Deutschen. Ausgewählte Studien. Paderborn ²2001;
Étienne François/Hagen Schulze (Hrsg.): Deutsche Erinnerungsorte. Bd.
2. München 2001; Wolfram Wette: Deserteure der Wehrmacht rehabilitiert.
Ein exemplarischer Meinungswandel in Deutschland (1980–2002). In: Zeitschrift für Geschichtswissenschaft 52 (2004), S. 505–527

Die Kirchen

Die nach dem Zweiten Weltkrieg gegründete Evangelische Kirche Deutschlands hatte ihr altes Verständnis vom Verhältnis von
Staat und Obrigkeit noch immer nicht aufgegeben. Als Märtyrer
des Glaubens betrachtete sie vorrangig diejenigen Christen,
die sich um der Unabhängigkeit der Kirche willen mit dem
NS-Staat angelegt hatten, wer sich aus der Christenpflicht der
Nächstenliebe oder wegen des Gebotes »Du sollst nicht töten!«
in Angelegenheiten mischte, die mit der Kirche primär nichts zu
tun hatten und dafür sein Leben oder seine Freiheit hingegeben
hatte, wurde noch eine ganze Zeit lang keineswegs auf dieselbe
Stufe gestellt. Dies änderte sich allerdings in späteren Jahren.

Die katholische Kirche verhielt sich zum Thema in den Nach-
kriegsjahren sehr zurückhaltend. Einzelne Geistliche wie Rupert
Mayer aber auch Edith Stein erfuhren persönliche Verehrung
durch eine große Zahl von Menschen, schon bevor sich die offizielle Kirche ihrer Lebensgeschichte annahm. Die Beschäftigung
mit der NS-Zeit geschah vielfältig auf Bistumsebene. Nach Ein-
haltung aller Verfahrensvorschriften (die durchaus Zeit erforder-
ten) hat die katholische Kirche einige Vertreter des Widerstands
selig- und heiliggesprochen, nicht nur für unmittelbaren Einsatz
für die Kirche, sondern auch für christlich-mitmenschliche Taten
wie Maximilian Kolbe oder für persönliche Lebensentscheidun-
gen, die aus christlichen Motiven getroffen wurden, wie bei
Dompropst Bernhard Lichtenberg und Franz Jägerstätter.

9. Würdigung

Soweit die Rettung von Menschenleben und die Eindämmung von Verbrechen zum Widerstand gerechnet wird, hat er Erfolge zu verzeichnen, die von der Gesamtzahl her nicht ins Gewicht fallen, für die Betreffenden aber nichtsdestoweniger viel bedeuteten.

Die Beseitigung Hitlers aus eigener Kraft ist den Deutschen, auch denen, die von ihrer Planung und ihren Möglichkeiten her diesem Ziel am nächsten kamen, nicht gelungen.

Weder die Geringschätzung der Zeit nach dem Kriegsende noch die Überhöhung, wie sie in manchen Staaten bzw. zu manchen Zeiten stattgefunden hat, wird dem Thema gerecht. Wer versucht, sich nur einen kurzen Moment in den Bewohner eines Unrechtsstaates hineinzuversetzen, wird mühelos erkennen, welcher Mut dazugehörte, sich von 1933 bis 1945 in Deutschland in einer größeren oder kleineren Angelegenheit gegen den Nationalsozialismus zu stellen. Gegen eine unkritische Verherrlichung des Deutschen Widerstands sprechen aber andererseits bei unterschiedlichen Personen und Gruppen unterschiedliche Tatsachen: das lange Zögern, z. B. des militärischen Widerstands, zweifelhafte Motive wie Machtrivalität, fehlende Motive wie das Streben nach Demokratie und Rechtsstaatlichkeit, Schnittmengen mit der NS-Ideologie, z. B. aggressive Außenpolitik und Antisemitismus, Planlosigkeit und weitgehende Wirkungslosigkeit der Maßnahmen bei großen Opfern wie phasenweise bei den Kommunisten, zu enge Konzentration auf einzelne Kritikpunkte, z. B. bei den Kirchen.

Vorbildhaft bleiben besonders die vielen Beispiele, in denen Menschen – mit wenig Macht und bisweilen nur einfacher Ausbildung – das Falsche als falsch und das Richtige als richtig erkannten und sich von der Gefahr für das eigene Leben nicht vom Handeln abbringen ließen.

10. Zeittafel 1919–1945

Jahr	Tag	NSDAP/Reichsregierung/Alliierte	Widerstand/Gegner des NS
1919	5.01.	Gründung der DAP	
1920	24.02.	Umbenennung der DAP in NSDAP	
1921	29.07.	Hitler wird Vorsitzender der NSDAP	
1923	9.11.	Hitler-Putsch in München	Niederschlagung des Putsches, vor allem durch Innenminister Franz Schweyer und Kultusminister Franz Matt
1930	23.01.	erste Regierungsbeteiligung der NSDAP in Thüringen	
	30.06.	Austritt Otto Strassers aus der NSDAP, Gründung der »Schwarzen Front«	
	14.09.	Erdrutschsieg der NSDAP bei der Reichstagswahl: 18,7 %	
1931	Januar		Erklärung bayerischer Bischöfe gegen die NSDAP
	4.10.		Gründung der SAP(D)
	11.10.	Bildung der »Harzburger Front«: NSDAP, DNVP, Stahlhelm	
	16.12.		Gründung der Eisernen Front: Reichsbanner, SPD, Gewerkschaften. Liberale und demokratische Politiker
1932	21.05.	Erster NSDAP-Ministerpräsident in Anhalt	
	20.07.	»Preußenschlag«: Absetzung der SPD-Regierung von Otto Braun; Papen wird Reichskommissar für Preußen	
	31.07.	36,9 % der Stimmen bei der Reichstagswahl für die NSDAP	
1933	30.01.	Hitler wird Reichskanzler	
	31.01.		Aufruf der SPD, die neue Regierung zu bekämpfen
	1.02.	Auflösung des Reichstags	
	7.02.		Versammlung der KPD in Sporthaus Ziegenhals
	23.02.	Schließung der KPD-Parteizentrale in Berlin	
	27.02.	Reichstagsbrand	
	28.02.	Reichstagsbrandverordnung	

Jahr	Tag	NSDAP/Reichsregierung/Alliierte	Widerstand/Gegner des NS
	3.03.		Ernst Thälmann verhaftet
	5.03.	Neuwahlen, 43,9 % für die NSDAP	
	20.03.	Errichtung des Konzentrationslagers Dachau	
	21.03.	Tag von Potsdam	
	23.03.	Ermächtigungsgesetz	Bekenntnis zur Weimarer Demokratie: Otto Wels
	1.04.	Organisierter Boykott jüdischer Geschäfte	
	11.04.	»Gesetz zur Wiederherstellung des Berufsbeamtentums«	
	1.05.	1. Mai wird gesetzlicher Feiertag	
	2.05.	Zerschlagung der Gewerkschaften	
	10.05.	Bücherverbrennung	
	Mai		Bildung der SoPaDe, des SPD-Exil-Vorstands in Saarbrücken
	27.05.		Friedrich von Bodelschwingh wird erster Reichsbischof
	2.06.		Bildung eines SPD-Vorstandes in Prag
	22.06.		Verbot der SPD
	27.06. – 5.07.	Selbstauflösung der bürgerlichen Parteien	
	20.07.	Reichskonkordat	
	5.09.	Arierparagraph in der Kirche der Altpreußischen Union	
	21.09.	Reichstagsbrandprozess	Gründung des Pfarrernotbundes
	27.09.	Ludwig Müller wird Reichsbischof	
1934	28.01.		Prager Manifest des Exilvorstandes der SPD
	24.04.	Errichtung des Volksgerichtshofes	
	29. – 31.05.		Barmer Synode der Evangelischen Kirche
	30.06. – 2.07.	Röhm-Putsch	
	2.08.	Tod Hindenburgs, Hitler wird »Führer und Reichskanzler«	
	19./20.10.		Dahlemer Bekenntnissynode der Bekennenden Kirche
1935	Januar	Saarabstimmung, 90% für die Wiedereingliederung ins Reich	Wuppertaler Massenprozess gegen Kommunisten, Sozialdemokraten und Gewerkschafter

Jahr	Tag	NSDAP/Reichsregierung/Alliierte	Widerstand/Gegner des NS
	16.03.	Wiedereinführung der allgemeinen Wehrpflicht	Gründung der »Abwehrstelle« gegen die neue Weltanschauung in Köln (der katholischen Kirche zuzurechnen)
	1.04.		Verbot der Zeugen Jehova
	15.09.	Nürnberger Rassengesetze	
	Herbst		Gründung der Harnier-Gruppe in Bayern, Überfall der Gestapo auf die Gruppe »Neu Beginnen«
	26.09.		Gründung der Lutetia-Gruppe
	3.–15.10.		»Brüsseler Parteikonferenz« der Kommunisten in Moskau
	23.11.		Kommunisten und Sozialdemokraten verhandeln in Paris über die Bildung einer Einheitsfront
1936	17.–22.02.		Bekennende Kirche wählt eigenen Vorstand
	7.03.	Einmarsch ins entmilitarisierte Rheinland	
	28.05.		Pfingst-Denkschrift der Bekennenden Kirche
	1.06.		Denkschrift der radikalen Bekennenden Kirche an Hitler
	1.08.	Beginn der Olympischen Sommerspiele in Berlin	Zerschlagung der Sozialistischen Front Hannover
	4.–7.09.		Mitteleuropäischer Kongress der Zeugen Jehovas, Kritik an den Verfolgungsmaßnahmen
			Erste Rede Thomas Manns zur NS-Herrschaft in Deutschland
	21.12.		Berliner SPD-Gruppe veröffentlicht Volksfront-Programm
1937	14.03.		Enzyklika »Mit brennender Sorge«
	20.06.		Verteilung von 70000 Flugblättern der Zeugen Jehovas
	1.07.		Verhaftung Martin Niemöllers
	17.07.	Eröffnung des Konzentrationslagers Buchenwald bei Weimar	
	3.10.		Verhaftung von Pfr. Paul Schneider
	12.11.		Stellungnahme Becks gegen Hitlers Kriegspläne

Jahr	Tag	NSDAP/Reichsregierung/Alliierte	Widerstand/Gegner des NS
1938	4.02.	Entlassung des Kriegsministers von Blomberg und des Heereschefs Fritsch, Hitler Oberbefehlshaber der Wehrmacht	Ludwig Beck Generalstabschef
	13.03.	Anschluss Österreichs	
	18.08.		Rücktritt Becks wegen Angriffsplans Hitlers gegen die Tschechoslowakei
	September		Vorbereitung der Verhaftung Hitlers durch Witzleben, Oster und Hase
	30.09.	Münchner Abkommen	Vorläufiger Verzicht der Wehrmacht auf Staatsstreich
	1.10.	Einmarsch in das Sudetenland	
	9.11.	Organisierter Judenpogrom in ganz Deutschland	
	November		Maurice Bavaud, Obersalzberg und München (mehrere Versuche)
1939	30.01./1.02.		»Berner Konferenz« der KPD in Draveil südlich von Paris
	15.03.	Zerschlagung der »Rest-Tschechei«	
	Sommer		Gründung der sogenannten Roten Kapelle
	23.08.	Deutsch-Sowjetischer Nichtangriff-spakt	Lähmung des kommunistischen Widerstands in ganz Europa; Zerschlagung der »Roten Kapelle«
	August		Zerschlagung des Harnier-Kreises
	1.09.	Überfall auf Polen, Beginn des Zweiten Weltkrieges	
	23.08.	Hitler-Stalin-Pakt	
	3.09.	Kriegserklärung Englands und Frankreichs an Deutschland	
	Oktober		Verhandlungen Joseph Müllers mit der britischen Regierung im Vatikan
	8.11.		Attentat Georg Elsers im Bürgerbräu-keller in München scheitert
	18.11.		Denkschrift von General Blaskowitz gegen Verbrechen in Polen
	27.11.		Goerdeler-Kreis und Gewerkschafts-vertreter nehmen Kontakt auf
1940	Januar		Goerdeler-Programm »Das Ziel«
	9.04.	Überfall auf Dänemark und Norwegen	
	10.05.	Überfall auf die Niederlande, Belgien, Luxemburg und Frankreich	
	14.05.	Einmarsch in Paris	

Jahr	Tag	NSDAP/Reichsregierung/Alliierte	Widerstand/Gegner des NS
1940	27.06.		Anschlag auf Hitler in Paris scheitert
	1.08.		Katholische Bischöfe protestieren bei Hitler gegen Ermordung Kranker und Behinderter
	Oktober		Beginn der regelmäßigen Rundfunk-ansprachen von Thomas Mann
1941			Henning von Tresckow beginnt systematischen Aufbau einer Widerstandsgruppe
	6.04.	Überfall auf Jugoslawien und Griechenland	
	22.06.	Überfall auf die Sowjetunion	Ende der Zurückhaltung des Kommunistischen Widerstands in den besetzten Gebieten
	Juli		Verhaftung der Gruppe um Hanno Günter
	14.08.	Atlantik-Charta USA-Großbritannien	
	September		Verhaftung der Gruppe um Josef Landgraf in Wien
1942	20.01.	Wannseekonferenz	
	Januar		Verhaftung der Gruppe um Walter Klingbeck
	Februar		Zerschlagung der Uhrig-Gruppe
	Frühjahr		Zerschlagung der Gruppe um Bebo Wager
	Mai.		Zerschlagung der Baum-Gruppe; Treffen Bonhoeffers mit dem Bischof von Chichester; Erste Kreisauer Tagung
	20.08.	Roland Freisler wird Präsident des Volksgerichtshofs	
	August		Zerschlagung der Roten Kapelle
	Herbst		Zerschlagung der Gruppe um Harro Schulze-Boysen und Arvid Harnack; Verhaftung der Bästlein-Gruppe
	Oktober		Zweite Kreisauer Tagung
	November	Landung der Alliierten in Nordafrika; Beginn der sowjetischen Offensive in Stalingrad	
1943	8.01.		Treffen von Vertretern des Kreisauer Kreises und der Goerdeler-Gruppe
	Januar		V. Flugblatt der Weißen Rose
	2.02.	Kapitulation der 6. Armee in Stalingrad	

Jahr	Tag	NSDAP/Reichsregierung/Alliierte	Widerstand/Gegner des NS
	Februar		VI. Flugblatt der Weißen Rose; Verhaftung der Geschwister Scholl und ihrer Gruppe
	13.03.		Scheitern eines Attentatsversuches auf Hitler durch Henning von Tresckow
	21.03.		Scheitern des Attentatsversuches auf Hitler im Berliner Zeughaus durch Gersdorff
	April		Verhaftung Hans von Dohnanyis, Dietrich Bonhoeffers und Josef Müllers
	19.04.		Aufstand im Warschauer Ghetto
	Ostern		»Münchner Laienbrief«
	05.		Aufstand im Lager Sobibor
	06.		Dritte Kreisauer Tagung
	10.07.	Landung der Alliierten auf Sizilien	
	12./13.07.		Gründung des Nationalkomitees Freies Deutschland in Moskau
	8.09.	Kapitulation Italiens	
	11./12.09.		Gründung des Bundes Deutscher Offiziere in Lunjowo
	1.10.		Claus Schenk von Stauffenberg tritt seinen Dienst unter General Friedrich Olbricht an
	November		Scheitern eines Attentats auf Hitler bei der Vorführung von Uniformen durch von den Bussche
	28.11. – 1.12.	Konferenz von Teheran	
1944	Januar		Verhaftung des Solf-Kreises und Helmut Graf von Moltkes
	11.02.		Verhaftung von Wilhelm Canaris
	Februar		Scheitern eines Attentats auf Hitler bei der Vorführung von Uniformen durch Kleist-Schmenzin
	11.03.		Eberhard von Breitenbuchs Attentat auf dem Obersalzberg scheitert
	6.06.	Landung der Alliierten in der Normandie	
	22.06.		Treffen von Julius Leber und Adolf Reichwein vom Kreisauer Kreis und Mitgliedern des ZK der KPD in Berlin
	5.07.		Verhaftung von Julius Leber und Adolf Reichwein

Jahr	Tag	NSDAP/Reichsregierung/Alliierte	Widerstand/Gegner des NS
	11.06.		Verschiebung eines Attentats durch Stauffenberg auf dem Obersalzberg
	15.06.		Verschiebung eines Attentats durch Stauffenberg in der Wolfsschanze
	20.07.		Attentat auf Hitler im Führerhauptquartier Wolfsschanze; Umsturzversuch in Berlin scheitert; standrechtliche Erschießung der beteiligten Offiziere im Bendlerblock
	1.08.		Sippenhaft für die Angehörigen der Attentäter
	7.08.		Beginn der Verfahren vor dem Volksgerichtshof
	August		Warschauer Aufstand
	7.10.		Häftlingsaufstand in Auschwitz
	8.12.		Erklärung der Offiziere des NKFD an die Wehrmacht
1945	April		Erschießung vieler verhafteter Widerstandskämpfer vor der Befreiung der Lager durch Alliierte
	30.04.	Selbstmord Hitlers	
	8.05.	Bedingungslose Kapitulation Deutschlands, Ende der NS-Herrschaft	

Literaturverzeichnis

Benz, Wolfgang/Pehle, Walter H. (Hrsg.): Lexikon des deutschen Widerstandes. Frankfurt (2., durchges. Aufl.) 1994

Broszat, Martin u. a. (Hg.): Bayern in der NS-Zeit. 6 Bde. München – Wien 1977–1983

Cartarius, Ulrich: Opposition gegen Hitler. Deutscher Widerstand 1933–1945. Berlin 1984

Faulenbach, Jürgen (Red.): Deutscher Widerstand 1933–1945. [Informationen zur politischen Bildung 243] hg. von der Bundeszentrale für politische Bildung, Bonn 1994

Fieber, Hans-Joachim (Hrsg.): Widerstand in Berlin gegen das NS-Regime 1933 bis 1945. Ein biografisches Lexikon. Berlin 2006

Gedenkstätte Deutscher Widerstand (Hrsg.): Widerstand in Berlin von Kißener, Michael (Hrsg.): Widerstand gegen die Judenverfolgung. [Portraits des Widerstands] Konstanz 1996

Kißener, Michael/Brandt, Harm-Hinrich, Altgeld, Wolfgang (Hrsg.): Widerstand in Europa – Zeitgeschichtliche Erinnerungen und Studien. Konstanz 1995

McDonough, Frank: Opposition and Resistance in Nazi Germany (Cambridge Perspectives in History). Cambridge 2001

Moll, Helmut (Hrsg.): Zeugen für Christus. Das deutsche Martyrologium des 20. Jahrhunderts. 2 Bde., Paderborn ⁵2011

Mommsen, Hans: Alternative zu Hitler. Studien zur Geschichte des deutschen Widerstandes. München 2000

Mommsen, Hans: Zur Geschichte Deutschlands im 20. Jahrhundert. Demokratie, Diktatur, Widerstand. München 2010

Rothfels, Hans: Die Deutsche Opposition gegen Hitler. Eine Würdigung. Kommentierte Neuauflage der Ausgabe letzter Hand von 1969, Zürich 1994

Kurt Schilde: Jugendopposition 1933–1945. Ausgewählte Beiträge. Berlin 2007

Schmädeke, Jürgen/Steinbach, Peter: Der Widerstand gegen den Nationalsozialismus. Die deutsche Gesellschaft und der Widerstand gegen Hitler. Hg. von der Historischen Kommission zu Berlin/Gedenkstätte Deutscher Widerstand, München – Zürich 1985

Schmiechen-Ackermann, Detlef (Hrsg.): Anpassung – Verweigerung – Widerstand. Soziale Milieus, Politische Kultur und der Widerstand gegen den Nationalsozialismus in Deutschland im regionalen Vergleich. Berlin 1997

Steinbach, Peter: Lexikon des Widerstandes 1933–1945. München 1994

Steinbach, Peter/Tuchel, Johannes (Hrsg.): Widerstand gegen die nationalsozialistische Diktatur 1933–1945. Berlin 2004

Stickler, Matthias (Hrsg.): Portraits zur Geschichte des Deutschen Widerstandes. [Historische Studien der Universität Würzburg VI], Würzburg 2005

Ueberschär, Gerd R.: Für ein anderes Deutschland. Der Deutsche Widerstand gegen den NS-Staat 1933–1945. Frankfurt 2005

Ueberschär, Gerd R. (Hrsg.): Handbuch zum Widerstand gegen Nationalsozialismus und Faschismus in Europa 1933/30 bis 1945. Berlin – New York 2011

Wickert, Christl (Hrsg.): Frauen gegen die Diktatur – Widerstand und Verfolgung im nationalsozialistischen Deutschland 1933–1945. Berlin 1995